마을, 그 깊은 이야기 샘

지도 위에 꽃 핀 마을 이야기

마을, 그 깊은 이야기 샘
지도 위에 꽃 핀 마을 이야기

초판 1쇄 인쇄 2022년 12월 15일
초판 1쇄 발행 2022년 12월 24일

지은이 문재현 외
펴낸이 김승희
펴낸곳 도서출판 살림터

기획 정광일
편집 조현주, 송승호
북디자인 이순민

인쇄.제본 (주)신화프린팅
종이 (주)명동지류

주소 서울시 양천구 목동동로 293 22층 2215-1호
전화 02) 3141-6553
팩스 02) 3141-6555
출판등록 2008년 3월 18일 제313-1990-12호
이메일 gwang80@hanmail.net
블로그 https://blog.naver.com/dkffk1020

ISBN 979-11-5930-246-6 03370

내 마음 속 마을지도 그리기가
'소통의 마중물'이 되기를 바라며

2020년 봄, 우리 마을배움길 모임에서 내 마음속 마을 지도를 그리기 시작한 지 거의 2년 만에 여는 글을 쓰려니 감회가 새롭다. 혼자 여는 글을 쓰기보다 함께 참여한 사람들의 이야기로 구성하기 위해 물었다. 우리가 처음 내 마음속 고향 마을을 지도로 그려보기로 했을 때 들었던 생각이나 느낌은 제각각이었다.

"이미 좋은 지도 어플이 있는데 왜 그리는지 모르겠어요."

"처음엔 그림을 잘 못 그린다는 생각에 머뭇거려졌어요. 실제 모습과 상관없이 마음속의 마을 모습을 그리면 된다는 말에 용기를 냈어요."

"고향마을을 지도로 그려보자는 제안을 받았을 때는 좀 설렜어요. 할 이야기가 엄청 많은데 어떻게 지도에 표현할까 고민되기도 했지만 내 고향을 다른 사람들에게 이야기할 기회였으니까요. 그런데 학구와 지금 사는 마을도 그려보자고 했을 때는 막막한 느낌이었어요. 특히 지금 사는 마을에서 떠오르는 것이라곤 출퇴근길과 근처 맛집밖에 없고, 담을 이야기가 하나도 없었거든요. 그래서 그리고 다시 고쳐 그려도 이상한 지도만 나왔어요."

이렇게 우리는 서로 다른 마음자리에서 출발했다. 하지만 내 마음속 마을 지도를 그리고 자기 이야기를 하는 과정에서 변화가 생겼다.

"지도 그리는 과정은 과거로의 시간여행이었어요. 어린 시절 놀았던 골목길, 친구들, 지금 사는 마을에 정착하는 과정, 손자가 품에 안길 때 등 즐겁고 어려웠던 시간들이 생각나면서 내가 살아온 삶을 정리할 수 있었고, 지금 사는 마을에 애착이 더욱 깊어지는 계기가 되었어요."

"누군가의 동네 얘기를 듣는다는 게 우리 사이를 바꿔놓았어요. 우리가 놀이, 학교폭력, 지역 운동 등 다양한 이유로 모였잖아요. 평소 뜻이 통하는 바가 많아서 동지애 같은 건 있었지만 서로에 대해 잘 알지는 못했어요. 어디서 어떻게 살았고, 무얼 좋아하고, 어떤 사람인지. 그런데 자기 이야기를 하면서 서로를 알아갈 수 있었죠."

"사람들은 장소를 중심으로 자신의 기억을 담고 있다는 것을 깨달았어요. 애정 어린 장소가 마음에 더 크게 자리 잡아요. 그 장소를 다시 떠올릴 때는 그 시절의 느낌과 분위기가 같이 소환돼요. 함께 이야기를 주고받는 시간이 얼마나 재미있었는지 몰라요. 더불어 우리가 살아 온 역사를 새롭게 바라보며 공부도 했어요."

"저의 어릴 적 기억들은 조각조각 나 있었어요. 퍼즐 조각들을 맞추려면 작은 누나의 도움이 필요했죠. 사실 사이가 좋지 않아 망설였는데, 결국 도움을 요청했고, 서로 이야기 나누며 화해했어요. 서로에 대해 더욱 깊이 이해하는 계기가 됐죠. 배움이 있는 곳에 관계의 회복도 있었지요."

"내가 자란 마을에서 지금의 내 정체성이 생겨나 지금껏 살아갈 힘이 되는 것을 실감했어요. 마을 사람들과 어떻게 만나야 할까? 어떻게 사이좋게 지내야 할까? 마을의 한 구성원으로 무엇을 어떻게 해야 하는지 좀 더 고민하는 시간이 되었어요."

이야기하고 또 이야기하고 다시 이야기하고 새롭게 이야기하면서 우리의 가슴은 따뜻해지고 서로의 목소리에 힘이 실렸다. 그 과정에서 더 신이 난 사람들은 학급의 아이들이나 자녀, 손주들과 마음속 마을 지도를 그려보기도 했다.

"2학년 아이들에게 제가 그린 고향 마을 지도를 보여줬을 때 많은 관심을 보여서 놀랐어요. '여긴 어디예요?', '저건 뭐예요?', '이건 왜 이렇게 그렸어요?', 제 고향 이야기로 한 시간이 모자라도록 신나게 이야기했어요. 아이들이 쏙 빠져서 듣더라고요. 2020년부터 2학년, 3학년, 6학년을 담임하면서 매년 내 마음속 마을 지도 그리기를 하고 있어요. 2, 3학년 아이들과는 코로나19로 원격 수업을 활용하여 마을 나들이를 신나게 하고 나서 그린 덕분에 자기 이야기가 담긴 마을 지도를 그렸어요. 방위도 안 맞고 길도 틀리게 그렸지만, 그 지도를 들고 아이들에게 이야기하고 여러 가지 질문을 주고받으면서 재밌는 시간이 되었어요."

"우리 집에 여섯 살 손주 아이가 한글은 모르는데 그림으로 자기가 간 수퍼나 놀이터를 그리고 설명해요. 손주와 이야기 나누며 이렇게 자기가 사는 장소에 대해 공감해 주는 것이 중요하다고 생각했어요."

"저희 집 아이들은 그동안 있었던 여러 추억을 마을 지도에 표시하더라고요. 같은 장소에 정말 많은 이야기가 있었고 지금도 만들어지고 있다는 느낌이 들었어요. 아이들에겐 지도가 좁아서 더 못 그릴 정도로 많은 이야기가 있었어요. 우리 마을에 대한 사랑을 확인하는 시간이었죠."

"아이마다 반응이 제각각이었어요. 자기 집을 중심으로 점점 넓어지니까 종이를 자꾸 이어붙여 그리면서 시간 가는 줄도 모르게 이야기하는 아이가 있는가 하면, 자기 방밖에 그릴 것이 없다며 힘들어하는 아이도 있었어요. 이야기를 나눠보니 다른 고장에서 이사 와서 지금 사는 마을을 다녀 본 경험이 없더라고요. 그 아이 말고도 집 밖을 잘 나가지 않는 아이들은 모두 그랬어요. 경험의 차이가 세계의 차이라는 걸 실감했죠. 아이들과 학교 밖 마을로 더 많이 나가는 계기가 되었어요."

이렇게 재미나고 신나는 일을 우리만 알고 있을 수 없어서 책으로 내기로 했다. 글이 많아 고르고 다듬기 위해 편집팀을 꾸려서 다른 사람들과 나눌 준비를 했다. 모은 글들을 '고향 마을', '지금 사는 마을', '일터 마을'로 구분하여 엮었다. 각각의 글과 마음속 마을 지도를 싣고, 우리 모임 사람들의 단체대화방에서 오고 간 대화도 함께 담았다. 서로의 추임새가 이야기를 얼마나 신명나게 할 수 있는지 현장감을 공유하고 싶었기 때문이다. 그리고 이 모든 과정을 기획하고 모임을 운영하며 자기 이야기를 찾게 해준 문재현 소장의 「마을, 그 깊은 이야기 샘—삶의 정체성을 주조하는 마을 이야기」라는 이야기론을 맨 앞에 실었다.

그리고 '내 마음속 마을 지도'라는 개념 설명을 덧붙인다. 처음 우리는 '마음 지도 그리기'라는 이름으로 이 프로젝트를 시작했다. 장소 기반 교육과정에서 그리는 사람의 마음속에 있는 장소에 대한 정보 지도를 '심상 지도'라고 하는데, 심상이라는 한자어보다는 우리말 표현이 낫다고 보았기 때문이다. 그런데 출판을 앞두고 다시 보니 심리학에서 개인의 내면을 이미지로 표현한 것을 마음 지도라는 개념으로 쓴다는 것을 알게 되었다. 우리의 과정을 가장 잘 표현할 말을 고민하다 '내 마음속 마을 지도' 또는 '마을 지도'로 부르기로 했다. 우리가 그린 지도는 마을이라는 장소를 기반으로 우리 마음속에 자리한 자기 이야기를 발견하고 나누기 위한 것이기 때문이다.

청주 수곡동에서 50년 넘게 살아온 토박이 한 분은 마을에서 같이 자란 친구들과 만난 술자리에서 어릴 때 마을을 그려보자고 했다. 모두 신이 나서 그리다가 종이가 작아서 테이블 위의 휴지까지 붙여가며 그렸고, 이야기가 끝도 없이 풀려나왔다고 했다. 이렇게 신나고 가슴 뛰는 내 마음속 마을 지도 그리기를 이 책을 읽는 분들도 함께 해보면 좋겠다. 이 책이 자기 이야기를 찾고 나누려는 사람들에게 말문을 열고 다른 사람들과 소통 구조를 만들어내는 마중물이 되길 바란다.

마지막으로 오늘의 우리를 있게 해준 회원들의 가족과 고향 친구들, 이웃, 학교의 아이들에게 고마운 인사를 전한다. 책을 펴내는 데 도움을 주신 살림터 정광일 사장님과 편집부 여러분께도 고마운 마음을 남긴다.

2022년 12월
스물여덟 글쓴이의 목소리를 모아 편집팀 서영자

차 례
• • • • •

마을, 그 깊은 이야기 샘
삶의 정체성을 주조하는 마을 이야기

문재현

옛이야기와 자아 형성

옛이야기가 사람들의 개별적·사회적 정체성을 형성하는 데 결정적인 역할을 한다는 것은 이제 상식이 되었다. 요즘은 사람들이 각자의 정체성을 이야기하는 것의 중요성이 강조되고 있다. 자기 삶을 이야기로 빚어내고 타인이 거기에 공명하면 살맛이 난다. 이야기할 수 있도록 격려하고, 지지하고, 공명하는 사람과 집단에 대해 우리는 유대감과 소속감, 일체감을 키운다. 이런 과정이 긍정적인 자아 형성에 도움이 된다는 것을 누가 부정할 수 있겠는가. 이와 달리 누가 자기 삶과 요구에 관해 이야기하는데 아무 반응이 없다면 그 사회에 속해있다는 귀속감과 정체성이 사라지고 세상에서 고립된 느낌에 휩싸인다. 마치 얼음으로 된 벽에 둘러싸인 느낌이 들 수밖에 없다. 그러면 살아도 사는 것이 아니다.

그런데 사람이 자기 정체성을 바탕으로 경험을 이야기로 빚어내려면 적어도 청소년기가 되어야 한다. 영유아기 아이들은 자기 이야기를 할 수 없는 것이다. 그래서 이야기보다는 이야기되는 맥락이 중요하다. 아이들에게 중요한 것은 대화가 이루어지는 사회적 환경이다. 언제든지 즐거운 표정과 느낌으로 참여할 수 있는 공감적 세계가 자아 형성에 결정적으로 중요하다. 이야기의 속살을 이해하지 못해도 끊임없이 자기에게 말을 걸어주고 표정과 몸짓으로 공감해주는 몸의 대화가 갓난아기를 이야기판으로 끌어들인다. 영아기 후기가 되면 자기를 표현하기 위한 말을 하게 되고, 유아기 후기가 되면 자기 경험을 전달할 뿐만 아니라 현실에 존재하지 않는 이야기를 스스로 만들면서 자기 세계를 형성하기 시작한다. 아이가 자기 중심성을 벗어나서 논리적인 능력을 갖추게 되면 아동이 만든 상상 세계가 더욱 또렷해지면서 타인에게 상상의 상황을 공유할 수 있을 정도까지 세련된 표현을 하게 된다. 그 과정에서 아이는 주관이 아닌 자기 경험을 타인과 공유할 수 있는 '서로 주관성'을 지니게 되고, 더 나아가 자기 경험을 객관화해서 전달하고 공유할 수 있게 된다. 이렇게 자기 이야기를 할 수 있는 힘을 길러가는 것과 함께 아이의 자아정체성 확립에 결정적인 역할을 하는 것이 옛날이야기다.

국어국문학자들은 이야기의 갈래(장르)를 세 가지로 나눈다. 신화, 전설, 민담이다.

신화는 신들의 이야기 또는 신들에 관한 이야기다. 제주도에서는 본풀이라고 한다. 본풀이는 굿을 할 때 신의 내력을 풀이하는 이야기다. 건국신화는 '동맹'이나 '영고' 같은 나라굿에서 노래로 불렸을 것이다. 그런 의례의 목적은 나라를 세운 시조가 신성한 존재, 곧 하느님 또는 하느님의 아들이라는 것을 백성에게 주입하는 것이다. 왕들은 최고신과 혈연관계를 통해 국가의 신성함과 지속성을 보장받으려 했다. 따라서 옛날에 신화는 일반인들이 언급하면 불경에 해당하는 범죄였을 것이다. 하지만 아버지가 내게 해준 단군신화나 주몽 신화는 재미있는 이야기, 민담이나 다름없었다. 나는 유리가 '일곱 고개, 일곱 골짜기의 돌 위 소나무 밑에 있는 칼'을 찾기 위해 산골짜기를 헤매는 대목에 꽂혔다. 그래서 뒷산과 고장에 있는 여러 산에 올라갈 때마다 바위를 유심히 살펴보고 혹시 칼 같은 것이 있나 찾아보았다. 덕분에 내가 살고 있던 고장의 구석구석을 다 가보았다. 주몽이 수수께끼를 통해 유리의 지리적 사고와 슬기를 기르려 했다면 그를 위대한 교육자라고 해도 지나치지 않을 것이다. 내가 어렸을 적에 아버지는 단군신화나 주몽 신화 외에 가문 신화도 가끔 들려주셨다.

"오늘은 우리 남평 문씨 이야기를 해볼까? 우리 본관은 남평이야. 저 아래 전라도에 가면 남평이라는 곳이 있어. 우리가 사는 이곳에서는 천 리가 떨어진 곳이지. 옛날에는 남평현이라는 독자적인 고을이었지만 지금은 나주의 한 면으로 남아 있어. 그 남평현 동쪽에는 장자못이라는 큰 연못이 있는데 그 연못가에 높은 바위가 솟아 있어. 경치가 좋아 사람들이 자주 놀러 왔대. 하루는 신라 임금이 바위 밑에 놀러왔어. 한창 놀고 있는데 갑자기 바위 위에 오색구름이 감돌더니 갓난아이 울음소리가 들려왔어. 한참을 울어대서 사다리를 타고 올라가 보았지. 거기에 돌상자가 있었는데 그 상자를 열어보니 그 안에 피부가 하얗고 맑은 데다가 잘생긴 어린애가 있었대. 그래서 그 아이를 데려다가 길렀는데 얼마나 슬기로운지, 다섯 살이 되니 책을 읽으면 문장의 뜻을 저절로 깨달을 정도였대.

그래서 임금은 성을 문으로 하고 이름을 다성이라고 지어주었지. 이게 바로 우리 남평 문씨의 시조 이야기야. 나주에는 지금도 그 바위가 있는데 우리 후손들이 '문암'이라고 쓰인 비석을 세우고 그 위에 건물을 지어서 '문암각'이라고 했어."

여기서 이야기하려는 것은 이 신화의 속살이 아니라 그것이 이야기될 때 우리 가족의 분위기다. 이야기에 플롯이 없다고 할 정도로 특별한 갈등이 없어 극적인 요소가 없는데도 눈이 반짝이고 뭔가 마음을 묶어주는 끈 같은 것이 생기는 것 같았다. 그것이 바로 신화의 기능이었다는 걸 알게 된 것은 나이 서른이 넘어서였다.

전설은 "신라 적에", "고려 적에"로 시작해서 "지금도 어디에 ○○가 남았다"로 끝나는 이야기다. 내가 사는 마을은 옛날 문의현이다. 문의현은 신라와 고구려, 백제가 대치하던 곳이기에 성도 많고 전설도 많다. 우리 마을에서 해 뜨는 방향에 있는 고남산에는 김유신 전설이 있고, 북쪽 독안산 밑과 서쪽의 소문산에는 연개소문에 관한 전설이 남아 있다. 노고봉에는 장군이 던진 칼이 바위가 되었다는 칼바위가 있고, 우리 마을에서 옆 마을인 모약골로 가는 길목에는 장군 발자국도 남아 있다. 이런 전설은 내가 우리 마을과 그 주변을 끊임없이 찾아다니게 부추겼다. 우리 마을 어른들은 학교에 다닌 사람들이 별로 없는데도 신라, 고구려, 백제를 다 알고 있었다. 우리 고장에는 삼국시대에는 성 쌓기 전설과 장군 이야기, 고려 시대에는 절과 스님 이야기, 조선 시대에는 서원과 선비 이야기가 전해온다. 그래서 우리 마을 할아버지들은 학교에 다니지 않아도 역사적인 맥락과 그 시대의 분위기를 알고 있다. 전설을 들으면 우리는 그 현장을 친구들과 함께 찾아

다녔다. 그 과정에서 함께 사는 느낌과 우리가 같은 동아리의 구성원이라는 공통감각이 생겨났다. 내 고장 정체성을 만드는 가장 중요한 통로 가운데 하나가 전설이었다.

민담은 "옛날 옛적에"로 시작해서 "행복하게 살았다더라"로 끝나는 것이 특징이다. 아버지는 이런 이야기를 아주 잘하셔서 그때마다 나는 다른 세계로 여행하는 즐거움을 맛볼 수 있었다. 민담의 속살은 어린아이가 괴물, 거인, 나쁜 사람들과 대결하는 것이다. 이야기 주인공은 온갖 꾀와 말솜씨로 괴물과 어른들을 이겨낸다. 그것은 현실의 왜곡이라고 볼 수 있지만, 아이들의 사회적·심리적 현실을 담아내는 이야기라고 나는 생각한다. 내 느낌에 어릴 적 마을은 거인과 괴물들이 우글거리는 곳이었다. 어른들은 나보다 키도 두 배 이상 크고 못 하는 일이 없어서 내가 이길 수 있는 것이 없었다. 하지만 이야기 속에서는 주인공에게 감정이입을 하면서 현실을 이겨낼 수 있는 심리적인 힘을 키울 수 있었고, 친구들과 이야기하면서 그런 감정과 감각을 공유할 수 있었다. 그런 경험이 마을을 살 만한 곳으로 만들어주었다.

내가 아버지가 된 다음에는 두 아들에게 아버지에게 들었던 이야기나 다른 어른들 또는 책에서 알게 된 이야기를 들려주었다. 그런데 아들에게 이야기하는 과정을 다른 사람들과 나누면서 여러 가지 문제를 느낄 수 있었다. 많은 사람이 아이들과 살아있는 이야기판을 만들지 못하고 있었다. 아이에게 이야기를 해줘야 한다고 믿는 사람들은 동화책을 읽어주었다. 나는 할아버지 할머니가 자신이 들었던 이야기를 생활감정까지 섞어가면서 아이들과 입말로 소통하는 것과 책에 나오는 이야기는 같은 이야기가 아니라고 믿는다. 그것은 이야기가 지닌 가변성이나 다양성 또는 자기 경험을 이야기로 빚어내는 것이 아니기에 하나의 정보일 수밖에 없기 때문이다. 그래서 책으로만 옛이야기를 접한 아이들은 이야기판을 열 줄도 모르고 추임새를 넣지 못한다. 교사나 부모가 옛날이야기를 시작하면 자신이 그것을 읽었다는 사실을 알아주기를 바랄 뿐, 이야기판의 맥락을 만들지도 못하고 유지할 능력도 없기 때문이다. 한 강의에서 이런 이야기를 했을 때 불만스러운 표정으로 한 부모가 질문했다.

"선생님, 아이들이 책보다는 부모가 해주는 이야기를 좋아하는 건 맞는 것 같아요. 별로 재미있는 것 같지도 않은데 이야기를 하면 아이들 눈이 초롱초롱해지고 화났다가도 표정이 풀리면서 바로 몰입하거든요. 그런데 저는 이야기를 하면서 두 가지 문제점을 느꼈어요. 도무지 이해되지 않아서 선생님께 질문 드리는 거예요."
"어떤 점이 이해되지 않습니까?"
"아이들은 왜 그렇게 똑같은 이야기를 반복해서 해달라고 하죠? 창조적인 아이가 되려면 계속 다른 이야기를 들어야 하지 않나요?"
"아이들이 계속 같은 이야기를 들으려는 것은 이야기를 들을 때마다 그 이야기 세상 안에서 새로운 것을 경험하는 것 아닐까요? 아이들은 아직 이야기 구조를 온전히 내장하고 있지 않기 때문에 그 구조가 자기 내면에 완전히 자리 잡을 때까지는 계속 들어도 새로울 수밖에 없지요. 아이는 이야기를 들으면서 그 안의 한 인물에 감정이입을 하고 그가 처한 문제 상황을 이해해야 하는데 한 번의 이야기만으로는 그것이 가능하지는 않겠죠. 그래서 열 번 스무 번이라도 계속 이야기해달라는 것이고, 더 새로운 것이 느껴지지 않으면 그때야 다른 이야기를 해달라고 하는 것이죠."

"또 질문이 있는데요. 왜 옛날이야기는 그렇게 잔인하죠? 계모 이
야기나 괴물들을 죽이는 이야기는 아이의 교육에 좋지 않다고 생
각하는데요."

"이야기에 나오는 계모가 진짜 계모일까요? 평소 따뜻한 어머니 모
습이 아니라 자기에게 화 내고 야단치는 어머니를 아이는 어떻게
받아들일까요? 같은 존재라고 생각하기 어려울 겁니다. 그렇다고
어머니를 근본적으로 부정하면 아이는 견딜 수 없겠죠. 그것은 생
존 여건에 대한 부정이 되잖아요. 그러니 그런 부정적인 어머니의
모습을 계모로 상징화하고 욕하고 어머니의 행동을 비판할 수 있
는 다양한 시도를 해봐야 하죠. 그런데 그 이야기를 어머니가 해주
잖아요? 그러니 아이는 양심의 가책 없이 이야기를 즐길 수 있는
것이지요. 다시 말하면 계모 이야기를 해주는 것만으로도 아이는
현실 세계와 상상의 세계를 분리하고 결합하면서 조화로운 자기
세계를 만드는 힘을 길러가는 것입니다. 괴물이나 거인 이야기도
마찬가지입니다. 그것은 아이들의 현실에서 출발하는 것입니다.
곧 아이들이 거인들의 세상에 사는 그 심각한 현실—나보다 몇 배
나 키가 크고, 모든 걸 잘 알고 있고, 더 힘 센 어른들 속에서 아이
들은 살아가죠. 아이가 그런 거인들, 곧 어른들을 현실 세계에서
이긴다는 건 불가능하죠. 그리고 어떤 상황에서도 이길 수 없다면
아이의 자아정체성이 긍정적으로 형성되기는 어려울 겁니다. 다
시 말하면 주체적인 사람이 되긴 어렵겠죠. 그래서 괴물이나 거인
이야기는 아이들이 현실에서 실현 불가능한 것을 이야기 속에서

실현해보면서 자신이 처한 문제 상황과 그것을 해결할 수 있는 여러 가지 방법을 탐색하는 것이죠. 그런데 제가 묻고 싶은 것이 있는데, 질문하신 분은 이야기 안의 폭력성을 어떻게 다루십니까?"

"저는 이야기를 바꿔요. 아름답고 예절 바른 이야기로요."

"그것이 아이들의 정체성 형성에 과연 도움이 될까요? 아이들에게 필요한 건 자신이 직면하고 있는 어른들의 절대적인 힘을 이야기 속에서 극복하는 것인데 이야기 속에서도 어른들의 의도가 그렇게 투영된다면 그것은 아이에게 자유와 해방이 아니라 억압적 상황이 되는 것 아닐까요?"

문제는 내가 이런 질문과 대답을 벌써 30년째 반복하고 있다는 것이다. 그것이 이야기 세계가 파괴된 우리 현실이다.

오늘날에도 마을 이야기가 가능할까? - 질문의 힘

"선생님, 이번에 강의 준비하면서 보니 저서가 참 많더군요."

"16권쯤 될 겁니다."

"그런데 어떻게 그렇게 다양한 분야에 관해 책을 쓰실 수 있죠? 교육, 놀이, 천문, 아기 어르는 소리, 학교폭력 등 다루는 게 너무 많아서 이게 한 사람이 쓸 수 있는 것인가 하는 생각이 들더라고요."

"글쎄요. 제 생각은 좀 다른데요. 다양한 주제 같지만 하나의 단어로 정리할 수 있다고 생각합니다. '마을'이라는 단어로 수렴될 수 있는 책들입니다."

한 도시에 강의하러 갔다가 사회자와 강의 전에 주고받은 이야기다. 이 이야기를 꺼낸 것은 내가 많은 책을 냈다는 것을 자랑하려는 것이 아니다. 그 대화 과정에서 내 책 대부분을 쉰 살 이후에 냈다는 생각이 떠올랐기 때문이다. 아무리 생각해도 쉰 살이 다 돼서 마을문화의 중요성을 깨달은 것은 아니다. 나는 어렸을 때부터 우리 마을에 대한 애착과 자부심이 높았고, 마을 살이에 꾸준히 참여했으며, 그 문화와 역사도 전 생애를 통해 탐구해왔다. 이렇게 수십 년간 마을을 탐구한 힘은 나의 지식, 관계, 경험, 요구 등이 마을문화에 깊이 뿌리박고 있다는 것에 대한 자각과 확신 때문이다.

마을에 대한 경험과 지식의 바탕이 된 것은 어른들과의 관계였다. 우리 아버지는 마을 이야기꾼이었다. 겨울이 되면 마을 사람들이 아버지의 이야기를 들으러 우리 집을 찾았고 늘 이야기판이 펼쳐졌다. 마을에서 이야기꾼이 되려면 사람들을 자유자재로 웃기고 울릴 수 있어야 한다. 그것은 이야기꾼만의 힘으로는 되지 않는다. 듣는 사람이 먼저 이야기꾼이 열정적으로 이야기할 수 있는 판을 만들고 추임새를 넣으면서 공감적 상호작용을 할 때만 가능하다. 나는 어렸을 때 그 많은 겨울밤 이야기판을 통해 우리 공동체적 상호작용의 본질을 깨달을 수 있었다.

60대 이상 노인들은 겨울뿐만 아니라 사계절 내내 우리 집을 찾았다. 그분들 가운데 1890년대에 태어난 분이 있었다. 희고 긴 수염이 인상적이었던 할아버지는 자상한 분이었는데, 살아온 내력을 맛깔나고 자세히 설명해 주는 솜씨가 있었다. 그래서 나는 일제 강점기를 포함한 현대사회의 다양한 사건들을 바로 어제 있었던 이야기처럼 들을 수 있었다. 경부철도가 만들어질 때 우리 지역 분위기, 토지조사, 공출, 징용 그리고 해방 이후 인민위원회 활동 등, 책에서 절대 찾을 수 없는 살아있는 이야기들이 내 어린 시절을 수놓았다.

친구들과의 관계도 중요했다. 함께 뛰어놀고 이야기하면서 나는 우리 마을의 자연과 사회환경을 바탕으로 친구들과 삶과 삶 사이의 밀접한 관계를 맺을 수 있었다. 내가 강의를 하면 많은 사람이 어떻게 식물, 동물, 세시풍속 등에 대해 그렇게 잘 아느냐고 감탄한다. 돌이켜보면 어렸을 때 그런 것에 특별하게 관심이 있었던 것 같지는 않다. 새에 대해 보기를 들어보자. 늘 주변에 새가 보이니까 웬만한 새는 구별하고 소리를 아는 것은 당연했다. 아버지, 어머니는 까치가 오면 손님이 오겠다고 하고, 까마귀가 울면 불길한 소리는 듣지 말라며 집으로 들어가라고 하셨다. 그런 과정에서 우리 문화 안에서 새가 지니는 사회문화적 의미를 생활 속에서 알게 되는 건데, 내가 새에 대해 깊이 알게 된 것은 친구 덕분이다. 그 친구가 새를 좋아한 것인지 새알 찾기를 좋아한 것인지는 잘 모르겠다. 하여튼 새만 보면 흥미를 느끼고 새알을 찾으러 다녔다. 효과가 있었는지는 모르겠지만 새소리도 흉내 내면서 새가 자기에게 갖는 적대감도 없애려고 했다. 그 친구 옆에 있다 보면 웬만한 새는 다 알게 되었다. 어떤 새알은 흰색이고, 어떤 새알은 푸른색이고, 어떤 새알은 알이 크다는 등의 정보들이 책을 통해서가 아니라 친구와 함께 놀이하고 자연을 탐색하는 과정에서 생겨났다. 나보다 두 살 더 먹은 선배는 겨울을 제외하고는 거의 매일 물고기를 잡았다. 잡는 방법도 다양했다. 그물, 어항, 족대, 통발, 맨손으로 잡기 등. 그래서 그 형 옆에 있으면 물고기의 생태와 이름, 잡는 방법들은 그냥 아는 것이었다. 위험한 행동도 즐거운 탐색이 될 수 있었다. 친구 가운데 뱀을 좋아하는 애가 있었다. 아니, 뱀 잡는 걸 좋아했다. 그래서 산에 갈 때 그 친구랑 가면 뱀이 나타날까 두려운 것이 아니라 뱀 잡는 것 자체가 흥미진진한 경험이 되었다. 그 친구는 맨손으로든, 작대기 비슷한 나무막대로 잡든 귀신 같은 솜씨로 뱀을 다루었기 때문이다.

내 또래 세대라면 정도의 차이는 있어도 거의 비슷한 경험을 했으리라 생각한다. 그래서 교사가 우리의 경험을 존중하고 그 경험을 배움의 원천으로 삼았다면 수천, 수만 년을 통해 내려온 우리의 자연과 문화에 대한 공통감각과 공유지식은 여전히 유지하고 있었을 것이다. 하지만 마을 경험을 무시하고 배제하는 학교 교육과 서구문화를 추종하는 사회적 흐름 속에서 대다수 사람은 그 경험을 무시하거나 눌러둘 수밖에 없었다. 우리의 학문과 지식이 서양에 의존하고 있기 때문이다. 교육은 더 심하다. 교육과정의 핵심 내용이 서양에서 온 지식을 전달하는 것이기 때문이다. 그래서 우리는 교육을 많이 받을수록 서양 중산층 백인의 의식을 갖추게 되어있다.

이런 상황에서 어떻게 정체성이나 자존감을 형성할 수 있을까. 서양 것은 조건 없이 공감하고 수용하면서 우리 것은 의심하고 거부하고 불편해하는 것이 지식과 존재의 식민성이다. 서양인과 우리는 역사적 경험이 달라서 세상을 대하는 태도도 다르다. 서양인들은 '우리가 세상을 이끌고 너희는 우리를 따라와야 한다.', '현재 너희가 사회 발전에서 거치는 과정을 우리는 이미 다 거쳤다'라는 식의 우월감과 함께 자기들이 세상을 이끌어야 한다는 제국주의적 리더십을 지니고 있다. 이와 달리 식민지를 경험한 사람들의 의식과 실천은 '식민상처'로부터 시작된다. 무시당하고 거부당하고 부정당하는 온갖 차별과 혐오 대상이 된 바로 그 몸에서 출발할 수밖에 없기 때문이다. 그래서 식민 지배를 받는 사람이나 식민지에서 해방됐다 하더라도 지식과 존재의 식민성을 벗어나지 못한다면 자기 이야기를 하기가 어려운 것이다. 결국 식민경험이 있는 사람들은 누가 물어주지도, 중요하다고 생각하지도 않는 자신의 이야기를 스스로 할 수 있는 이야기 구성(플롯)을 새로 만들어야 한다. 이야기하기 어렵거나 드러내기 어려운 이야기는 개인의 소극성이 아닌 사회적 여건과 구조를 반영하기 때문이다. 그래서 여성과 장애인 등 소수자들은 성폭력, 장애인권 등을 사회적으로 수용 가능하게 하는 이야기 구성을 위한 복잡하고도 어려운 투쟁을 해야했다. 장소 이야기 역시 마찬가지다.

나는 자신이 사는 장소가 자신의 정체성을 형성한다는 생각을 믿는다. 개인적·사회적·문화적 의미가 있는 장소(마을)를 이해하고 애착을 형성하는 것이야말로 한 인간의 정체성 형성의 밑바탕이기 때문이다. 현대의 여러 가지 위기 가운데 생태적 위기나 정체성 위기, 소통의 위기를 초래한 원인은 여러 가지가 있겠지만 그 가운데 하나가 자기가 사는 장소를 사랑하거나 알지 못해서 생기는 문제다. 다시 말하면 자본의 법칙에 따라 자신이 사는 장소와 구체적이고 감각적인 관계를 상실한 현대인은 일상생활을 해나가는 것 자체가 인류와 지구의 위기를 만들어내는 것이다.

이러한 파괴적 삶을 극복하고 참다운 인간관계를 회복하고 장소를 참다운 정체성 회복의 단위로 만들 수 있을까? 내 경험에 의하면 기성세대의 경우 생각보다 어렵지 않았다. 여성들 특히 놀이나 마을공동체 운동에 관심이 있는 여성들의 경우는 마을 이야기에 쉽게 몰입하고 그것이 자신의 정체성 형성에 결정적이었다는 것에 쉽게 공감한다. 그들에게 마을 경험을 물으면 몇 시간이고 신나게 이야기할 준비가 되어있다. 분위기가 달아오르고 울컥한 마음이 느껴지고 넘쳐흐르는 느낌이 생긴다. 이와 달리 학자들이나 꽤 지식이 있다는 남성들과 이야기하다 보면 자기 마을 경험에 대해 말하지 않거나 무슨 말을 해야 할지 몰라 당황하는 경우가 많다. 말을 더듬거리고 눈에는 초점이 없다. 그러면 갑자기 분위기가 식으면서 공허해진다. 그 정도는 양반이라고 볼 수 있다. 왜 시대착오적인 마을 이야기를 해야 하느냐며 심각하게 항의하는 사람은 어쩔 것인가.

학교폭력 문제를 해결하는 과정에서도 마을 이야기는 중요했다.

한 초등학교에서 있었던 이야기다. 학교에서 항상 문제가 되는 할머니가 있었다. 욕쟁이 할머니라고 불릴 정도로 말은 거의 거칠었고 손자들을 때린다는 것도 거침없이 이야기하는 분이었다. 그래서 아동학대를 하면 안 된다고 담임 선생님이 면담하려고 했는데 만나기 전에 사정을 알아보니 딱하기 짝이 없었다. 며느리는 재혼해서 따로 살고 있었고, 아들은 멀리서 직장을 다녔기 때문에 손자 손녀 셋을 혼자 길렀다. 그것도 대장암 수술을 받은 상태에서. 그리고 남편은 물 한 잔 스스로 떠먹지 않는 사람이었다. 게다가 아이들도 말을 잘 듣지 않아 정신적으로 한계에 다다른 가운데 악만 남은 것이 할머니의 상황이었다. 면담할 때도 선생님 앞에서 할머니는 상상하기도 힘든 욕을 섞어가면서 두 시간 동안 세상에 대한 원망과 절망을 여과 없이 드러냈다. 그런 할머니가 달라진 것은 예상 밖의 질문 하나였다. 같이 자리하고 있던 선생님 한 분이 분위기를 바꾼 것이다.

"할머니, 고향이 어디세요?"

"응? 내 고향은 횡성이야. 강원도 촌년이지."

할머니의 얼굴이 편해지면서 마을 이야기, 어렸을 때 놀이 이야기, 남편 이야기, 아들딸 이야기를 3~40분을 더 하더니 면담의 결론을 스스로 정리했다.

"알어, 알어. 무슨 얘기 하려고 하는지. 손자 때리지 말라는 거지? 고마워. 늙은이가 주책이지. 늙은이 얘기 듣느라 선상님들 고생했어요. 근데 난

속이 후련하네."

그 뒤 할머니는 아이들을 때리지 않았다. 단오와 같은 세시풍속, 농기구에 관한 공부를 할 때면 학생들에게 자기 경험을 전승해주는 마을 교사가 되었다.

다시 본디 이야기로 돌아가 보자. 내가 마을 이야기를 오십이 넘어서 본격적으로 하게 된 것은 무엇 때문일까? 나는 사람들을 만날 때마다 그 사람의 마을 경험에 대해 질문했지만 내 마을 경험에 대해 질문한 사람이 거의 없었다. 물론 마을 교육에 깊은 관심이 있는 김수업 선생님 같은 몇몇 교수들은 달랐지만, 그것은 특별한 경험이지 일상의 대화가 될 수는 없었다. 오히려 마을에 대한 내 관심과 탐구를 시대착오적이라고 비웃거나 시비 거는 사람이 많았다. 마을 경험을 바탕으로 서양 문화나 지식 도입을 비판하고 새로운 대안을 제시하면 화를 내는 사람들도 있었다. 그것은 개인의 문제가 아니라 구조의 문제였다. 자기 이야기를 하기 어려웠던, 아니, 거의 불가능했던 사회적 분위기와 여건, 또는 이야기 모델의 부재가 그렇게 오랫동안 내 이야기를 할 수 없었던 원인이라 생각한다.

내 이야기에 그나마 공감하는 사람들은 걱정스러운 얼굴로 마을 경험이 거의 없는 요즘 아이들에게도 과연 마을에 관한 탐구와 프로그램이 의미가 있느냐는 질문을 하는 경우가 있다. 지금 젊은 세대가 성장한 사회적 환경을 생각하면 충분히 이해할 만한 태도다. 요즘 젊은 세대는 사실상 고향이 없다. 그러니 지연(地緣)이 의미가 없고, 도시에서 핵가족으로 살았기에 혈연의식이 강할 수도 없다. 혈연과 지연이 약하면 초등학교나 중학교를 중심으로 한 학연도 약해진다. 그러니 개인주의가 지배적인 의식이 되는 것이다. 하지만 아이들과 여러 프로그램을 진행해 본 결과 그런 걱정은 기우임을 알 수 있었다. 아이들은 자신이 사는 장소—집과 마을에 관해 이야기하는 것을 아주 좋아했다. 뒷산에 올라서 조망하면 가장 먼저 자기 집과 마을을 찾았다.

마을 경험이 별로 없는 아이들과 함께 마을 경험을 만들어가는 활동을 하기 위해 만든 프로그램이 마을 나들이다. 교사가 아이와 둘이 또는 그 마을에 사는 아이들과 함께, 때로는 반 전체가 함께 마을을 나들이하면서 여러 가지 상호작용을 하는 것이다.

마을 나들이는 아주 성공적이었다. 교사가 가르치는 것이 아니라 아이들이 하굣길을 따라 자신의 마을과 마을 경험을 알려주는 것이어서 교사들이 부담이 없었기 때문이다. 자기에게 계속 질문해주고 말을 하면 솜이 물을 빨아들이는 것처럼 반응하는 교사를 보면서 아이들은 온전하게 존중받는 경험을 할 수 있었고 마음의 문을 쉽게 열었다. 많은 교사가 단 한 번의 나들이로 아이들이 곁을 주고 말문을 여는 놀라운 경험을 했다.

부모가 아이와 마을을 걷는 경험을 하게 하거나 부모의 고향마을 경험을 아이에게 전하는 것도 좋았다. 명절 때 부모님 고향에 가서 놀이했던 장소 또는 엄마 아빠가 의미 있게 생각하는 장소를 찾아보는 경험들은 관계를 회복하는 중요한 기회를 제공했다. 이번 마을 지도를 그리는 과정에서도 자기 이야기, 마을 이야기에서 질문의 중요성을 다시 한 번 확인할 수 있었다. 모든 글이 그랬지만 특히 하종원 선생의 글이 인상적이다.

> 어머니랑 이야기하면서 옛날에 살던 여러 장소에 관한 이야기도
> 많이 했지만, 이곳에서 저곳으로 이사하게 되는 당시 가족 상황
> 과 그 속에서 엄마의 입장과 심정을 아주 상세하게 들을 수 있었다.

그런 이야기들은 태어나서 처음 듣는 이야기들이었다.

"근데, 이런 이야기 와 안 해줬어예?"

"누가 물어봐야 해주지."

이야기해 주지 않아 듣지 못했던 것이 아니라, 묻지 않아서 들을 수 없었던 것이라는 사실을 깨닫게 되었다. 또, 내가 어른들의 예전 이야기를 궁금해한다는 사실을 어머니도 알게 되는 계기가 된 모양이다. 그 후로 어머니는 시간이 될 때마다 옛날이야기를 들려주셨다. 1920년대에서 2000년대까지의 대하드라마보다도 역동적인 사연들을 들을 수 있게 되었는데, 그것은 나에게 정말 큰 행운이었다.

질문이 이렇게 중요하다. 서로의 삶과 마을 경험에 관해 이야기하려면 먼저 질문을 해야 한다. 그것이 바로 관심의 표현이고 이야기판을 여는 힘이기 때문이다.

왜 마을지도 그리기를 할까?

우리를 과거 어떤 순간으로, 그것도 행복했던 순간으로 끌고 가는 기억을 추억이라고 한다. 추억은 마음을 움직이는 기억이기 때문에 누가 추억을 자극하면 봇물 터지듯 이야기가 쏟아져나온다. 아무리 말이 없는 사람이라도 놀이 이야기, 고향 이야기를 하면 수다스러워진다.

그런데 나는 학교에 관해서는 좋은 추억이 없다. 같은 학년 친구들은 나보다 한 살에서 세 살까지 많은 데다가 어렸을 때부터 신동으로 소문난 나에게 친구들은 잘 다가오지 않았다. 친근감을 느끼는 것이 아니라 경외감에 가까운 감정이 있었기 때문이다. 그래서 나는 친구들과 어울리기보다는 책을 보고 자연의 여러 가지 현상에 관심을 가졌다. 그래서 주변 사람들에게 나는 별난 아이였고 내 주변은 항상 조용했다.

교사들과의 관계는 더 어려웠다. 중학교 때 국어 교사나 초등학교 때 몇몇 여교사들은 나를 예뻐해 주었다. 하지만 그분들은 내 담임 교사도 아니었고 교과 시간에만 만날 수 있었기 때문에 학교 안의 일상적 상호작용에 큰 영향을 미치지 못했다. 그래서 좋은 기억은 막연하지만 나쁜 기억들은 현실적이고 구체적으로 떠오른다. 이유 없이 맞고, 축구를 하다가 교사한테 패스를 안 했다고 뺨을 맞고, 질문했다고 혼나고, 수업 시간에 교사의 의견에 반대했다고 한 시간 내내 벌 받은 기억들은 지금도 어제 일처럼 생생하다.

그래서 나는 학교 교육에 대한 믿음도 없었고, 교육과 관련된 일을 하리라고는 생각한 적 없었다. 하지만 관계는 삶의 의미를 형성한다. 내 아내가 교사이고, 교육제도와 학교 안의 관행으로 고통스러워하는 것을 느꼈기 때문에, 함께 대화하는 과정에서 교육 현실에 대한 관심이 생겼다. 아들이 태어나면서부터는 아이를 돕는 전인적 배움을 생각하다 보니, 학교를 보내고 그 안에서 상처받지 않도록 하는 것이 현실적인 문제로 다가왔다. 사회운동을 하면서 교사들 그리고 사범대·교대 학생들과 프로그램을 자주 진행하다 보니 그들의 요구가 나를 교육 쪽으로 끌어당겼다.

그래서 만든 것이 민족교육연구모임이다. 처음에 민족교육연구모임은 중·고등학교 교사들 중심이었다. 모임 구성은 초등교사와 중등교사가 반반이었는데 중심적인 역할을 중등교사들이 했다. 그때 내 계획은 중등교사들이 함께 마을과 고장에 관한 공부를 하면서 자료를 만들고 새로운 교육과정을 만들면 그것을 바탕으로 초등교사와 유치원 교사들 그리고 마을에 사는 부모들이 함께 네트워킹하면서 공부하는 것이었다. 하지만 이는 처음부터 벽에 부딪혔다. 역사 교사와 국어 교사가 중심이 된 중등교사들이 내가 생각한 역할들을 받아들이지 않았다. 자신들이 대학에서 공부한 내용을 완전히 뒤집어야 하고, 새로 공부해야 한다는 것에 거부감이 있었다. 그런 상황에서 전국적인 지명도가 있는 몇몇 선배 교사들이 우리 모임을 공격하는 사건이 발생하자 중등교사들 대다수가 모임을 떠났다. 그래서 그 뒤로는 초등교사들이 모임의 중심이 되었다. 그 뒤로도 내 연구와 실천은 악전고투의 연속이었다. 교실과 교과서를 중심으로 한 교육문화에 익숙한 교사들은 교실이 아닌 삶의 현장에서 공부하고 아이들과 관계를 맺어야 한다는 생각과 실천에 낯설어하고 힘들어했다. 그래서 하나하나의 실천을 통해 새로운 세상을 만드는 것은 나에게는 항상 전쟁 같은 일이었다.

변화의 계기는 평화샘 프로젝트였다. 왕따 문제를 교사 주도로 해결하면서 아이들과의 관계가 안정되고, 마을 나들이를 할 수 있는 힘이 생겼다. 나들이를 통해 아이들과 관계의 오솔길을 만든 교사들은 삶의 변화를 체험했기 때문이다. 그렇다고 해서 그것이 모든 사람이 함께할 수 있는 보편적인 배움길(교육과정)을 구성한 것은 아니다. 그렇게 되려면 교사들이 모든 아이와 나들이를 할 수 있어야 한다. 그런데 수십 명의 마을배움길모임 구성원 가운데 그렇게 하는 사람은 한 명이었다. 나머지 가운데 몇 사람은 반 정도 아이들과 나들이를 했고, 시도하다 중단하는 구성원도 있었다. 그래서 모든 아이와 하는 나들이는 해결할 수 없는 과제처럼 그렇게 남아 있었다.

근본적인 변화의 계기는 팬데믹에 대한 대응을 통해 이루어졌다. 마을

배움길을 하는 교사들은 '놀이는 보편적인 활동이고 나들이는 일종의 선택적 과정'이라고 생각했는데 팬데믹이 그런 생각을 뿌리로부터 무너트렸기 때문이다. 놀이 활동이든 나들이든 학교에 오는 아이들을 데리고 할 수밖에 없는데 아이들이 학교에 오지 않는 상황에서 과연 무엇을 할 수 있을까? 그것은 힘들고 난감한 경험이었지만 동시에 교육의 본질 문제를 깊이 성찰하는 계기가 되었다. 아이들이 학교에 오지 않으니 교사들이 아이들을 만나러 마을로 가야 했다. 또 방역 문제 때문에 아이들을 한명 한명 만나야 했다. 그전에 있었던 마을 나들이는 수업과 관련된 것이었기에 한 아이의 경험이 충분히 존중될 수 있는 환경을 만들기 어려웠다. 그런데 팬데믹 상황에서 아이들을 만나려면 교사가 한 아이, 한 아이를 만나지 않으면 안 되었다. 당시 상황에서 아이들은 극도의 스트레스를 받고 있었다. 거의 모든 아이가 학교에 다니는 현실에서 아이들의 일 년은 학급이 구성되고 교사와 반 아이들의 관계가 안정되어야만 제 궤도를 찾을 수 있게 된다. 입학식을 하고 친구들의 생일을 축하하고 수학여행에 가는 등, 학교와 교실에서 벌어지는 온갖 행사와 이벤트는 아이들의 정체성 형성과 사회적 경험의 본질적인 내용을 구성하기 때문이다. 삶의 속살들, 시작과 끝, 만남의 기쁨, 함께하는 즐거움, 존중 등 사회적 삶에 필요한 내용이 그 안에서 만들어지기 때문이다. 그런 경험의 결핍과 상실은 아이들에게 자신의 정체성과 사회적 존재감을 지닐 수 없게 한다. 그런 상황에서 교사들이 아이들의 고통에 관심을 갖고 전인격적인 만남을 이룰 수 없다면 우리의 교육적 실천이 단 한 걸음도 더 나아갈 수 없는 것이다. 그래서 내가 모임에 한 제안은 모든 구성원이 일대일 마을 나들이를 모든 아이와 진행하자는 것이었다. 내 제안에 동의하는 교사들도 있었지만 부담스러워하는 교사들이 반쯤은 되었다.

그 뒤 석 달 동안 지속적인 논쟁이 있었다. 그 과정에서 문제 해결을 위해 내가 제안한 것이 자기 마음속에 있는 마을지도 그리기다. 자신이 살았던 고향마을, 지금 사는 마을, 아이들이 사는 학구나 직장이 있는 마을에 대해 이야기하고 그 이야기를 바탕으로 그림을 그리자는 것이다. 세 개 마을에 대한 마을지도 그리기를 제안한 것은 단 한 번의 경험으로는 충분하지 않다고 생각했기 때문이다. 적어도 세 번은 해야 자기의 과거·현재 경험과 미래의 경험을 통합할 수 있다. 고향마을 경험은 공동체적 상호작용의 본질을 깨닫는 계기를 마련할 것이고, 현재 자기 집이 있거나 직장이 있는 마을을 배우고 깊이 관계를 맺는 것은 새로운 삶의 비전과 관련되기 때문이다. 프로그램을 진행하면서 가장 큰 문제가 된 것은 지도에 대한 고정관념이었다. 마음 속에 있는 마을지도라는 것은 자기 마음속에 주관적, 서로 주관적인 경험을 그리라는 것인데, 대다수 교사는 정확성을 바탕으로 한 객관적인 지도를 그리려고 했다. 그래서 세운 원칙이 세 가지다.

첫째, 마을에 관한 인상적인 경험을 떠올리고 그 경험을 연결하면서 그림을 그린다.
둘째, 마을 경험이 없는 사람들은 마을을 걷고 마을 사람들과 대화를 적극적으로 시도한다.
셋째, 기억나지 않는 어린 시절의 경험을 되살리기 위해 부모님이나 형제자매와 적극적으로 대화를 시도한다.

고향 마을 그리기는 생각보다 어렵지 않았다. 몇 가지 혼선이 있었지만 그것은 기술적이거나 고정관념의 문제였고, 과거·현재·미래를 축으로 한 자기 경험을 통합하는 이야기의 힘을 느끼자 한 달 만에 거의 모든 구성원이 마을지도를 그려냈다.

하지만 현재 사는 마을과 학구 마을 그리기는 쉽지 않았다. 그래서 두 개의 마을지도는 사람마다 속도의 차이는 있었지만 두세 달의 시간이 걸렸다. 마을을 잘 몰랐기 때문에 마을 구석구석을 탐색하고 마을을 한 바퀴 돌고 하는 새로운 경험을 하면서 마음속에 마을에 대한 지도를 담아야 했기 때문이다. 처음에는 그런 실천에 대한 두려움과 의구심이 있었지만, 그것은 바로 해결되었다. 아이들 하나하나를 만나면서 교사들은 구원을 경험하였다. 아이들은 교사를 열렬히 환대했을 뿐만 아니라 그렇게 관계를 맺게 된 아이들은 비대면 교육에서도 적극적인 모습을 보였다. 그렇게 관계가 형성되니 줌(zoom)을 통한 온라인 동아리 활동까지도 가능했다. 마을 배움길을 수업 배경이나 콘텐츠가 아니라 아이들의 삶 속으로 걸어 들어가는 것으로 받아들이면서 진정한 교육혁명이 가능하다고 확신하게 된 것이 팬데믹이 우리 모임 사람에게 준 선물이라 할 수 있을 것이다.

이제 왜 마을 이야기를 자기 이야기의 본질이라고 볼 수 있는지 이야기할 때가 되었다. 이야기는 복수의 사건이 의미와 관련해서 인과적으로 연결될 때 만들어진다. 사건은 이야기의 구성요소이긴 하지만 '어떤 배우가 죽었다'라는 하나의 사건이 이야기를 구성하지는 않는다. 하지만 '그 아내가 슬픔 속에 따라 죽었다'라고 하면 이야기 구성의 기본 조건이 만들어진다. 사건과 사건이 의미와 관련되어 연결되었기 때문이다. 그렇다 하더라도 아직 사람들이 공감하고 몰입하는 이야기의 힘을 설명할 수 있는 것은 아니다. 이야기의 본질은 그런 사건 및 행위의 연속만으로 이루어지지 않기 때문이다. 사건이 이야기하는 사람에게 가치가 있고 감정적 수준에서 받아들일 때만 진짜 이야기는 시작된다. 이야기하는 사람이 가치나 의미를 부여하고 감정적인 수준에서 공감하게 되면 어떤 사건의 연쇄는 듣는 사람들에게도 같은 감정을 불러일으킨다. 그런 감정이 발생하면 인지도 있는 그 배우에 관한 관심과 애정도 생겨나고, 사랑하는 사람을 잃었을 때의 느낌과 아픔을 공유하게 되기 때문이다. 사람의 마음은 그렇게 움직인다. 자기 삶 속에서 그런 체험과 느낌을 공유했기 때문에 이야기에 몰입할 수 있는 것이다. 즐겁거나, 기쁘거나, 놀랍거나 하는 공감의 근원에 자신의 체험이 있는 것이다. 한 사람의 마음을 그렇게 움직이는 이야기는 자신의 이야기인 동시에 자신이 사는 고장의 이야기일 때 극대화된다. 일곱 달에 걸친 마을배움길모임의 마을지도 그리기는 이야기의 본질적 의미를 찾는 과정이었다.

마지막으로 이번 마을지도 그리기의 의미를 네 가지로 정리해보았다.

첫째, 자기 삶을 더 깊이 이해할 수 있게 되었다. 자기 이야기를 할 때 사람들은 시간을 거슬러 올라가 자신과 관련 있었던 여러 가지 사건들을 그려낸다. 그 과정에서 공간과 시간이 통합되는 놀라운 경험을 하게 된다. 자기가 살았지만 서로 연결되어있지 않은 장소들이 사람, 사건과 하나의 이야기 속에 통합되면서 자기 삶이 연결되는 느낌이 드는 것이다. 시간적으로도 현재의 내가 과거로부터 어떻게 구성되었고 지금의 내가 미래를 어떻게 만들어갈 수 있을지에 대한 통찰력을 얻게 된다. 장소가 통합되고 과거, 현재, 미래가 통일된 순간으로 경험되면 삶의 의미가 생생해지고 방향이 분명해진다. 자기 삶의 과거, 현재, 미래를 꿰뚫는 일관성이 생길 때 사람은 무심코 살아왔던 삶에 대한 의미를 부여하게 되는 것이다.

둘째, 타자와의 대화가 얼마나 중요한지 깨닫게 되었다. 마을배움길모임의 마을지도 그리기는 자신이 맺고 있는 모든 관계를 다시 살펴보는 과정이었다. 자신이 살았던 장소, 부모 형제, 이웃 그리고 자기 자식과, 교사들의 경우 학생들과의 전면적인 관계 맺기 시도였다. 그것은 보고 또 보고, 다시 보고, 새로운 차원에서 보는 과정이었으며, 이야기하고 또 이야기하고 다시 이야기하고, 새로운 차원에서 이야기하는 과정이었다. 그 과정은 모임 구성원들의 서로의 관계와 지식의 변화와 함께 지역사회 차원의 통찰력으로 연결되었다. 송윤희 선생의 글이 이런 과정을 잘 보여준다.

셋째, 진정한 글쓰기 공부의 기회가 되었다. 자기 경험을 바탕으로 한 글쓰기가 자기 삶을 얼마나 충만하고 윤기 있게 할 수 있는지 모두가 생생하게 경험했다. 인간이 이야기를 시작하게 된 것은 공동체의 규모가 커지면서 서로의 삶을 공유하는 장치가 필요했기 때문이다. 그리고 그런 공유가 가능하게 하려면 과거의 이야기뿐만 아니라 미래에 있을 상황까지 예상해서 공동체가 상황을 공유할 수 있는 장치가 필요하다. 그것을 상황공유모델이라고 한다. 상황공유모델은 다섯 가지로 이루어진다. 장소, 시간, 인과관계, 등장인물, 동기이다. 이야기꾼이나 소설가는 장소에 대한 정보를 제공해서 물리적 배경을 떠올리도록 조직하고, 시간 정보를 제시해 언제 그런 일이 일어나는지, 인과관계를 통해 어떤 것이 어떤 결과를 가져오는지, 등장인물을 통해서는 그 안에 있는 다양한 관계와 사람들의 성격을 보여준다. 그리고 등장인물의 동기를 통해 행동의 근본적 원인과 결과를 추론할 수 있게 한다. 이 다섯 가지 차원의 모델은 인간에게 이야기를 만들고 사회적 상호작용을 가능하게 하는 근본적인 바탕이 된다. 자기 경험을 이야기함으로써 교사들은 인간이 왜 이야기를 해야 하는지 깨달을 수 있었다.

넷째, 이야기가 교육 연구 방법이자 교육 방법임을 공감할 수 있는 계기가 되었다. 우리가 마을지도를 그리기 시작한 후 신용대 선생의 교실에서 벌어진 이야기가 그것을 잘 보여준다.

"학교에서 아이들이 사는 마을도 같이 이야기해 보면 좋겠다는 욕심에 내가 그린 마을 지도를 교실에 붙여놓았더니 아이들이 관심을 보이기 시작했다. 2학년 아이들이 보기에는 잘 그렸다고 생각하는지 선생님의 그림 솜씨에 감탄하는 아이도 있었고, 지도에 그린 것들이 무엇인지, 왜 그렇게 그렸는지 물어보는 아이도 있었다. 자연스럽게 마을 지도를 같이 보면서 내가 어릴 때 이런 마을에서 이렇게 살았다고 이야기하니, 아이들이 모두 집중해서 재밌게 들었다. 아이들이 마을에서 어떻게 지내고 있고 마을을 어떻게 생각하는지도 궁금해서 일주일 동안 가족과 함께 마을 지도를 그려보자고 했다."

"교실을 벗어나 마을로 나와서 나들이하며 자기 이야기를 재잘재잘하고, 궁금한 것은 서로 물어보고 설명해 주었으며, 토론도 벌였다. 아이들은 마을에서 계절과 자연을 온몸으로 느끼고, 어른을 만나면 인사하고, 자기가 발견한 것을 친구들과 함께 탐색하고 감탄하면서 즐겁게 배우고 있었다. 오늘 마을 나들이는 2015 개정 교육과정의 '자기관리, 지식정보처리, 창의적 사고, 공동체, 의사소통, 심미적 감성' 여섯 가지 핵심역량을 스스로 키우고 발휘하는 과정이었다. 교실에서 교과서로 배웠다면 여섯 가지 핵심역량을 이렇게 효과적이고도 즐겁게 키워나가는 일은 어려웠을 것이다."

어떻게 할 것인가

1999년은 지난 천년을 돌아보고 새로운 천년의 비전을 찾기 위해 많은 토론회와 행사가 열리던 해였다. 그 가운데 내가 특히 관심을 가진 것은 지난 2천 년 동안 인간의 삶에 영향을 미친 발명에 관한 설문이었다. 그 설문 응답은 『지난 2천 년 동안의 위대한 발명』이라는 책으로 출간되었는데, 가장 큰 영향을 끼친 발명으로 꼽힌 것이 세 가지다. 인쇄술 및 인쇄 기계, 컴퓨터 그리고 렌즈다.

지난 천 년간 인쇄술이 끼친 사회적 변화는 누구나 인정할 수밖에 없고, 컴퓨터도 현재와 미래에 걸쳐 영향을 미치리라는 것에서 그 설문 결과를 부정할 수 있는 사람은 없을 것이다. 그런데 렌즈라니. 처음에는 선뜻 동의하기 어려웠다. 하지만 곰곰이 생각해보니 그렇겠다고 수긍할 수밖에 없었다. 렌즈가 없으면 안경도 없을 것이다. 안경이 있어서 눈이 나쁜 사람이나 노인들도 책을 읽고 밤에도 활동할 수 있다. 안경으로 인간의 경제활동이 두 배 이상 늘어났고 노인들이 70~80세가 넘어서까지 활동할 수 있는 기반을 제공해 오늘날의 장로사회를 만들었다. 안경이 일상생활에서 큰 변화를 가져왔다면 망원경은 세계관의 변화를 가져왔다. 망원경이 없었다면 인간은 태양계의 구조에 대한 확실한 지식을 가질 수 없었을 것이고 우주의 전체적인 모습을 파악하는 것도 불가능했을 것이다. 현미경이 없었다면 어땠을까? 당연히 세포의 구조를 파악할 수 없었을 것이고, 유전자와 뇌의 구조도 알기 어려웠을 것이다.

렌즈는 문화생활에서도 큰 영향을 끼쳤다. 렌즈가 없었다면 카메라가 탄생하지 않았을 것이고 당연히 사진 예술도 존재하지 않았을 것이다. 영화 역시 카메라로 찍는 것이기 때문에 현재 문화생활의 구조를 지배하고 있는 것이 렌즈라고 봐도 틀리지 않을 것이다. 그런데 지금 이야기할 것은 이러한 렌즈의 혁명적 역할이 아니고, 렌즈가 가져온 삶의 왜곡에 관한 것이다.

렌즈는 학문이나 교육이 우리의 일상적 삶이 아니라 다른 곳을 향하게 했다. 장소에 뿌리박고 구체적으로 교류하는 것들은 최근까지도 학문과 교육의 중요한 영역이 아니었다. 망원경으로 바라보는 태양계의 규모, 은하계의 크기 같은 것들은 인간이 우주에서 차지하는 위치를 깨닫게는 했지만 삶을 너무 왜소하게 만들었다. 거시적이고 우주적인 차원에서 보면 인간 삶은 티끌처럼 작아 보이기 때문이다. 그래서 망원경은 인간을 자신이 맺고 있는 구체적인 관계로부터 소외시키는 매개체가 되었다. 현미경으로 본 세계에서 일상적 삶이 중심주제가 되기 어렵다. 그것은 아플 때나 전염병이 유행할 때 주목하는 주제일 뿐이기 때문이다.

그 결과 렌즈는 수없이 많은 과학적인 질문을 해결했지만, 인간의 내적 삶과 사회적 관계망과 관련해서는 큰 역할을 하기 어려웠다. 오히려 과학이 발달할수록 인간의 행복감은 더 줄어들고 있다. 왜냐하면, 삶의 의미는 서로를 사랑하고 지지하면서 생겨나는 것이지 과학적인 이치로 형성되는 것이 아니기 때문이다. 그래서 인간이 우주 속에서 자신의 자리를 되찾고 공동체를 회복하기 위해서는 자신의 장소에서 맺는 구체적인 감각적 관계가 회복돼야 한다.

학교가 자기 정체성을 형성하고 장소를 회복하는 데 도움이 되는 것이 아니라 오히려 파괴하고 있다는 것을 확인하는 것은 아주 간단한 일이다. 학생들에게 삶의 의미를 물으면 된다.

20여 년 전 수능시험을 마치고 할머니 제사를 지내기 위해 집에 온 두 조카와 이런저런 이야기를 나눈 적이 있다. 한 시간쯤 이야기하다가 자신에 관해 이야기할 줄 모른다는 것을 느끼게 되었다. 그래서 몇 가지 질문을 했다.

"너는 삶의 목표를 어떻게 잡고 있니?"

"네가 생각하는 행복에 관해서 이야기 좀 해보자"

"너 자신은 어떤 사람이라고 생각해?"

"네가 사는 부산을 공부해본 적 있어?"

서태지나 배우들에 대해서는 잘 이야기하던 조카들이 이런 질문이 나오자 아무 말도 하지 못했다. 큰 조카는 눈물을 흘렸고 작은 조카는 화를 내며 씩씩거렸다. 그런 질문은 집에서도 학교에서도 받아본 적이 없고 해야 할 필요도 느껴본 적이 없다는 것이다. 그 뒤로도 많은 청소년에게 같은 질문을 했지만, 반응이 크게 다르지 않았다.

선생님들에게도 이러한 질문을 해보았지만, 자신의 이야기가 배움의 바탕이 되어야 한다는 것에 동의하는 사람을 찾기 어려웠다.

다른 사람들에게 자기 이야기를 끌어들이기 어려웠던 데는 두 가지 원인이 있었다. 하나는 자기 이야기를 자연스럽게 할 수 있는 사람이 거의 없었다는 것이고, 다른 하나는 자기 이야기를 하는 사람도 긍정적이고 진취적인 이야기보다는 부정적인 이야기를 주로 한다는 것이었다. 이야기 치료에서는 각 개인의 정체성을 대변하는 이야기를 '지배적 이야기'라고 한다. 어떤 사람의 지배적 이야기가 부정적이라면 그 사람이 공감적이고 진취적인 존재가 되기는 어려울 것이다. 하지만 지배적 이야기가 삶의 승리와 즐거움, 해방경험 등을 담고 있다면 그 이야기는 내재된 힘을 통해 사람의 정체성 형성과 표현, 고통의 치유, 삶의 통합을 가져올 것이다. 학교 교육을 바꾸려면 배움의 속살이 자기 이야기를 출발점으로 삼아야 하는 까닭이다.

자신이 누구인지, 우리가 누구인지, 우리가 무엇을 해야 하는지에 대한 인식은 기존 지식체계의 인도를 받기 마련이다. 지식체계가 그 사회 스스로의 힘으로 만들어진다면 지식과 삶의 괴리는 적을 것이다. 나의 삶, 자기 경험, 자신이 사는 사회의 문화 그리고 사회적 실천이 자원이 되는, 그런 학문과 교육이 될 것이기 때문이다.

이와 달리 지식체계가 외부로부터 온다면 삶과 지식이 분리되어 정신적 삶이 황폐해질 수밖에 없다. 우리의 지식체계는 전통 시대에는 중국에서 온 것이었고, 근현대에는 서양으로부터 들여온 것이다. 따라서 우리 삶의 토대와 여건이 아닌 중국과 서양의 사회적 여건으로부터 만들어진 것이기에 우리 삶을 비출 수 있는 거울이 될 수 없다. 지금까지 학자들은 우리에게 문제가 있을 때 그것을 해결할 수 있는 우리의 자원을 먼저 확인하고, 문제를 더 새로운 차원에서 해결하기 위해 서양의 지식과 문화를 방편으로 삼는 것이 아니라 무조건 서양을 배워야 한다는 태도를 보여왔다. 우리 문화와 삶 자체가 잘못되었기 때문에 무조건 서양을 따라 바뀌어야 한다는 것이다. 그리고 그 배움의 핵심은 '개념적 사고'다. 그래서 공부를 많이 할수록 한국인이 아니라 서양 중산층 백인처럼 사고하게 되어있다. 그 결과가 스스로에 대해 생각하고 자기 삶을 성찰하는 것이 아니라 무조건 외우고 시키는 대로 하는 행동의 학습이었고, 조카들이 자기 삶에 관해 이야기하라고 했을 때 말문이 막힌 근본 원인이다. 이것이 바로 식민성이다.

지난 수십 년간 내 생활 경험과 민속을 바탕으로 마을에 관한 연구와 실천을 해왔다. 그런 나에게 외부로부터 강요된 지식체계는 참고 대상이지 전적으로 의지할 만한 것은 아니었다. 도움이 되는 것이 아니라 오히려 문제를 올바르게 파악하는 데 걸림돌이 되는 경우가 많았다. 그래서 문제를 해결할 때 내 삶의 경험과 마을문화의 전통 속에서 자원을 찾고 대안적 가치를 바탕으로 경험을 성찰하고 재구축하면서 앞으로 나아갈 수밖에 없었다. 그 과정에서 마을문화의 긍정적 가치뿐만 아니라 부정적인 것도 깊게 검토해보았다. 어른들의 폭력성, 새마을 운동에서 보이는 것처럼 마을 바깥의 권력에 빌붙어 마을의 역사와 문화를 무시하고 억압하는 태도, 마을 유지를 중심으로 마을 외부를 배척하면서 문제를 온정적으로 해결하려는 태도 등, 마을의 부정적인 측면을 극복하기 위해 시도한 것이 여성, 아이, 장애인 등 소수자의 목소리가 전면적으로 드러나고 그것이 수용되는 대안적 마을 문화가 어떻게 가능한지에 대한 여러 가지 프로젝트다. 학교급식, 마을을 중심으로 한 왕따 문제 해결, 마을 장애인 편의시설 실태조사 및 장애인 편의시설 설치 운동, 자기 보호 아동 실태조사, 마을 놀이터 만들기 및 목요놀이 활성화 운동 등은 마을공동체 의식을 강화하고 사회적 약자의 힘을 키우기 위한 연계 프로젝트였다.

이번 마을지도 그리기 프로젝트는 이런 내 경험을 나의 개인적 체험이 아니라 우리의 공통 기억으로 만들기 위한 새로운 시도다.

자신의 오감을 통해 얻게 되는 것을 체험이라고 한다. 그런데 그것이 공동체의 기억이 되기 위해서는 어떻게 해야 할까? 자신의 체험이 다른 사람들에게 받아들여져서 공통의 경험이 될 수 있어야 한다. 다른 사람들이 내 이야기를 기억할 만한 가치를 지니고 있다고 인식하고 감정적 수준에서 하게 되면 그것은 공동체의 이야기 곧, 신화와 역사가 되기 때문이다.

마을의 경험을 바탕으로 한 자신의 이야기는 개인의 심리를 중심으로 한 이야기에 비해 자아정체성 형성이나 사회적인 관계 회복에 더 큰 효과가 있다. 그리고 그 효과가 극대화되려면 가족, 지역, 환경이 연관되어 그런 이야기를 촉진하는 환경이 만들어져야 한다.

먼저 부모의 역할이 중요하다. 부모는 한 인간의 삶에서 말을 걸어주고 이야기를 공유하는 첫 번째 이야기꾼이기 때문이다.

부모가 아이들과 공유할 수 있는 이야기는 여러 가지가 있다. 먼저 아이가 기억하지 못하는 어렸을 때의 체험을 알려줘야 한다. 아이에 대한 비난이 아니라 아이가 자기 삶을 더 깊게 이해할 수 있는 여건을 만들기 위해서다.

부모가 어렸을 때의 마을 경험과 현재 사는 마을 경험도 끊임없이 함께 이야기를 나눠야 한다. 마을의 자연환경, 역사, 사람들, 그 안에 사는 동식물들을 포함한 전체 생명이 곧 삶과 배움의 출발점이기 때문이다. 이 책에 실린 글 가운데 초등학생인 하예진 양의 글은 부모가 아이들과 마을 속에서 다양한 활동을 함께하고 서로 이야기를 주고 받으면서 장소에 대한 사랑을 어떻게 만들어가는지 잘 보여주는 본보기이다.

마을이 직면한 여러 가지 문제—환경 문제나 교통 문제 등 사회적 약자와 관련된 문제에 관해서도 이야기를 나눠야 한다. 인간을 생각하게 만드는 가장 중요한 원천은 현실이기 때문에 현실의 고통에 끊임없는 관심을 갖는 것이 중요하기 때문이다. 현실의 문제는 고통을 통해서만 실상을 드러낸다. 바로 그 고통에 대한 감수성이 있을 때 사회적인 이야기를 할 수 있는 능력 곧 인문학적 능력이 계발된다.

아이가 호기심을 보일 때도 끊임없이 이야기를 걸어야 한다. 아이들은 생활 속에서 끊임없이 궁금한 것을 발견하지만 어른들은 그 호기심을 억누른다. 쓸데없는 데 관심 갖지 말고 공부하라고 다그치기 때문이다. 어른들도 생활 속에서 문제를 발견하거나 탐색하고 싶은 호기심을 경험하지만 지금 일이 바쁜데 그런 문제에 신경 쓸 겨를이 없다는 이유를 대면서 호기심을 억누른다. 그렇게 상상력의 필수 조건인 호기심을 억누르는 사람들에게 창조적인 능력이 생겨날 수 있을까.

교사들의 역할도 중요하다. 부모가 할 수 없는 이야기판을 열 수 있고 부모가 아이들과 이야기하는 데 도움을 줄 수 있기 때문이다.

교사는 부모가 할 수 없는 이야기판을 어떻게 열 수 있을까?

한국의 현실에서 교사는 대부분 다른 지역에서 온다. 따라서 아이들은 교사를 통해 다른 고장 이야기를 들을 기회를 얻게 된다. 지식과 정보가 아니라 내가 좋아하는 선생님이 추억과 애정을 가지고 하는 고장 이야기는 아이의 삶에 보석 같은 경험으로 다가오기 마련이다.

또한 교사는 다양한 교육과정에서 부모와 아이의 이야기판을 열 수 있다. 아이들과 놀이할 때 교사가 일방적으로 놀이를 가르쳐주는 것이 아니라 부모에게 놀이를 배워오게 하는 것이다. 아버지가 잘하는 놀이, 어머니가 잘하는 놀이를 배워오게 하면 어떨까. 그리고 그 놀이를 아이들과 나누게 하는 것이다. 부모님에게 어렸을 때의 자기 이야기를 듣게 하고 그것을 친구들에게 이야기하게 하면 어떨까. 이런 과정은 지속적인 이야기판으로 이어질 수 있다.

이러한 이야기를 통한 교육 방법은 모든 배움으로 확산할 수 있다. 자연에 관한 것이든, 역사와 문화에 관한 것이든, 추상적인 개념에 관한 것이든 이야기는 그 모든 것을 포괄할 수 있기 때문이다. 한 사람에게 의미 있는 세계는 자신이 이해하고 이야기할 수 있는 세계다. 우리는 끊임없이 이야기를 통해 자기 세계를 확장시켜야 한다. 왜냐하면 이야기는 새로운 세계를 창조하는 활동이기 때문이다. 따라서 이야기 문화의 심화는 인간관계와 지식의 새로운 창조를 가능하게 하는 것이다.

이야기는 그렇게 한 인간의 삶과 사회의 변화를 가져올 수 있는 거대한 잠재력을 지닐 뿐만 아니라 교육과 지식을 뿌리로부터 바꿀 수 있는 힘이 있다. 장소적 경험은 기억과 학습에서 가장 중요한 것이기 때문이다. 인간은 특정한 장소에 대한 기억 속에서 살아간다. 어떤 장소에서 행복한 경험을 했거나 고통스러운 경험을 했다면 그 장소를 기억하게 된다. 그 기억이 얼마나 강한지는 당시 경험에 관련된 정서적 강도에 달려있다. 그래서 그 비슷한 장소를 만나면 신경 활동이 활발해지면서 다가가거나 회피하기 마련이다. 장소에 대한 기억이 인간의 행동을 결정하는 것이다. 그리고 장소에 따른 행동의 반복을 공동체가 함께한다면 그것이 바로 문화다.

오늘날 개념 중심의 학습이 아니라 활동 중심의 학습이 제기되는 것은 뇌과학의 발달과 함께 인지 체계에 대한 이해가 심화하고 있기 때문이다. 기억의 핵심은 감정에 있고 특히 놀라움, 중요함, 새로움이 핵심이라면 내 정체성을 결정하는 장소 경험만큼 중요한 학습 원천은 없다. '중요함은 인정하지만 놀라움과 새로움은 좀 아니지 않은가' 생각할 수도 있다. 하지만 새로움은 낯선 것으로부터 올 수 있지만 익숙한 것에서 뭔가를 다시 발견하는 것으로부터도 온다. 그리고 낯선 것은 스트레스를 유발하지만 익숙한 것에서 무언가 새롭게 발견한 것은 깨달음과 연결되기 마련이다. 무엇보다 중요한 것은, 개념적 지식을 외울 수 있게 하는 의미 기억은 계속 노력해야 하지만 경험과 이해를 할 수 있게 하는 일화 기억, 사건 기억은 아무런 노력 없이 이야기를 자주 하는 것만으로 강화된다. 이 좋은 배움의 길을 포기하는 것이 얼마나 어리석은 것인가.

옛 고향 이야기

어린 시절 마을지도는 내 발자국

송윤희(전북, 1970년대생)

'어린 시절 마을지도를 그리라고?'

어떻게 해야 할지 막막했다. 어릴 때 살던 곳은 떠난 지 오래라 잘 기억나지 않았다. 지도를 그리는 것도 부담스러웠다. '다들 하니까 나도 해보자.' 망설임과 고민 끝에 완성한 지도는 앱에서 본 지도보다 텅 비어 보였다. 그 지도를 가지고 마을배움길 전북 선생님들과 어린 시절 이야기를 하게 됐다. 나는 금방 끝날 줄 알았다. 그런데 이야기를 하면 할수록 그 속에 빠져들었다. 혼자 고민할 때는 별로 기억이 안 났다. 그런데 웃고 떠들다 보니 나도 모르게 어릴 적 그 장소로, 그 시간으로 내달렸다.

콩새의 고향 전주

나는 군산에서 태어났지만, 고향이 어디냐고 물어보면 전주라고 대답한다. 아주 어릴 때 이사해서 대학 졸업 때까지 전주에서 살았기 때문이다.

우리 가족이 처음 살았던 남노송동은 수많은 골목길과 골목길이 어우러진 곳으로, 고만고만한 작은 집들이 줄지어 있었다. 활달한 엄마의 사교성 덕분에 인사 나누는 '동네 이모'들이 꽤 있었다. 엄마가 잠깐 교회 다닐 때 친해진 신 집사님, 동부시장에서 친해진 권능 오빠네 엄마랑 호섭이네 엄마, 앞뒷집 사는 아줌마 등등 온통 이모 천지였다. 엄마는 남에게 퍼주기 좋아하는 성격이라 이모들에게 간이며 쓸개며 다 빼줄 듯 정성을 들였다. 하지만 상대와 조금이라도 틀어지면 관계를 딱 끊었고 덩달아 나도 언니, 오빠, 친구를 만날 수 없었다. 엄마 따라 내 인간관계가 넓어졌다 수틀리면 꽉 막히는 시절이었다.

내 나름의 인간관계가 시작된 곳은 유치원이다. 내가 다닌 무지개 유치원은 집에서 뛰어가면 5분도 안 걸리는 곳에 있었다. 엄마가 일곱 살이 되면 유치원에 보내준다고 했을 때, 정식으로 다니기 전부터 미리 가서 "엄마가 여기 보내준댔어요."라고 하며 놀았다고 한다. 엄마는 그런 내가 너무 기가 막혀서 "너는 넉살이 미제다."라고 하셨다. 그뿐 아니라 "요, 콩새 같은 년", "하여간 너는 새 사돈집에 데려가야 해."라는 말도 자주 하셨다. 한마디로 나는 집에서 알아주는, 여기저기 참견하고 나서는 '나서방'이었다.

학교 가기 전부터 콩새였던 나는 움직임이 빠릿빠릿했나 보다. 유치원 다닐 때부터 엄마가 시키는 심부름을 도맡아 했다. 점방에서 고추 양념 갈아오기, 국수 사 오기, 야채 청과에서 콩나물이나 야채 등을 사는 것도 다 내 몫이었다. 심부름 갈 때는 바람처럼 와다다다 달려가다 넘어져서 자주 무릎이 깨졌다. 그래도 나는 늘 달렸다. 가끔 심부름하고 남은 10~100원은 내가 쓸 수 있어서 그게 신났는지도 모른다. 그 돈으로 점방에서 어포나 아폴로 같은 불량식품을 사 먹거나 딱지를 샀고, 야채 청과에서는 종이

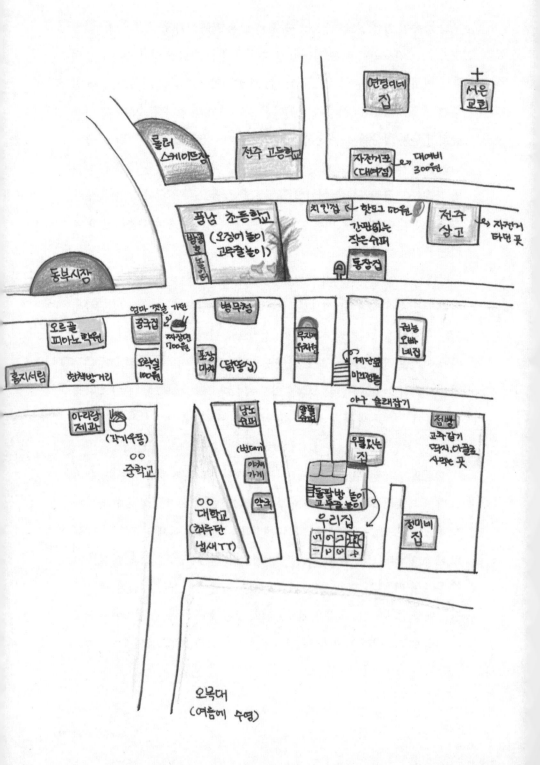

를 둘둘 말은 고깔에 담아주는 번데기를 사 먹었다. 대충 잔돈을 예측해서 '엄마 백 원만~'을 입에 달고 다녔으니, 엄마 표현을 빌리자면 '속이 뇌란(노란) 년'이었다.

넉살이의 놀이마당

여덟 살이 되자 집 근처 풍남초등학교를 다녔다. 한 학년이 한 반에 50명씩 11반까지 있었으니 전교생이 3천 명이 넘는 꽤 큰 학교였다. 학생 수가 많다 보니 놀 친구는 학교에도, 골목길에도 항상 넘쳤다. 1학년 때는 단짝 친구랑 손잡고 앞뒤로 흔들면서 노래 부르며 집에 걸어왔던 기억이 있다. 그 후 3, 4학년 때까진 고무줄놀이를 주로 했다. 쉬는 시간마다 '전우의 시체를 넘고 넘어~'를 부르며 전우들과 반대편으로 악착같이 달렸고, 텀블링하며 고무줄넘기도 기가 막히게 했다.

친구들과 우리 집에서도 자주 놀았다. 주로 마당에 모여 고무줄놀이, 돌 팔방, 줄넘기 시합을 했다. 그때는 나도 줄넘기 200개 정도는 가뿐히 했다. 비가 오면 우산을 죄다 꺼내서 마당에 늘어놓고 우산 텐트를 만들어서 달팽이를 관찰했다. 지금도 어린 시절 비 오는 날을 떠올리면 우산 냄새, 녹슨 우산살에서 나는 쇠 냄새, 마당에 놓인 육각 모양 돌 사이사이 자라난 이끼 냄새가 나는 것 같다. 함께 우산 텐트 만들던 친구들 얼굴이나 이름은 잊었는데, 냄새가 남아 있다는 게 신기하다.

4학년 때 같은 반 친구 허지윤 엄마가 운영하시는 오르골 피아노 학원에 다니면서 행동반경이 넓어졌다. 피아노 학원이 동부시장 맞은편에 있다 보니 시장도 자주 구경 가고, 근처 대형서점인 홍지서림과 헌책방거리도 그때부터 다녔다. 피아노 학원에는 친구네 살림집도 같이 있어서 레슨 마치면 지윤이네 언니, 오빠랑 함께 놀고 가끔 밥도 먹었다. 한번은 공기놀이 하다가 반바지 속으로 공깃돌 하나가 들어갔는데, 이에 놀란 친구 오빠가 '어' 하다가 방귀를 뀌어서 나를 포함해 방에 있던 모든 사람이 웃다 웃다 배가 너무 아파서 울던 기억도 나고, 선생님이 수박껍질을 채 썰어 비빔국수 만들어 주시던 창의적인 요리도 생각난다. 지금 생각해보면 아무리 친구라도 학원생이 늦게까지 남아서 놀고 밥까지 얻어먹는 것은 '넉살이 미제'가 아니었으면 도저히 불가능한 일 아니었을까? 넉살이에게 피아노 학원은 즐거운 기억만 가득하다. 중1 때 금암동으로 이사 가면서 학원을 그만두고 그 후로 다시는 만나지 못했다. 어쩔 수 없는 이별이 마음 아팠다.

50원짜리 핫도그

마을배움길 선생님들은 동네 이야기할 때 놀이 이야기를 많이 하신다. 나는 어린 시절 지도를 보면 먹었던 것들이 주로 기억난다. 엄마가 가끔 사 주셨던 동부시장 근처 아리랑 제과 각기우동에 올라간 쑥갓 고명의 향긋함도 떠오르고, 아빠가 가끔 사 오시던 이발소 앞 포장마차의 2천 원짜리 닭똥집도 생각난다. 전주상고 가는 길에 있던 간판 없는 가게의 치킨 맛은 진짜 별미였다. 하얀 종이봉투에 노랗게 기름이 밴 것만 봐도 오빠랑 나는 함께 침을 '꼬올깍' 삼켰다. 치킨집 옆에서는 50원짜리 핫도그를 팔았다. 핫도그 안의 분홍 소시지가 손가락 한 마디 정도로 작아서 아끼고 아껴서 마지막에 먹던 기억이 난다.

먹고 싶을 때 먹지 못했던 것에 대한 아쉬움도 있다. 학교에서 집으로 오는 길에는 통장님이 운영하는 점포가 있었다. 겨울마다 점포 앞 빨간 우체통 옆에는 호빵을 가득 넣은 원통이 설치되었고, 날이 추울수록 하얀 김이 펄펄 났다. 나는 팥이 든 호빵을 좋아해서 집에 갈 때마다 너무 먹고 싶었지만, 돈이 없어서 혼자 물끄러미 바라보던 기억이 난다. 지금은 있어도 안 먹는데, 호빵은 여전히 애틋하다.

다시 걸어보고 싶은 남노송동

선생님들과 이야기를 마치고 지도를 다시 그렸다. 백지도에 가깝던 지도에 이야기가 가득 찼다. 처음에 지도를 그릴 땐 정겹고 행복한 느낌이 나게 꾸며야 하는 줄 알았다. 아주 잠시, 예쁜 색칠로 포장할까 말까 고민하기도 했다.

나는 어린 시절이 별로 그립지 않았다. 우리 가족은 전·월세를 전전했고, 그 시절 동안 학교나 가정은 따뜻한 공간이 되어주지만은 않았기에, 아프고 힘들었던 기억이 많다. 그래서 굳이 떠올리기 싫었는데 내 마음 속 마을지도 이야기를 쓰다 보니 기억을 너무 폄하했구나 싶다.

나는 남노송동에서 많은 사람을 만났고, 우리 집을 이웃·친구 집에서 지금의 나를 만들어 준 시간을 보냈다. 내 어린 시절 마을지도는 내가 걷고 뛰어다녔던 발자국이다. 그 발자국을 지도로 나타냈고, 단순히 네모 모양 건물로 표현했더라도 QR코드를 스캔한 것처럼 내 머릿속에 입체적인 건물 동영상이 재생되고 때로는 냄새나 소리도 되살아났다. 예쁘거나 애틋하지 않고 오히려 아프고 창피했던 순간까지 조망해보고 이야기 나눌 수 있어서 좋았다. 나중에 마을지도를 다시 그리고 다른 사람과 이야기 나누면 또 다른 영상이 펼쳐지지 않을까? 문득 날듯이 뛰어다녔던 남노송동 길을 다시 걸어보고 싶다.

톡톡대화방

미숙 저도 지도 그리면서 신기하게도 이런저런 일들이 생각났어요. 윤회샘은 놀이는 우리 때랑 비슷한데 피아노 학원 세대군요. 저는 고등학교 때 음악 실기시험 준비로 피아노 학원 한 달, 성문기본영어학원 한 달쯤 다닌 게 다예요.

윤회 피아노 세대라니 재밌네요~~~^^ 오락실 세대이기도 합니다. 엄마 곗날 2천 원 주시면 오빠랑 짜장면 700원짜리 사 먹고 오락실로 갔죠. '보글보글'이랑 '테트리스'. '1492', 요런 거 좋아했어요.^^

미자 100원짜리 호빵을 물끄러미 바라보는 어린 윤회샘의 모습이 아련하게 다가오네요.

두환 윤회샘 글 재미있어요^^ '콩새 같은 ?' ㅋㅋ 이런 부분들이 기억에 남네요. 저는 이런 이야기를 들을 때 참 좋아요. 친근한 느낌, 그런 거 느껴져 그런가 봐요.^^

윤회 두환샘 따뜻한 시각으로 읽어주셔서 감사합니다. 그저 숙제를 낸 후련함이 좋았는데 자세한 감상에 기쁨이 두 배네요. ^^

명순 너무 재미있어요. 어린 시절 이야기. 어머님께서 참 재미있는 분이신 것 같아요. 전우의 시체를 넘었다면 거건 50대인데요. ㅋㅋ 콩새를 본 적은 없지만, 콩새를 보면 선생님이 떠오를 거 같아요. 남노송동 콩새!

윤희 40대여도 전우의 시체는 넘는 문화였습니다.^^ 전우의 시체를 함께 넘고 다음 소절 나오기 전에 달음박질치던 결연한 표정의 친구들이 생각나네요. ^^

남숙 ㅋㅋㅋ 재밌어요~ 중학교 때 금암동으로 이사 왔으면 나랑 같은 동네에서 산 거네~ 신기신기~^^

윤희 어쩌면 지나쳤을 수 있겠어요. 1992년부터 1998년까지 살았으니까용~

미숙 윤희샘 글을 읽으며 '나는 왜 시시콜콜 기억나는 이야기가 없지?' 하는 생각이 들었어요. ㅠㅠ 윤희샘의 어린 시절 이야기, 동화처럼 재미있어요. 엄마의 '콩새 같은 년', '넉살이 미제다.' 이런 말 하는 장면이 막 그려져요.^^

재화 명절 앞두고 소소한 일들이 많아서 윤희샘 글을 못 읽고 있었어요. 저녁에 여유 있게 보려고 했는데 앞서 읽은 분들이 하도 재밌다고 하니 안 볼 수가 없네요. 유치원을 다녔다니…. 세대 차이가 나는군요. ^-^ 윤희샘의 어린 시절을 그림처럼 상상하며 정말 재미있게 읽었어요. 저도 가족들과 추억을 되살리며 추석을 보내야겠어요. 평화샘들 모두 명절 잘 보내세요~

용대 넉살이 미제 같다는 말이 참 재밌네요. 유치원 선생님들도 그 꼬맹이가 얼마나 기가 차면서도 귀여웠을까요. ㅎㅎㅎ

윤희 재밌게 봐주셨다니 힘이 나네요. 다들 이야기꾼인데 나는 왜 이러나 생각했는데 공감해주셔서 감사합니다.

팔복동, 우리 집 가는 길

선생님이 살던 동네 이름이 뭐예요?

2016년 전북 평화샘 연수에서 어릴 적 내가 살았던 우리 마을을 그려 보라고 한 적이 있다. 다른 선생님들은 쓱쓱 잘도 그리던데, 한참 뒤에 떠오른 것은 우리 집 앞 공터, 그 공터에 내 키만큼 자랐던 들깨, 그 들깨 앞에 서 있던 나였다. 생각해보니 앨범에 있는 사진 속 기억이었다. 그리고 이어서 그려진 앞 동네, 이곳이 밖으로 나가는 지름길이었는데, 그곳을 한 번 지나가 보고는 두 번 다시 가지 않았다. 어른들의 싸움과 욕, 물건 깨지는 소리, 뒤이어 아이들 우는 소리가 무섭고 슬프게 들리던 곳. 지금 생각해보니 우리 동네는 정말 가난한 도시 동네였다.

"선생님이 살던 동네 이름이 뭐예요?"

"동네 이름요? 기억이 안 나는데요."

"자기가 살던 동네 이름이 기억 안 나는 사람도 있나?"

"아, 반룡리는 기억나요."

"그건 학교 주변 동네 이름인데."

마을배움길연구소 김수동 선생님과 20여 분간 전화 통화가 계속되었지만, 아무것도 기억나지 않았다. '자기 동네 이름을 기억 못 하는 사람도 있나?'라는 말만 맴돌 뿐. 나는 어릴 적 내가 살던 동네 이름을 왜 기억하지 못하는 걸까.

〈응답하라 1988〉에서 여섯 살 아이의 크리스마스 소원을 들어주기 위해 동네 사람들이 모여서 고민하고 협력하는 모습은 아름다웠다. 아동보호와 교육의 기능이 마을에 살아있는 그때를 그리워하며 많은 사람이 그 드라마를 좋아하지 않았나 싶다. 나는 이 드라마가 판타지가 아닐까 생각했다. 이런 곳에서 살아본 적이 없었으니까. 30대에서 50대까지는 적어도 이런 경험을 공유하고 있다고 하지만 40대 중반인 나에게는 없는 것 같다. 나는 30대 후배들도 어릴 때 해봤다는 쥐불놀이조차 동네에서 해본 적이 없다. 2016년 전국 평화샘 연수에서 처음 해봤다. 5학년 아들과 함께.

평화샘 연수를 통해 나에게 찾아온 변화는 내 주변, 우리 것, 우리 문화를 소중하게 여기게 된 것이다. 특히 엄마가 하시는 모든 것이 소중하고 궁금해져서 묻기 시작했다.

"엄마, 된장은 어떻게 담그지? 메주 찧을 때 뭘로 찧어? 청국장은 어떻게 만들지? 이 나물 이름은 뭔데? 엄마 어릴 때 뭐 하고 놀았어? 엄마가 살던 동네는 어디야? 어릴 때 별명은 뭐였어? 할머니, 할아버지는 어떤 분이셔?"

내가, 우리 세대가 부모 세대에게 묻고 행하지 않으면 우리의 경험과 생활이 아들, 딸 세대에게 전해지지 못하고 끊어지지 않을까 하는 염려도 있었다. 생활이 곧 교육이고 배움인데. 예전에 나는 아이 키울 때나 어려움이 생기면 엄마나 언니들에게 묻기보다는 책을 보면서 문제를 해결하려 했다.

"각자 살던 동네에 다녀와서 이야기 나눠보면 어때요?"

2017년 전국평화샘 연수에서 마을배움길 분과 모임 중 문 소장님의 제안이었다. 그해 여름에 시작된 우리 동네 마을 나들이, 선생님들의 마을 이야기가 카톡 대화방에 올라오기 시작했다.

'나도 가긴 가야 하는데, 선뜻 나서지 못하는 이유가 뭘까?'

팔복동, 우리 집 가는 길

2018년 1월, 바람이 몹시 차갑게 부는 날, 남편과 우리 동네로 나섰다. 신작로라 불렀던 도로에 표지판이 붙어있었다. 신복리, 학교에서 마을별로 나눌 때 우리는 팔복동에 속한 신복리였다. 팔복초등학교 주변이 반룡리였고. 이제야 어렴풋이 기억이 났다.

대단히 넓고 길다고 생각했던 골목길은 좀 좁아 보였다. 골목길이 너무 무서워 거의 뛰다시피 해서 지나갔는데. 저기 점방이 보인다. 우리 집 골목길에 숨어서 은희가 망을 보고, 내가 달려가 점방 밖 냉장고 위에 놓여 있던 딸기 우유 두 개를 훔쳐서 뛰어오고 있다. 대학교 1학년 때, 딸기 우유 훔친 일이 생각나서 하나님께 용서를 빌고 헌금을 한 기억이 났다. 그동안 잊고 있던 내 친구 은희, 단발머리에 얼굴이 예뻤던 은희는 어떻게 지내고 있을까? 한 친구가 더 있었다, 승예. 우리는 동네 삼총사였다.

우리 집이 있는 골목을 기준으로 왼쪽은 너무 가난한 동네, 오른쪽은 좀 사는 동네였다. 은희는 왼쪽, 승예는 오른쪽, 나는 그 중간에 살았다.

'어깨동무 내 동무, 미나리밭에 앉았다'를 반복하면서 이 집, 저 집, 동네 골목길을 왔다 갔다 했다. 은희네 집을 지나 왼쪽 첫 번째 골목 두 번째 집이 우리 집이었다. 녹색 대문집.

"여보, 여기 봐! ○○운수 2××-2424."

담벼락에 이삿집 용달회사 전화번호가 지금도 찍혀 있다. ○○운수를 나타내는 전화번호 끝자리 2424, 어릴 때 보던 그대로였다. 우리 아빠는 공립 운수회사에 다니셨다. 운전을 하신 게 아니라 소장님이라는 직함으로.

"여보, 우리 집이 그대로 있어,"

내가 고3 때, 우리 가족이 이 집을 팔고 이사한 까닭은 오빠의 빚 때문이었다. 아빠는 이사하고 3개월 후, 환갑을 앞두고 돌아가셨다.

"이 집은 우리 미진이가 벽돌을 옮겨서 지은 집인데. 다섯 살밖에 안 된 그 어린 꼬마가 고사리 같은 손으로 벽돌을 다섯 장씩이나 옮겨서 지은 집."

팔복동 우리 집을 떠나는 날, 아빠가 하신 말씀이 지금도 들리는 듯했다.

내가 태어난 곳은 금암동이다. 아빠의 사업 실패로 재정적인 어려움에 외삼촌의 도움을 받아 내가 세 살 때 팔복동으로 이사 왔고, 다섯 살 때 그 자리에 있던 낡은 집을 허물고 새집을 지었다고 들었다. 아빠의 애정이 가득 담겨있던 곳, 팔복동 우리 집. 지금 생각해보니 아빠에게는 집에 대한 애정도 있지만, 우리에 대한 애정이 더 컸던 것 같다. 그때 부모님과 계를 하고, 아빠가 형님이라고 부르던 분이 팔복동 우리 집을 사셨다.

우리 집 앞 공터, 동네 언니·오빠들과 구슬치기도 하고, 숨바꼭질도 가

끔 하던 곳, 공터 앞에 자리한 앞 동네. 우리 집 앞에 있어서 나는 그곳을 앞 동네라고 불렀다. 대문 없이 집만 있던 곳, 싸우고 욕하는 소리, 물건 던지는 소리, 우는 소리가 끊이질 않던 곳, 지붕이나 문을 넝마 같은 것으로 덮어 두기도 하고, 이상한 냄새도 나던 곳, 두 번 다시 지나가고 싶지 않던 곳이었다. 지금은 사람이 살고 있지 않은 듯하다. 더 초라하고 더 무섭게 버려져 있는 것 같다.

'참, 화영이 언니가 살았었는데.'

우리 집에서 가장 가까운 곳에 있었던 화영이 언니네 집, 창문이 보였다. 내가 들은 좋지 않은 소리는 거의 언니 집에서 나는 소리였다. 부모님이 싸울 때마다 화영 언니와 동생들은 공터에 쭈그리고 앉아 돌을 가지고 무언가를 그리고 있었는데.

'화영 언니랑 다들 잘살고 있으면 좋겠다.'

우리 집 앞에 서서 한참을 서성거리다가 골목을 빠져나오는데 어르신이 걸어오셔서 인사를 드렸다.

"누구여요?"

"옛날에 여기 살았어요. 저기 두 번째 녹색 대문집이요."

"황 씨 아줌마? 황 씨 아줌마 딸이여?"

내 손을 붙잡고 말씀하시는데 갑자기 눈물이 쏟아졌다. 누구신지 정확히 기억나지 않았지만, 왠지 낯이 익었다.

"시상에! 어떻게 왔대? 엄마는 잘 계셔요?"

엄마께 바로 전화를 걸었다. 두 분이 한참 이야기를 나누셨다. 사실 엄마도 오고 싶어 하셨는데 감기에 걸려서 함께하지 못했다. 통화를 끝내고 어르신은 그 집에 지금도 그때 살던 분이 사신다면서 함께 가보자고 하셨다. 우리 집에 한 번 들어가 보고 싶었는데 용기가 나지 않아 밖에서만 보고 나오는 중이었다.

"어서 들어와요! 은주 막내딸이여?"

대문 위쪽을 덮었던 포도 덩굴, 마당 화단 오른쪽 끝에 커다란 석류나무가 있었고, 땅속에 묻어둔 장독 안 동치미, 동백을 비롯한 여러 가지 꽃들과 착한 누렁이도 있었다. 마당 왼쪽에 자리한 실외 목욕탕과 화장실, 똥 풀 때가 다가오면 똥물이 튈까 봐 엉덩이를 들고 앉아 있는 내가 보였다. 마당 중앙에 앉아 배추를 자르고 간을 하는 큰언니, 식당 일을 마치고 밤 10시에 들어오시는 엄마는 그때부터 배추를 씻어 김치를 담그고, 큰방에서는 모두 모여 앉아 카우스를 따고 있다. 카우스는 내복 끝에 연결하는 소매를 일컫는 말이다. 저녁 시간에 우리 가족이 하는 일거리였다. 길게 연결되어있는 카우스를 한 장 한 장 실밥을 따서 100장씩 개서 가져다주면 돈을 받았다.

"우리 미진이, 〈정말로〉 노래 한번 하자~"

카우스를 따다가 졸음이 오거나 힘이 들 때면 어김없이 나를 불렀다. 나는 일어나서 좌우로 트위스트를 추듯 발을 방바닥에 비비며, 가수 현숙의 〈정말로〉 노래를 부르며 춤을 추었다.

"가슴이 찡하네요, 정말로~ 눈물이 핑 도네요, 정말로~ 한번쯤은 느껴보는 사랑인데 난난난 왜 이럴까 정말로~"

아랫목에 있던 작은 비밀창고와 다락방, 작은방, 부엌방 그리고 마루, 마루가 그대로 있었다. 마루에 앉았더니 오빠가 보였다.

오빠가 중학교 3학년 때, 아빠가 직원들에게 줄 월급이 든 봉투를 버스에서 소매치기당했다. 그 충격으로 아빠는 자리에 누우셨고, 오빠는 좀 불량한 친구들의 도움을 받아 그 소매치기범을 잡겠다고 일주일간 전주 시내버스를 타고 돌아다녔다. 그 후 오빠는 말썽이란 말썽은 다 피웠다. 고등학교 1학년 때 오빠는 지나가는 기차도 세웠으니까. 소매치기 사건이 일어나기 전까지 아빠, 우리 가족, 우리 가문의 자랑이던 오빠. 공부를 꽤 잘했다. 우리 집에서 서울대생 한 명 나온다고 주변에서 다들 부러워했다.

내가 예닐곱 살쯤, 대문 아래 작은 틈으로 집 안을 살피곤 했다. 혹시 오빠가 집에 있을까 봐 두려웠다. 마루에 앉아 있던 오빠의 눈은 정말 날카롭고 무서웠다. 열여섯 살 차이가 나기도 하지만 오빠와 다정하게 얘기를 나눠본 기억이 없었다. 오빠는 자주 친구들을 집으로 데려왔고, 우리 방을 다 차지하고는 기타 치며 놀고 밥 먹고 자곤 했다.

왜 이렇게 눈물이 나지?

"어디 살아? 데려다줄게."

"아니야. 버스 타면 바로야. 그리고 나 덕진에 살아."

대학교 1학년, 미팅으로 만난 친구가 데려다준다고 하면 매번 괜찮다며 이렇게 말하던 기억이 났다. 용산 다리(지금은 추천대교라 부름)를 사이에 두고 덕진동과 팔복동이 나뉜다. 팔복동은 공단지역으로, 동네 자체가 가난하고 어두웠다. 사건·사고도 많아서 무서웠다. 내 기억 속 팔복동은 좋은 게 하나도 없었다. 기억하고 싶지도 않았고, 팔복동에 산다는 것 자체가 부끄러워서 어서 빨리 벗어나고 싶었던 곳. 그곳을 떠나서 잊고 살아온 지 30년이 넘었다. 교회를 다니면서 팔복이라는 단어가 귀하다는 걸 알기 전까지 나에게 팔복동은 말하기 힘든, 감추고 싶은 곳이었다.

"왜 이렇게 울어? 말을 해야 도와줄 거 아니야."

팔복동에 도착한 순간부터 집에 돌아와 잠자리 들기까지 온종일 우는 나에게, 남편은 물었다. 나도 잘 모르겠다. 왜 이렇게 눈물이 나는지. 눈물이 멈추질 않았다. 팔복동을 다녀온 후, 찍어 온 사진들을 오빠와 언니들에게 보여주며 물었다.

"기억나? 여기가 어딘지?"

큰언니는 형부와 2년 전에 팔복동에 다녀왔다고 했다.

"그때 가봤는데, 우리가 살 때보다 더 어려워진 것 같더라. 나오기 잘했어."

팔복동에 대한 다른 언니들의 경험도 나와 비슷했다. 누가 어디 사냐고 물으면 팔복동에 산다고 하기 싫어서 덕진에 산다거나 한 정거장 미리 내려서 걸어오곤 했단다.

"팔복동에 산다고 하면 학교에서도 되게 무시했어. 수업료 안 낸 애들은 다 팔복동에 산다고. 진짜 창피했다니까."

둘째 언니는 정말 학교 다니기 싫었다고 했다.

"팔복동, 진짜 무서웠어. 가로등도 없고. 학교에서 늦게 오는 날이면 거의 뛰다시피 했잖아."

울다가 웃다가 시간 가는 줄 모르고 계속된 이야기. 이런저런 이야기를 나누다 보니 우리 가족에게 팔복동은 무섭고 힘들고 아픈 곳이었다. 그리고 우리는 그걸 우리 잘못인 것처럼 자기 상처로 끌어안고 살았다. 그 상처를 잊어버린 듯 묻어두고 살기까지 했다. 왜 그랬을까?

우리가 살면서 겪은 문제 중 어떤 것은 온전히 개인의 문제도 있지만, 대부분 관계와 우리 사회의 구조적인 문제가 반영되어 있다고 한다. 어렸을 때 학교에서는 내가 사는 마을을 사랑하고, 나를 이해하고 발견하는 것이 아니라 '나와 내가 함께 살아가는 마을 사람을 부정하고 하찮게 여기도록' 가르쳤다. 이는 일본의 식민지 교육에서 시작되었으며, 해방 후에도 친일 세력이 중심이 되어 이 나라를 지배하고 교육과정을 구성했기 때문이라는 것을 마을배움길 모임을 하면서 알게 되었다. 그 시대에 팔복동에 산 우리 잘못이 아님을 알게 되자 마음이 편해지면서 고통에서 벗어나 해방감과 치유 받는 느낌이 들었다.

"미진이네 집에 가는 길에 이런 나무가 있었네! 여기는 꼭 숲속 같다. 팔복, 신복. 복 자가 두 개나 들어 있는 거 보니 정말 복이 많은 곳인가 보다."
내가 사는 팔복동을 함께 걸으며, 누군가 한 명이라도 이런 이야기를 해주었다면 내 기억 속 우리 동네 팔복동은 어떠했을까?

톡톡대화방

두환 미진샘^^ 샘의 이야기에 마음이 짠해져요, 예전에 샘이 이야기하면서 눈물짓던 장면도 기억나고…. 아침에 일어나자마자 읽은 이야기에 푹 빠졌어요….

미자 얼마 전 미진샘의 마을 이야기를 읽고 깊은 감동과 여운에서 한동안 헤어 나오지 못했어요.

미자 왜 그런지 소장님과 이야기하면서 저도 다시 써 봐야겠다고 결심하게 되었어요. 아픔도 있고, 그것을 이겨내며 새로운 지평을 만들어 가는 느낌…. 벼르고 벼르다 오늘에야 썼는데, 쓰고 나니 나를 지배하고 있는 무거움의 정체를 알 거 같아요. 그래서 기분이 정말 상쾌합니다.

재화 저도 뚝뚝 끊어지며 생각났던 어린 시절 기억이 나의 정체성을 어떻게 규정하고 있는가에 대해서는 생각하지 못했어요. 그러다가 미진 샘 이야기를 읽으며 마을과 연계된 자신의 존재에 대해 깊게 찾아 봐야겠다는 생각이 들었어요.^^

^^ **미진**

윤희 저도 글 보고 생각나는 게 있어요. 초임 때 나이 드신 선배 교사가 전에 제가 나온 풍남초에 근무했다고 해서 반가웠는데, 은유적으로 '가난한 동네라 촌지 못 받는 학교'라고 하셔서 놀랍고 좀 부끄러웠던 기억이 나요. 실제로 월세방에서 가난하게 생활했지만 그게 부끄러운 건 아니었는데. 어린 시절을 부정당하는 느낌이었고 적당한 대꾸를 못 했어요. 마을과 나의 정체성이라…. 그건 다른 이의 편견이나 판단에 쉽게 내주면 안 되는 거였네요. 케케묵은 작은 기억이지만 저도 들여다보며 털어봅니다. 굿밤 되세요.

남숙 모두 공감~^^

팔복동, 그 뒷이야기

"오빠, 어릴 때 나한테 무섭게 하고, 잘못한 거 사과해줘."

팔복동에 다녀온 후 친정 식구들과 모여 이런저런 이야기를 나누던 중 오빠에게 대뜸 이렇게 말했다. 힘들었던 어린 시절을 위로받고, 보상받고 싶었는지 모르겠다. 사실 나는 우리 집 불행의 원인이 오빠라고 생각해서 오빠에게 마음의 문을 닫고 살았다. 오빠는 순간 당황했고 난감해했다. 무슨 말을 해야 할지 모르겠다며 자리를 떴다. 사흘 후 오빠에게 장문의 메시지가 왔다. '그때는 오빠가 너무 철이 없어서 너를 힘들게 해서 미안하다'는 말과 앞으로 부끄럽지 않게 살겠다는 다짐 등을 담아서. 그 뒤로 오빠와 나 사이를 가로막고 있던 마음의 벽이 허물어지고 오빠에게 마음의 문을 열었다.

2020년 코로나19로 식구들이 다 같이 외식을 못 하게 되자, 오빠가 요리를 하기 시작했다. 매주 일요일 점심은 오빠 집에서 오빠가 손수 준비한 맛있는 식사를 한다. 요리도 얼마나 잘하는지 모른다. 풍성하고 만족스러운 식사 자리, 식구들이 서로 이야기를 나누고 마음을 채워가는 자리가 되고 있다.

금암동의 추억

김영기(전북, 1970년대생)

금암동을 기억하는 다섯 선생님

전북 마을배움길 3월 모임은 코로나19 방역 지침으로 화상으로 진행했다. 이야기 주제는 작년에 그린 고향 지도다. 이야기를 나누다 보니 서로 겹치는 장소가 있었다. 전주 덕진구 금암동. 남숙샘은 그곳에서 어린 시절을 보냈고 결혼해서는 신혼집을 그곳에 마련했다. 윤희샘은 금암동에서 중고등학교에 다녔다. 미영샘은 중학교 때 금암동으로 이사와 살다가 결혼해서 다른 곳으로 이사했고 부모님은 아직도 금암동에 살고 계신다. 미진샘은 금암동에서 태어났다. 영란샘은 대학 때 금암동에서 학생을 가르쳤다.

그럼 나는? 나는 거기 가본 적도 없다. 하지만 이런 우연이 있을까? 다섯 선생님이 대학을 졸업하고도 한참 지나 마을 공부 모임에서 처음 만났는데 모두 같은 장소의 기억이 있다니. 어쩌면 이들은 영화 속 한 장면처럼 금암동에서 서로 스쳐 지나갔을 수도 있다. 나도 그곳에 한번 발을 얹어보고 싶었다. 우리는 금암동으로 가서 선생님들의 기억을 찾아보기로 했다.

여기가 저희 집터예요, 어? 우리 집턴데

금암동 답사는 코로나19 방역 지침상 나, 윤희샘, 남숙샘, 미영샘만 가기로 했다. 미영샘이 조금 늦는다고 해서 남숙샘과 윤희샘의 추억을 먼저 더듬어 가기로 했다. 금암초등학교 후문으로 나가니 오래된 기름집이 있었다. 남숙샘이 금암동에 살 때도 그 기름집이 있었다고 했다. 고소한 참기름 냄새가 콧속을 간질였다. 기름집 옆으로 오래된 단독주택들이 이어지고 그 끝에 폐업한 듯한 수퍼가 있었다.

"중학생 때 이 수퍼 자주 왔어요."

윤희샘이 말하자 남숙샘이 수퍼에 관한 이야기를 풀어 놓았다.

"아들 현장 체험학습 갈 때 여기서 과자랑 음료수 사줬어. 예전 이름이 백관슈퍼야."

"선생님 기억이 맞는지 한번 확인해봐요."

항상 말보다 몸이 먼저인 내가 가게 안으로 들어갔다. 안에서는 할아버지 두 분이 이야기를 나누고 계셨다.

"안녕하세요. 혹시 여기 예전 수퍼 이름이 뭐였어요?"

내가 할아버지에게 다가가 물었다.

"백관수퍼. 내가 여기 주인이여. 근데 왜 물어봐?"

할아버지가 얼떨떨하다는 듯이 대답했다.

"아, 안녕하세요!"

남숙샘이 할아버지를 알아보고 반가워했다.

"제가 결혼하고 여기서 아이들 키우고 살았거든요. 아저씨 보니까 여기서 장사하시던 거 생각나네요."

할아버지는 남숙샘을 기억하지 못했다. 가게에는 주로 할머니가 계셨다고 했다. 그래도 남숙샘은 할아버지와 이야기를 좀 더 나누다 가게를 나섰다. 그 수퍼의 원래 이름은 남숙샘이 말한 대로 백관수퍼가 맞았다.

백관수퍼를 지나 모퉁이를 돌자 원룸 건물이 즐비했다.

"저기 하얀색 원룸이 우리 집이 있던 곳이에요."

윤희샘이 한 원룸을 가리켰다.

"어? 거기는 우리 집터인데? 윤희샘은 몇 년도에 살았어?"

남숙샘이 고개를 갸웃거리며 물었다.

"중학교 때니까 92년부터 98년까지 산 거 같은데요."

"어? 나도 결혼하고 95년부터 2004년까지 여기 살았어."

남숙샘과 윤희샘은 같은 장소를 두고 서로 자기 집터라고 우겼다.

"우리 집 바로 옆에 ABC 피아노학원이 있었어."

남숙샘이 중요한 증거를 생각해냈다.

"그럼 ABC 피아노학원이 어디 있었는지 물어보면 되겠네요."

내가 이렇게 말하고는 주변을 두리번거리니 한 아주머니가 계셨다.

"혹시 예전에 ABC 피아노학원이 어디 있었어요?"

"여기 있었지. 저기 새로 지은 건물."

내 질문에 아주머니가 가리킨 곳은 흰색 건물이 아니라 그 맞은편이었다.

이제 누구 집이 어디 있었는지 깔끔하게 정리되었다. 흰색 원룸이 있는 자리는 윤희샘네 집터고 바로 맞은편이 남숙샘네 집터다. 시간의 퍼즐을 맞춰보면, 윤희샘이 중학생, 남숙샘이 새댁이었을 때, 서너 해 정도 한 골목에서 서로 마주 보며 살았다. 그런데 서로 한 번도 보지 못했다니, 등

잔 밑이 어둡다는 말이 절로 떠올랐다.

금암초등학교의 변신

미영샘에게 연락이 와서 금암초등학교로 갔다. 그런데 금암초 조경이 심상치 않다. 1951년에 세워진 학교에 그 흔한 가이스카 향나무 한 그루 없다. 그곳에서 저녁 근무하시는 분을 만났다. 작년 9월에 새로 오신 교장 선생님께서 향나무를 베어내고 정원을 가꾸기 시작하셨다고 했다.

멋진 정원을 구경하다 교장 선생님을 만났다. 교장 선생님은 작품 하나하나의 의미를 설명해주셨다.

"이 작품 속의 백조는 선생님을 뜻하고 백조 속에 있는 안개꽃은 선생님이 품고 있는 학생들을 뜻하는 거지. 내가 이렇게 만들어서 한 반에 한 개씩 관리하라고 줘요. 시들면 꽃도 갈아주고."

인디언처럼 보였는데 설명을 듣고 보니 선녀와 나무꾼인 작품도 있고, 커다란 수레바퀴가 산업혁명을 상징한다는 작품도 있었다.

"댁이 어디세요?"

"우리 집? 저기 우리 학교 운동장이 제일 잘 보이는 아파트예요."

"교장 선생님도 금암동에 사시네요."

"내가 여기서 오래 살았어요. 거실에서 내려다보며 퇴임은 금암초에서 해야겠다고 마음먹었어요."

교장 선생님은 흐뭇한 미소를 지으셨다.

"제가 이 학교 졸업생이거든요. 재작년에 이 학교 왔다가 너무 을씨년스러워서 안타까웠는데 이번에 보니까 완전히 달라졌어요. 너무 예뻐요."

남숙샘 말에 교장 선생님 얼굴이 활짝 펴졌다. 그리고는 지금 만들고 계신 작품 〈노래하는 분수 피아노〉에 대해 열심히 설명하셨다. 사흘 뒤 완성되는데 꼭 와서 보라고 하셨다. 금암동에 열정 가득한 교장 선생님과 꽃향기 가득한 금암초등학교라는 추억이 우리에게 새로 생겼다.

장소는 기억을 소환한다

다음 장소는 미영샘네 마을이다. 금암초등학교에서 조금 떨어진 곳이라 차 타고 가서 전주강림교회에 주차했다. 남숙샘은 도착해서 "잠깐만" 하더니 강림교회 부설 어린이집으로 바로 들어갔다. 한참 동안 어린이집 원장 선생님과 이야기를 나누고는 우리에게 돌아와 함박웃음을 머금고 말했다.

"우아~ 대박! 올해 우리 아들이 군대 갔다 왔는데 아들 어린이집 원장님이 그대로 계시네. 근데 더 대단한 게 뭔 줄 알아? 아들네 반 선생님도 그대로 계신 거야!"

"원래 어린이집 선생님들 이직률 높은데 그대로 계신다니, 여기가 좋은 어린이집인가 봐요."

"내가 좋은 어린이집 찾아서 보냈지. 그때 원장 선생님이 결혼을 안 하셨거든. 그래서 내가 왜 결혼을 안 하시냐니까 '저는 모기도 안 따라요.' 했던 게 생각나. 호호. 근데 결혼하셨네."

모기도 안 따른다는 말에 다들 빵 터져서 한참을 웃었다.

교회 앞에 빈 가게가 있었다. 미영샘이 예전에 쌀가게였다고 알려줬다. 지금은 쌀도 과자도 다 마트에서 파니 쌀가게를 찾아보려야 찾아볼 수가 없다. 쌀가게라는 한마디에 동네가 할머니같이 느껴졌다.

전주강림교회 앞길은 버스정류장이 있는 큰길과 이어지는 골목이다.

"여기가 아침에 늦잠 자면 버스정류장까지 마구 뛰던 길이에요."

미영샘이 길을 가리키면서 말했다.

"저도 그런 길 있어요."

미영샘 한마디에 윤희샘이 이야기보따리를 풀어 놓았다.

"고등학교 때는 아침마다 뛰었어요. 늦으면 오리걸음 해야 했거든요. 태평양 수영장 맞은편에 버스정류장이 있어요. 거기서 보통 이삼십 명 학생들이 버스를 기다려요. 그곳에 가려면 4차선 길을 건너야 하는데, 하루는 신호등 앞에서 버스가 대기 중인 거예요. 신호등에서도 한참 가야 버스정류장이라 건널목에서 걸어가면 버스를 놓치거든요. 파란불로 바뀌자마자 뛰어가는데 신호가 바뀌어서 버스가 정류장을 향해 출발하는 거예요. 전력 질주하는데 버스정류장 바로 앞 바닥이 살짝 얼었어요. 달려온 속도는 있지, 거기서 그대로 미끄러져 발라당 넘어졌어요. 성심여고 교복은 주름치마라서…. 알죠? 아픈 건 둘째치고 번개같이 일어났어요. 버스 기사님이 기다려줘서 타긴 탔는데 웃으면서 '천천히 오지' 하셨어요. 아무 말도 못하고 얼굴만 빨개져서 조용히 있었던 게 생각나요."

장소가 기억을 부른다. 도로 하나도 그때 그 시간으로 돌아가 열심히 뛰던 고등학생을 데려온다.

윤희샘 이야기에 깔깔거리며 미영샘네 집으로 향했다. 윤희샘과 남숙샘이 살던 동네는 골목도 구불구불하고 집 모양도 제각각인데 이곳은 30년 전 한꺼번에 개발된 곳이라 단독주택들이 똑같이 생겼다. 조금 걸어가니 미영샘 어머니 댁이었다.

"우리 한번 들어가 봐요."

내가 들떠서 미영샘 친정집 대문 앞까지 갔다.

"우리 엄마는 사람 만날 때 곱게 화장하고 만나는 사람이에요. 갑자기 들이닥치는 거 싫어해서. 나도 어렸을 때 엄마가 늘 머리 곱게 묶어주시고 예쁘게 차려 입혔어요."

미영샘의 이 한마디에 돌아서서 나와야 했다.

"나도 지금은 이렇게 지내지만, 왕년에 타이즈 신던 여자예요."

항상 털털한 차림의 윤희샘이 이렇게 말해서 또 한 번 빵 터졌다. 윤희샘 엄마는 늘 딸 머리카락을 쫑쫑 땋아주고 예쁜 치마를 입히고 하얀 타이즈를 신겨 학교에 보냈다고 했다. 나는 엄마가 머리카락을 따준 적이 있나? 아! 없지. 엄마는 늘 내 머리카락을 짧게 잘랐다. 일명 바가지머리. 그게 내 초등생 머리 스타일이었다. 이야기를 나누다 보니 내 어린 시절이 자꾸 생각난다.

장소도 오래되면 이름을 남긴다

여기저기 돌아다녔더니 좀 출출해졌다. 근처에 맛있는 국숫집이 있다길래 그곳으로 가기로 했다. 쌀가게 터를 지나 골목을 따라 내려오니 제법 큰 상가가 있었다. 예전에는 북부시장이라 불렸다고 미영샘이 말해줬다. 조금 가다 보니 북부 방앗간이 나왔다. 북부시장 이름의 흔적이다. 호랑이는 죽어 가죽을 남기고 사람은 죽어 이름을 남긴다고 했는데 장소도 오래되면 이렇게 이름을 남긴다. 북부시장은 전주에 있는 시장치고 좀 작았다고 한다. 오래전 주상복합상가가 들어오긴 했는데 지금은 영업하는 곳이

별로 없었다.

갑자기 남숙샘이 골목길로 쑥 들어갔다. 그곳에 빨간 벽돌집이 있었는데 남숙샘이 고등학교 때 살던 집이라고 했다.

"지금은 사람이 살진 않나 봐. 전에 와 봤을 땐 사람도 살고 그랬는데."

사람에게 버림받은 것 같아 안쓰럽다고 했다. 사람은 떠나도 집은 그 자리에 있다.

우리가 간 국숫집은 '우리국수마을'이다. 물국수, 비빔국수가 5,000원! 시장에 오니 국수가 이렇게 싸다. 우리는 물국수 두 그릇과 비빔국수, 콩국수 한 그릇을 시켰다. 물국수 국물은 시원하고 비빔국수 면발은 쫄깃하고 콩국수 국물은 고소했다. 가성비가 이렇게 좋으니 음식을 다 먹기도 전에 국숫집 자리가 꽉 찼다. 얼른 먹고 자리를 비워주었다. 금암동 추억에 맛있는 국숫집도 한 자리 차지할 것 같다.

다시 금암동

전주에서 하는 연수를 받게 되었다. 연수 장소를 검색하니 지도가 낯익었다. 금암동이다! 봄에 마을배움길 선생님들과 금암동을 방문하고, 노래하는 분수가 완성된다는 날 다시 가보려고 했는데 벌써 가을이다. 연수 첫날 일정을 마치고 금암초등학교로 서둘러 갔다. 이제까지 잊고 살았는데 금암초에 갈 생각을 하니 노래하는 분수가 어떤 것인지 너무 궁금했다.

금암초등학교는 여전히 꽃밭이었다. 빨간 사루비아 화분이 등굣길에서 학교 현관까지 줄지어 있고 운동장에는 꽃망울이 막 올라오는 국화가 가을 맞을 준비를 하고 있었다. 학교를 돌다 건물 뒤에서 뭔가를 만들고 계시는 교장 선생님을 만났다.

"안녕하세요. 전에 여기 구경 왔던 교사인데요, 노래하는 분수가 궁금해서 다시 왔어요."

"아이고, 또 찾아주셔서 감사합니다. 지금은 분수를 꺼 놨는데 다시 켜 줄게요."

교장 선생님은 하시던 일을 내려놓고 교장실로 향했다. 음악을 켜고 블루투스 스피커를 피아노 몸체 속에 넣어두셨다. 전원을 넣자 신기하게도 음악과 함께 피아노 건반 사이에서 물이 흘러나와 연못으로 떨어졌다.

"아이들이 지나가면서 피아노 소리가 나니까 건반을 눌러보고 그러지."

"피아노 주변에 전기선도 없는데 음악 소리도 나고 물이 나오니 정말 신기해하겠어요."

"전기선은 내가 잘 숨겨뒀어요. 하하. 그런데 혹시 뒷마당에 호박은 봤어요?"

교장 선생님은 여름내 키운 호박과 커다랗게 키워서 먹었다는 수박 자랑을 하셨다. 수박은 너무 커서 수박 망까지 짜서 덩굴에 넣어주셨다고 한다. 다음 여름에 와서 꼭 수박을 보라고 하셨다. 학교 여기저기를 돌아다니며 이야기를 나눴는데 순식간에 한 시간이 지나갔다.

집에 가려고 운전하는데 저절로 웃음이 났다. 정겨운 고향마을을 친구와 함께 한 바퀴 돈 기분이었다.

'내년에 금암초 수박 꼭 보러 가야지.'

나에게도 금암동에 갈 이유가 생겼다.

언제나 선명한 우리 마을의 추억

문한뫼(충북, 1990년대생)

마을지도를 다시 그려봤습니다. 제 지도는 우리 마을 배오개(죽전 1리) 뿐만 아니라 시목, 중삼, 죽전 2, 3리까지 나와 있어요. 초등학교 때, 매일 학교가 끝나면 옆 슈퍼에서 산 음료수나 아이스크림을 입에 물고 어머니 퇴근 시간까지 자전거를 타고 시목, 중삼, 상삼, 죽전 1, 2, 3리 등 여러 마을을 돌아다녔거든요. 어느 마을에나 친구가 한 명씩은 있었어요.

시목에 갈 때는 일부러 샛길을 타서 곤충도 채집하고, 낮은 다리에서 뛰어내리며 놀았어요. 지금 생각해 보면 위험한 행동이었는데 남자애들 사이에서 자존심 싸움으로 번져버리는 바람에 못 뛰어내리면 쫄보라는 말 때문에 줄까지 서서 뛰어내리고는 했죠.

중삼에 살던 친구 집 아래에는 쌍살벌집이 있었어요. 갈 때마다 쏘일까 봐 벌벌 떨면서도 놀러 갔는데 결국 자전거를 타다가 넘어져서 벌에 쏘였죠. 친구도 벌이 무서워서 다가오지도 못하고, 지나가시던 할아버지가 벌을 쫓아주셔서 퉁퉁 부은 다리로 울면서 자전거를 타고 돌아오던 기억

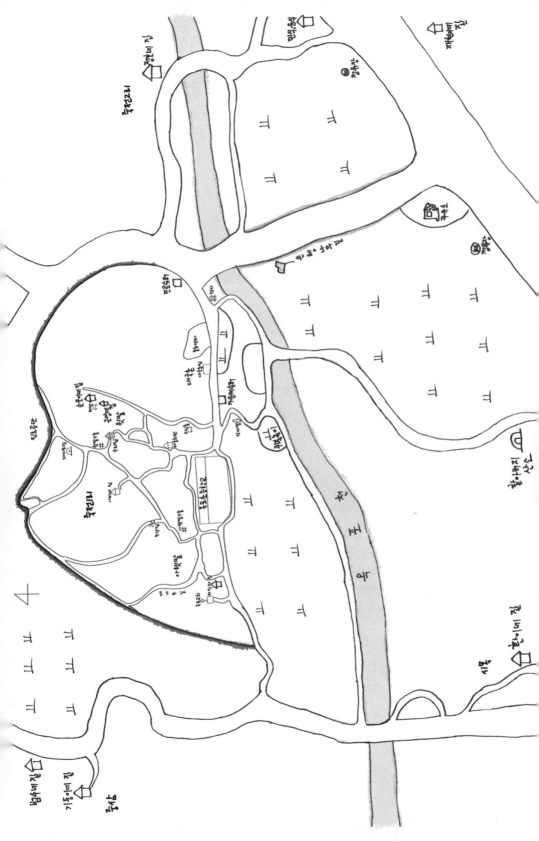

이 나요.

죽전 2리에 사는 친구 집에 갈 때는 자전거를 놓고 걸어 다녔어요. 가는 길이 강 옆길이었는데 꽃, 새, 곤충, 가끔씩 보이는 고라니 등등 볼 것이 너무 많아서 10~15분이면 걸어갈 길을 30분~1시간 넘게 다니기도 했어요. 한번은 친구와 갈대밭에 갔다가 개개비 둥지를 발견한 적이 있어요. 우리가 부화시켜 보자며 알을 가져와 품다가 잠드는 바람에 깨트리기도 했어요. 물수제비 떠보려고 돌을 던지다가 안 되니까 큰 돌로 해보겠다고 무리하다 넘어져서 강에 빠지기도 하고, 지금 떠올려보니 이 길에 추억이 가장 많네요.

이렇게 친구들 집부터, 아빠랑 나들이하러 다니던 길, 쥐불놀이를 처음 해봤던 논두렁 등등…. 잊고 있었는데 내 마음 속 마을지도를 그리니까 그때 추억들이 다 새록새록 살아났어요. 실제 지도를 보지 않았는데도 그때 있던 길들이 다 기억이 나서 엄청 재미있게 그렸습니다.

톡톡대화방

미자 한뫼님은 정말 개구쟁이였던 거 같아요. 개개비알을 품다가 깨뜨리고, 쌍살벌에 쏘여 울며 가는 어린 한뫼가 눈앞에 선해요. 우리 마을뿐만 아니라 주변 대여섯 개 마을까지 넘나들며 놀았던 한뫼님은 40~50대의 경험을 가진 거 같아요. 재밌어요~

선하 그러게요. 지도에서 그치지 않고 그 지도 속 공간에서의 이야기를 들으니 훨씬 생동감 있게 그 사람의 삶이 느껴지는 듯합니다. 다들 이야기꾼이 되네요.

내 놀이가 시작된 곳

한창 놀이꽃을 피우던 시기는 초 3~4 때였는데 참 기억하기 쉽게도 1993~4년이네요. 한우아파트는 1989년쯤 이사 간 것 같아요. 아파트 단지도 그즈음 형성되었고요. 산을 깎아 만든 동네에, 나름 대단지에 학군 좋은 아파트라 이사 온 집들이 고만고만했어요. 애들 학교 보낼 만한 가정들이요. 그중에 3동이 유일하게 방 세 개, 화장실 두 개 구조였는데 절친인 하니네가 거기였거든요. 그땐 자기 방이 있는 하니가 부러워서 잠이 안 올 지경이었어요. 오빠랑 한방 쓰느라 진짜 짜증났거든요. 그래도 그 친구한텐 이상하게 질투심이 안 생겼어요. 같이 모여서 고무줄 하면 하니랑은 한 팀이 될 순 없었어요. 둘 다 고무줄 탑이라 서로 팀원 뽑느라 가위바위보 하는 사이. ㅠㅠ 어쩌다 한 팀 되는 날은 끝판 깨는 날이었죠.

학교 끝나고 집에 와서 대충 숙제하고 아파트 마당에 나가면 애들이 슬슬 기어 나옵니다. 주로 노는 애들이 여덟아홉 명은 됐던 것 같아요. 주로 아파트 마당에서 고무줄하고 계단참에서는 공기놀이하고요. 아파트 사

옛 고향 이야기 **79**

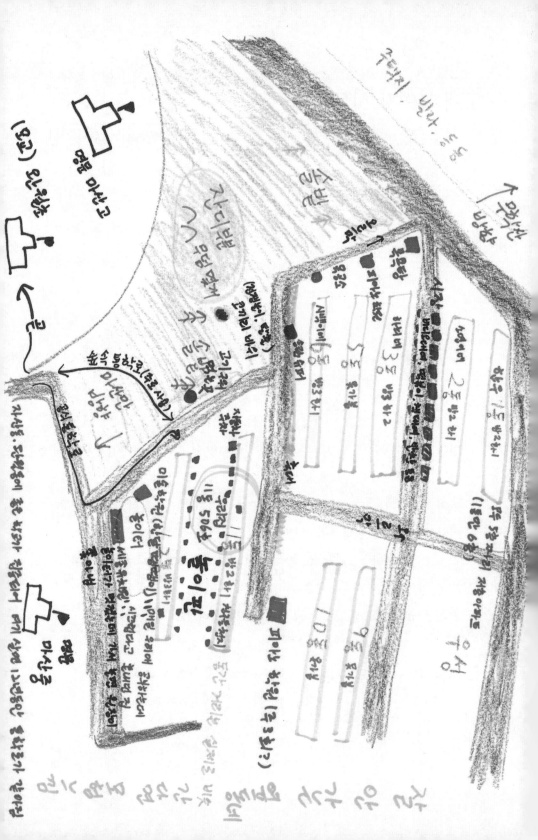

이를 가로질러서 고무줄을 할 때 차가 지나가려고 하면 그 앞에 잠시 멈추었고, 고무줄 잡은 애들이 고무줄을 밟아 내려주면 지나갔지요. 뭔가 우리가 허락해주는 느낌이어서 좋더라고요. 참고로 저는 자칭 '고무줄의 신'이었거든요. 고무줄로 우리 편 네 명 살릴 땐 실제로 온 세상이 내 것인 것만 같았네요. 하늘이 핑핑 돌아도 신나게 했어요. 하다가 목말라서 5층 우리 집에 올라갔다 내려오는 건 10초 정도 걸렸던 것 같은데 4층 아줌마는 그 모습을 보고 나비가 팔랑팔랑 지나간 줄 알았다고 하셨어요. 하지만 학교 끝나고 무거운 가방 멘 채 올라가는 계단은 중간에 꼭 쉬어야 했어요. 이후 엘리베이터 있는 건물을 동경하게 되었어요.

고무줄 할 만큼 아이들이 안 모이면 술래잡기나 숨바꼭질을 했는데, 놀이터는 그때나 가끔 써먹는 정도였어요. 아니면 애들 나올 때까지 그네 타고 기다리는 정도. 아파트 구석 쪽엔 유채꽃이 많이 피어있었는데 그 앞에서 오빠들이 자치기도 하고 야구도 했어요. 또 가끔 여남(여자남자) 다 뭉쳐서 대규모로 솔밭에 가서 전쟁놀이도 했어요. 솔방울 모으고 큰 바위들 진지 삼아 뛰어다녔어요.

솔밭은 다용도로 이용했는데, 저녁에 삼겹살 구워 먹는 집이 있으면 지나가다 한 점 얻어먹기도 하고요. 통학로로도 이용했는데, 정식 통학로는 빙 둘러 가야 해서 솔밭 길을 애용했어요. 어린 맘이지만 매일 책에서나 나올 법한 오솔길을 걸을 수 있다는 게 너무 즐거웠어요. 선생님들은 정식 통학로로 다니라고 하셨지만, 가끔 선생님들도 오솔길에서 만났어요.

솔밭 맞은편에 미술학원이 있었는데, 제가 너무 가기 싫어서 거의 한 달 정도 땡땡이친 상태였어요. 엄마가 그 사실을 알게 된 날은 '집에 들어가지 말고 가출을 할까?' 생각했지요. 지금도 생생하네요. 솔밭에서 놀고 있

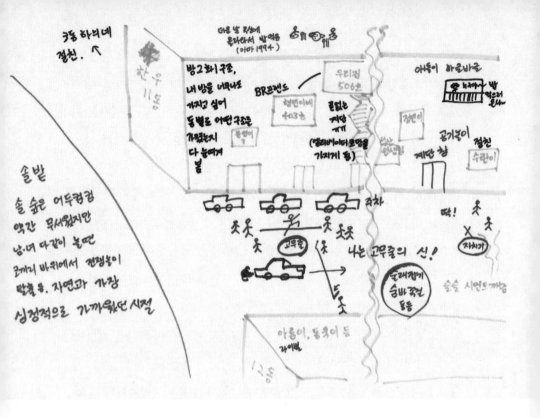

는데 엄마가 미술학원에서 나오는 모습을 봤고, 쎄한 느낌이었어요. 미술은 좋았지만 하고 싶은 만큼 잘 안돼서 스트레스를 많이 받았어요. 반면 11동 뒤에 있던 피아노학원은 거의 매일 신나게 다녔어요. 아줌마 선생님도 너그러워서 좋은 느낌이었고 피아노 실력 느는 것도 좋아서 힘들게 느껴지지 않더라고요. 계속 피아노 치고 싶어서 전문가 코스를 다른 곳에서 시작했어요

"등 펴! 손가락 둥글게!"

음계 무한 반복에 재미도 없고, 집 형편도 그럭저럭이니 그냥 공부해야겠다 생각하고 바로 관뒀어요.

숨바꼭질도 자주 했는데 11동 마당과 12동 뒷마당 그리고 그 뒷마당

과 이어지던 놀이터를 통으로 다 사용했어요. 동호수 라인 속으로는 들어가지 않는 게 규칙이었어요. 그 똑같이 생긴 계단 속으로 숨어들면 재미가 없거든요. 술래잡기도 하고 강아지풀 뜯으면서 와자지껄 놀다 보면 꼭 12동 끝 집에 무서운 아줌마가 2층에서 "너거들 조용히 안 하나! 우리 아들 공부하는데… 뭐하노! 너거도 빨리 가서 공부해라!" 하시는 바람에 그쪽은 잘 안 가게 되더라고요. 어릴 적 일은 거의 모든 게 미화된 추억인데 이 기억만은 아직도 좋게 생각이 안 되네요.

주말에 1동 옆 한우목욕탕에 주로 갔어요. 애들을 거기서 또 만났어요. 선생님도 만났지요. 그 밑엔 축대 아래로 아파트 상가가 있었고, 상가 맞은편 길로는 길게 파라솔로 자체 시장도 형성돼 있었어요. 상가 끝 코너에 있던 비디오 대여점에서 비디오 빌려서 많이 봤어요. 비디오는 처음엔 우리 집에 재생기가 없어서 형민이네 가서 봤어요. 형민이네 식구와는 같이 이사도 다닐 정도로 친해요. 지금도 그 집 아줌마 아저씨가 그냥 또 다른 엄마 아빠로 느껴져요. 형민이랑 지금도 자주 연락해요. 형민이네 딸이 우리 둘째랑 거의 같은 개월 수인데 이유식을 잘 안 먹어서 고민이라고, 이것저것 애기 키우는 이야기 하면서 지내요. 비디오 가게 옆은 떡볶이집이었는데, 떡볶이 국물에 삶은 계란 비벼 먹고 감동한 기억이 지금도 있네요. 그곳 어딘가 '열린 책방'이라는 책 대여점이 처음 생겼는데, 동네 사람들이 다 가서 첫날 줄 서서 빌렸어요.

이렇게 놀이로 제 인생의 기초를 다지고 있었는데, 뭔가 바람이 불어 초등학교 4학년에서 5학년 즈음(1994~95년) 다들 다른 아파트로 이사갔어요. 그때는 우리 집처럼 자녀들에게 각각의 방을 주기 위해, 또 더 좋은 집으로 갔겠거니 했어요. 지금 생각해 보니 그때가 마산에 대규모 아파트 단지가 들어서던 시기였어요. 신시가지에, 매립지에 수천수만 가구의 유명 건설사 아파트들이 들어섰지요. 우리 집도 그때 이사갔는데, 꿈에도 그리던 엘리베이터가 있고 제 방도 생겨서 처음엔 매일 꿈결을 걷는 기분이었어요. 그렇지만 3층이라 엘리베이터는 타나 마나 한 층수였고, 놀이판이 완전히 깨져서 하교하면 한우아파트로 다시 가고 싶을 정도였어요. 하지만 한우아파트 친구들도 다 이사 간 상황이라 너무 심심해하며 1년을 보습학원 다니며 어영부영 보내고 사춘기를 맞이하니 어느새 중학교에 들어가 있더라고요.

톡톡대화방

> 저 살던 마을 생각하다가 기억의 홍수에 잠길 지경이에요. 오 마이 갓! 별의별 게 다 떠오른다. **혜원**

> **미숙** 혜원샘~ 애들 재워놓고 단숨에 기억의 홍수를 쏟아냈군요. 부럽습니다~ 저는 지도 그리면서 같이 놀던 애들 이름도 동네 모습도 잘 기억나지 않더라고요. 혜원샘이 팔랑팔랑 5층까지 단숨에 오르내리는 모습이 막 떠오르네요. 아침부터 동화 한 편 읽은 느낌이네요. ^^

> 감사해요. 같은 공간을 우리 가족은 어떻게 기억하는지 궁금하네요. 우리 오빠한테도 보내봐야겠어요. 기억의 반의 반의 반 정도 쓴 거 같은데 언젠가 싹 정리해서 쓰고 싶네요. **혜원**

혜원 엄마가 음식 갖다 주러 갔다가 담임샘의 불법과외현장 목격한 사건, 솔밭에서 난 살인사건, 놀다가 친구네 집에서 먹은 저녁밥이 너무 맛있고 반찬이 으리으리해서 그 집에서 살고 싶었던 일 등등 굵직한데 못 들어갔네요.

재화 샘의 이야기 현장에 내가 있는 느낌이에요~ 정말 재밌네요.

용대 아들 공부해야 하니 조용히 하라던 아줌마 아들은 그분이 바라는 대로 잘 자랐을까 궁금해요. 평화샘을 안 만났으면 저도 똑같은 어른이 되어 있었겠죠? "놀 시간에 단어 하나라도 더 외워라. 이눔 시키들아~~" 이러면서 말이죠. 혹시 내 안에도 아직 그 아줌마가 살고 있지 않은지 늘 돌아봐야겠습니다. ^^

채희 눈으로 그 현장을 보는 듯한 생생함에 마치 제가 거기 있는 것처럼 신나네요. 미술학원 땡땡이 이야기에 완전 공감 갔어요.
저도 초등학교 4학년 때 음악학원 땡땡이친 일이 있거든요. 아빠가 지금까지도 그 이야기는 놀리듯이 계속하셔요. ㅋㅋ

혜원 감사해요. 기억나고, 하루 안 묵히고 바로바로 썼더니 생생했나 봐요. 미술학원 한 달 땡땡이는 지금 생각하면 간도 크다 싶네요. 엄마는 또 얼마나 속상하셨을까요.

지금의 나를 위한 마을지도 그리기

박선하(울산, 1970년대생)

인생에서 의미 있는 장소를 떠올리며 마을 지도 그리기와 글쓰기를 해보자는 소장님의 제안은 어렵고도 난감한 과제였다. 웬만큼 친해지기 전까지는 다른 사람과 개인적인 이야기 하는 것을 좋아하지 않기에 누구나볼 수 있는 글로 나의 어린 시절 이야기를 쓴다는 것은 민망하고 부끄럽게느껴졌다.

"기억나는 어릴 적 추억이 별로 없어요. 제 이야기를 남한테 하는 것도불편하고요. 중·고등학교 때는 공부한다고 집, 학교, 독서실 다닌 기억밖에 없는걸요? 저 쓸 게 없어서 안 쓸래요. 못 쓰겠어요."

"그야 선생님 마음이지요. 그런데 글을 쓰다 보면 선생님이 자기 이야기를 다른 사람들에게 하는 게 왜 불편한지, 다른 사람과 관계 맺는 게 왜어려운지 스스로 물어볼 수 있는 좋은 기회가 되지 않을까요? 지금까지 살아온 선생님의 경험 속에서 그 원인을 찾게 될지도 모르죠."

'지금의 나를 이해하기 위한 글쓰기라…. 어린 시절, 난 뭘하고 놀았

지?'

기억나는 게 많지 않아 가족의 도움을 받기로 했다.

"다들 나 초등학교 때 살던 동네 이야기 좀 해 줘봐요."

서로가 기억하는 여러 가지 추억 이야기가 하나둘 엮어지면서 어릴 적 마을 모습이 머릿속에 그려지기 시작했다.

학교 근처, 개울

초등학교 1학년에서 5학년까지 울산시 동구 현대 사택촌에 살았다. 자전거 타고 얼굴이 시뻘게지도록 페달을 밟아 오르막길을 오르면 넓은 운동장이 있는 학교 정문에 다다를 수 있었다. 산을 깎아 만든 학교라 별관 뒤편에는 파란 낙석방지망이 덮힌 암석벽이 있었고, 학교 본관 뒤쪽에는 쓰레기 소각장과 조그만 공터가 있었다. 운동장은 주로 남자아이들이 공 차며 놀았기에 여자아이들은 점심시간이 되면 이 공터에 모여 고무줄놀이를 했다. 그 공터를 지나면 위쪽으로는 산동네라고 불리는 마을로 가는 흙 길이 나왔고, 그 흙길 옆에는 작은 개울이 흘렀다.

"우리 오늘 가재 잡으러 갈까?"

"나 학원 가야 하는데…."

"그럼 가재 딱 한 마리만 잡고 가자! 응?"

학교 뒤 작은 개울에서 잠시만 놀다 가자던 우리의 약속은 냇가의 돌들을 하나씩 들 때마다 바람과 같은 속도로 도망가는 가재들 덕에 늘 지켜지지 않았고, 학원에 늦게 도착했다는 학원 선생님의 고자질 때문에 곧잘 엄마의 등짝 스매싱으로 이어졌다.

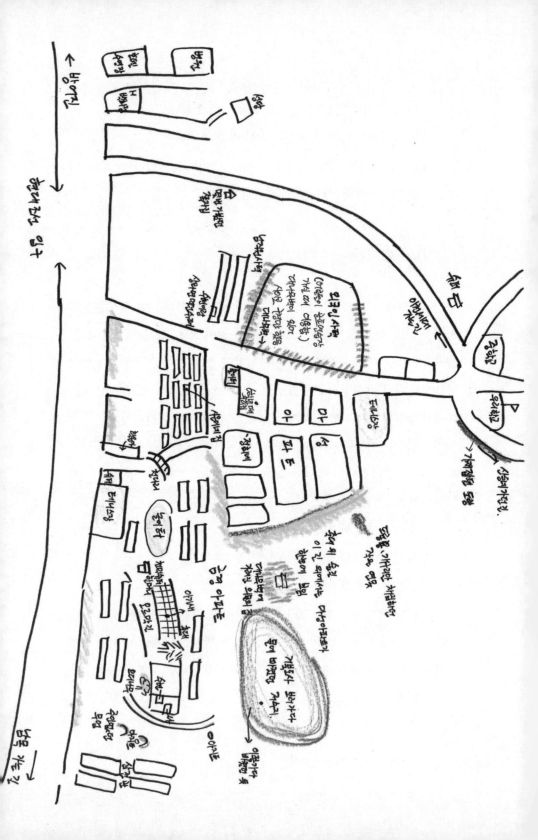

"엄마가 해 지기 전에 집에 들어오라고 했지? 너 내일 수학 학습지 선생님 오시는데 숙제 다 했어? 가지고 와 봐. 피아노 숙제도 했어?"

놀다 들어오면 어김없이 엄마의 잔소리가 쏟아졌고, 놀 시간도 부족했던 나는 답지를 베끼고 피아노 숙제는 했다고 거짓으로 횟수 체크를 했다.

학교 마치고 놀 수 있는 여유는 그때도 많지 않았다. 현대 사택이 모여 있던 울산 동구는 어머니들의 치맛바람과 학구열이 유난했다. 사무직과 현장직이 사는 아파트가 달랐고, 비슷한 직급끼리 모여 사는 아파트의 엄마들은 만날 때마다 아이들 공부를 어떻게 시키면 좋을지, 월급으로 받은 돈을 어디다 투자하면 좋을지 정보를 나눴다. 주말이면 부모님들이 모여 골프 치거나 야유회를 갔기에 엄마, 아빠들이 친한 아이들끼리 모여 놀았다. 그래서 학교에서도 같은 아파트, 같은 학원 친구들 중심으로 함께 놀았고, 학교에서 만난 다른 동네 친구들은 학교에서 놀 때 말고는 만나기 쉽지 않았다.

놀거리, 먹거리가 가득했던 숲길

학교에서 조금 더 내려오면 마성아파트 제일 꼭대기에 있는 테니스장이 나왔다. 테니스장 아래로는 장미 덩굴이 우거진 마성아파트 사이로 내려가는 두 개의 고갯길이 있고, 테니스장 뒤쪽으로는 산으로 통하는 작은 숲길이 있었다. 숲길 따라 조금 걷다 보면 맑은 물이 가득한 웅덩이가 있었다. 이곳은 단짝 수현이와 내가 제일 좋아하는 장소이기도 했다.

"이것 봐! 개구리 알이야!"

"아냐, 눈알 가득 있는 게 개구리 알이고 이건 도롱뇽 알이라고."

"어떻게 아는데?"

"이거 봐라."

"꺄악! 너 죽었어!"

작은 알이 가득한 비닐 소시지 모양의 도롱뇽 알을 나뭇가지로 건져 서로에게 던지며 장난치고 놀다 집에 갈 시간이 되면 도롱뇽 알이나 개구리 알, 올챙이, 게아재비, 작은 물고기 같은 것들을 잡아 빈 깡통에 담아오곤 했다. 작은 웅덩이에서 걸어 내려오는 길은 늘 놀거리와 먹거리로 가득했다. 아카시아 나뭇잎 떼기 가위바위보, 사루비아 꿀물 먹기, 아카시아꽃 씹어 먹기, 꿀벌 잡아 침 빼기, 풀씨름하기…. 수현이랑 함께 걷는 숲길은 매일 걸어도 재미있었다.

숲길과 아파트가 연결되는 뒤쪽 어딘가에 꽤 커서 끝이 보이지 않던 저수지가 있었다. 저수지 끝에 무엇이 있는지 궁금했던 나는 그 끝에 가면 드래곤볼에 나오는 거북도사 같은 엄청 큰 거북이 있다는 거짓말로 수현이와 우리 동네 꼬맹이들을 꼬드겼고 호기심이 동한 꼬맹이 7명이 저수지 끝까지 가보기로 했다. 산을 넘어가려니 어떻게 넘어야 할지 감도 안 잡히고 물가의 흙도 꽤 단단해 보여 물가의 흙을 조심히 밟고 가는데 저수지의 2/3 정도에 왔을까?

"악!"

내 앞 보경이가 갑자기 눈앞에서 순식간에 사라졌다. 놀란 우리는 물가 나무를 잡고 매달리며 어쩔 줄 몰라 하고 있는데 다행이도 보경이가 물 위로 나타났고, 여유있게 수영하며 긴 나무줄기를 잡고 강가로 올라왔다. 우리 중 수영을 가장 잘했던 보경이가 빠져서 그나마 정말 다행이었다.

그 뒤, 겁이 난 우리는 나무를 붙들고 산으로 올라와 헤매다 어떻게 길을 찾아 우리 아파트로 돌아왔고, 오늘 일은 우리만 아는 비밀이라며 꼬맹이들 입단속을 했다. 하지만 보경이의 젖은 옷 때문에 우리의 무모한 도전은 엄마들에게 딱 걸렸고, 주동자이자 최고 맏이였던 나는 엄마에게 엄청 혼이 났다. 대신 그다음 주부터 우리 동네 꼬마들 모두 수영 학원에 등록했다.

시은이네가 살던 단지

학교에서 우리 아파트까지 거리가 꽤 되었기 때문에 1학년 때부터 자전거를 타고 다녔다. 테니스장에서 마성아파트 끝까지 두 손을 하늘 높이 들고 단숨에 내려오는 길은 숨 막히게 짜릿했다. 특히, 한 고개 넘어서 다음 고개 초입으로 접어들 때는 하늘을 나는 느낌이었다. 마성아파트를 지나면 시은이네가 살던 1층짜리 집들이 모여 있던 단지가 나왔다. 하나의 큰 지붕 아래 여러 채의 집이 연결되어있고 집 앞에는 작은 텃밭 같은 것이 있는 구조는 내가 여태 살았던 아파트의 모습과는 많이 달랐다. 시은이는 내가 4학년 때인가, 5학년 때인가 친했던 착한 아이였다. 몸에 안 좋다며 햄이나 소시지, 라면같이 먹고 싶었던 것들을 못 먹게 하는 우리 엄마와 달리 시은이네 부모님은 시은이가 무엇을 먹든 크게 신경 쓰지 않으시는 듯했다. 그래서 시은이네 집에 놀러 가 평소 엄마 눈치 본다고 마음껏 먹지 못했던 생라면이나 쪽자(똥과자, 달고나)도 마음껏 만들어 먹었다. 새까맣게 타버린 국자 때문에 시은이가 엄마한테 혼나면 어떻게 하나 걱정도 했지만 시은이는 자기 엄마는 그런 걸로 뭐라고 하지 않는다며 웃었다. 시은이는 혼자 있는 시간이 많아 심심해서 싫다고 했지만 먹고 싶은 것 다 먹고 엄마

잔소리도 안 듣고 사는 그 아이가 그때는 참 부러웠다.

추억이 가득한 금경아파트

한 지붕 아래 여러 집이 붙어있는 시은이네 단지를 통과해 철로 된 작은 다리로 도랑을 지나면 비로소 우리 아파트 놀이터가 나왔고, 놀이터를 중심으로 송이가 살던 5동, 건영이가 살던 7동이 나왔다. 나와 수현이가 살던 8동으로 오려면 천막 수퍼마켓을 지나 완만한 오르막길을 올라와야 했다. 돈이 없는 우리는 천막 수퍼마켓 할머니께 엄마 이름을 대고 외상으로 쮸쮸바를 먹었는데, 난 늘 수현이 엄마 이름으로 쮸쮸바를 먹곤 했다. 수현이네는 아파트 같은 라인 3층, 우리 집은 4층이었다. 할 일이 없으면 수현이네 집 문을 두들겼고, 수현이는 기다렸다는 듯이 잠자리채와 채집통을 들고 밖으로 나왔다. 수현이는 곤충 박사였다. 내게는 똑같게 들리는 맴맴 소리를 듣고 이건 참매미, 저건 말매미 소리라며 이야기해 주었고, 나무 타기 귀신이었던 나는 인기척에 숨죽이며 얌전히 있던 매미 뒤로 조심스레 다가가 '탁!' 손으로 잡아 배를 간질여 소리를 들어본 다음 수현이한테 주었다. 수현이는 그 매미들을 모아 멋진 곤충표본들을 만들었고 그 표본들로 여름방학 과제 상을 받곤 했다. 가을이 되면 잠자리를 잡아 줄을 매달고 연날리기하듯 잠자리 날리기를 했고, 심심하면 색이 예쁜 돌멩이나 곤충 잡은 것, 눈도 못 뜬 쥐새끼들을 우리 보물이라며 뒷산 여기저기에 있던 우리들의 아지트에 숨기러 돌아다녔다. 엄마 말로는 "다녀오겠습니다." 하고 둘이 나가면 하루 종일 산에서 뭘 하는지 코빼기도 보이지 않다가 저녁이 되면 흙투성이가 되어 나타나곤 했다며 "너처럼 별난 여자애도 없었다."고

하셨다. 앞 동과 우리 동에 오뉴월이면 작은 포도송이 같은 열매가 달렸다. 초록색이던 열매가 검붉은색이 되면 따먹곤 했는데, 그 맛이 어찌나 달콤했던지 웬만한 사탕보다 맛났었다. 먹고나면 손가락이나 입 주변이 검게 물들곤 했는데, 그 열매가 뽕나무 열매인 오디였다는 것은 어른이 되고서야 알았다. 아무도 알려 주지 않았지만 낮이 길어지기 시작하면 그 나무에 맛난 열매가 열린다는 것을 우리 동 아이들 모두 알고 있었다. 그때는 어떻게 알고 매년 챙겨 먹었는지 지금 생각해도 신기하다.

선머스마 같던 여자아이

웬만한 남자애들보다 씩씩했던 나의 초등학교 시절 별명은 '까불이'였다. 걷기보다는 주로 뛰어다녔고, 호기심이 많아 뭐든 만져보고 건드려봐야 직성이 풀렸다.

"좀 차분하게 해라, 글씨가 이게 뭐니? 그렇게 덜렁거리니 공부도 못하지. 나중에 어른 되면 어떻게 할래?"

"여자애가 목소리는 왜 이렇게 커서는…. 좀 조용하게, 얌전하게 행동해야지. 맨날 이렇게 뛰어다니니 무릎이 성할 날이 없지, 천천히 차분하게 땅 좀 보고 다녀. 넌 눈을 어디 두고 다니는 거니?"

귀에 못이 박히도록 반복되는 어른들 잔소리에 나는 내가 문제가 있는 줄 알았다. 다른 여자애들과 다르게 나무도 잘 타고 벌레도 잘 잡는 내가 난 좋은데 왜 다들 뭐라고 하는 건지, 무엇이 잘못되었는지 늘 혼란스러웠다.

학교에서 여자애들은 주로 공기놀이, 고무줄놀이를 했고 남자애들은 축구를 하거나 여자애들을 놀리며 도망가는 놀이를 했다. 공기나 고무줄을 잘하지 못했던 내가 가장 좋아하던 놀이는 십자가 모양을 세 바퀴 도는 동안 도는 아이를 잡아채거나 밀치는 '십자가'라는 다소 격한 놀이나 운동장 전체를 뛰어다니며 하던 얼음땡, 단계별로 높아진 줄을 걸리지 않고 뛰어넘던 '산토끼' 등의 활동적인 놀이였다. 온 산을 휘젓고 다니며 도롱뇽, 가재 등을 잡기 좋아하던 나는 남자아이치고 조용하고 혼자 곤충이나 새를 관찰하는 것을 즐겼던 수현이와 최고의 콤비였다. 그래서 수현이와 동네 여기저기를 쏘다니며 해가 질 때까지 모험하던 그 시간은 참 행복했다.

8동으로 가는 오르막길 한쪽은 어른 주먹만 한 돌을 박아 만든 축대벽이었는데, 가끔 거기서 아기 새 소리가 들렸다. 아기 새 소리를 따라 축대 돌 틈으로 여기저기 손을 넣다가 어미 새가 고이 숨겨놓은 아기 새 둥지를 발견했다. 눈도 제대로 뜨지 못하는 아기 새가 돌 틈으로 보이는데 도저히 꺼낼 수가 없었다. 손끝으로 만져지는, 뜨겁고도 꿈틀거리던 생명체들. 비록 손에 넣지는 못했지만 발견했다는 기쁨도 잠시, 얼마 되지 않아 온몸에 두드러기 같은 것이 생기고 간지럽기 시작했다. 엄마는 내가 온 집에 벼룩을 옮겨올까 봐 벼룩 잡겠다고 한바탕 난리를 떨었다고 하시지만, 내겐 그 작고 꼬물거리던 아기 새를 만질 때의 벅찬 마음만 기억에 남았다.

겨울이 되면 이 오르막길은 우리의 천연썰매장이 되었다. 눈이 쌓여 얼어버린 길을 동네 어른들이 다 녹여버리기 전에 우리는 어디서 쌀 부대나 종이 상자를 주워 와 눈썰매를 탔고, 넘어질까 봐 오르막길 가장자리 손잡이를 잡고 낑낑거리며 걸어가는 어른들을 보며 '세상의 모든 내리막길을 미끄럼틀로 만들면 참 좋을 텐데…'하고 생각했다.

당시 아파트들은 지하 주차장이 없어서 아파트 앞 공터는 주로 차들이 잔뜩 주차되어 있었다. 놀 공간이 필요했던 우리에게 하수도 뚜껑 때문에 차를 대지 못한 작은 공간과 다섯 개의 하수도 뚜껑은 신발 따먹기를 하기 딱 좋은 장소였다. 다섯 개의 하수도 뚜껑들 한가운데에 신발 뒤축으로 동그라미 하나를 그리고 나머지 하수도 뚜껑을 베이스 삼아 아이들은 나 잡아보라며 술래를 약올렸다. 그러다 술래에게 잡히면 신발 하나를 내놓아야 했고, 다른 사람이 빼앗긴 신발을 되찾아 돌려줄 때까지 한 발로 도망다니다 잡히면 술래가 되었다. 그렇게 양말 바닥이 시꺼메지도록 놀다 보면 엄마들이 하나씩 아파트 베란다에서 아이들 이름을 불렀고, 내일 다시 꼭 놀자는 약속과 함께 한 명씩 집으로 사라졌다.

안녕, 나의 개구진 어린 시절!

6학년 초, 아빠의 진급과 함께 마성아파트로 이사 가면서 장난꾸러기 어린 시절은 끝났다. 둘이 사귀냐고 놀리던 아이들의 짓궂은 장난에 수현이와의 관계도 점점 소원해졌고, 말도 행동도 예쁜 여자아이들이 학급에서 인기가 많다는 것을 알고 나서부터 나의 말투나 행동도 차분해졌다.

6학년 말, 갑자기 부모님께서 이사를 결정하시는 바람에 급하게 부산으로 전학가면서 이 동네를 떠났다가 중학교 2학년 때, 친구들을 만나기 위해 가보게 되었다. 부산 노포동 버스터미널에서 버스 타고 울산으로 혼자 가는 내내 얼마나 설레고 떨리던지, 지금도 그때 기분을 잊을 수가 없다. 그런데 우리 동네 초입인 남목 입구 삼전관이 있는 곳에 버스가 들어서는 순간, 울어버렸다. 나랑 수현이가 곳곳에 보물을 숨겨두었던 산들은 처참하게 깎여 있었고, 추억이 가득했던 금경아파트와 길들은 흔적도 없이 사라졌다. 그곳에는 깔끔하게 칠해진 새 아파트들이 높게 들어서 있었고, 내가 살던 곳이 어디인지 모를 정도로 전혀 다른 마을이 되어 있었다. 어느덧 작아져 버린 운동장을 지나 6학년 우리 교실에서 같은 반 아이들을 만나 동네 여기저기를 구경했지만 내가 기억하던 그 동네는 거기 없었다. 변해 버린 동네가 야속했고, 나의 추억을 새로운 아파트로 덮어버린 그 누군가가 너무 원망스러웠다.

그 후, 다시 그 동네에 갈 일이 없었다. 그리웠던 장소를 잊었고 그 곳의 아름다웠던 추억도 잊고 살았다. 이사를 자주 한 탓에 어느 덧 스쳐 간 동네에 대한 그리움보다는 새로 만날 동네에 대한 설렘과 기대가 더 컸고, 그래서 고향이 무엇인지, 고향에 대한 그리움 같은 건 남아있지 않다고 생각했다. 그런데 내 마음 속 마을 추억을 떠올리기 위해 가족들과 함께 그 때 그 시절 이야기를 하며 마을 지도를 그리다보니 수현이와 친구들, 다시는 돌아가지 못하는 1980년대 울산 서부동의 그 마을이 참 그립다.

내가 살던 동네 이야기

하종원(대구, 1970년대생)

도시에서 태어난 것이 부끄럽다

2015년 여름, 마을배움길 놀이 연수에 참여했다. 그때, 어릴 적에 살던 곳을 지도로 그려보고 이야기를 나누는 꼭지가 있었다. 시골에서 태어나 줄곧 한동네에서 자란 분들은 어린 시절 놀던 뒷산, 들판, 냇가를 그려서 이야기하며 환한 얼굴이었다. 도시에서 태어나 이곳저곳 이사 다니며 살아 왔던 나는 그런 이야기들이 신기했다. 한편으로는 고민에 빠졌다.

첫 고민은 '어디를 그려야 하는가?'였다. 네다섯 개 동네가 생각났지만 공장이나 아파트에서 생활한 적도 많다 보니 다른 사람들처럼 들판이나 냇가는커녕 골목 이야기를 하기도 만만치 않았다.

시골에서 자란 것을 부끄럽게 여기던 친구들의 심정을 조금 이해할 것 같았다. 시골에서 태어났다고 촌놈이라고 무시당하는 것이 시골 출신 친구들의 잘못이 아닌 것처럼, 도시에서 태어나서 산으로 들로 뛰어다니며 자라지 못한 것도 내 잘못이 아니다. 그런데, 그때는 마치 그게 내 잘못이라도 된 것처럼, 아쉬움을 넘어 부끄러운 마음도 들었다.

몇 년 뒤 문재현 소장님에게 "그릴 것이 없는 사람은 왜 놀이 경험이 부족하고 그릴 것이 없는지에 대해 알아보면 된다."라는 말씀을 듣게 되었는데, 그제야 해방감이 들었다.

마을지도로 열린 엄마의 이야기주머니

내 마음 속 마을지도 그리기를 하던 2020년은 돌아가신 아버지의 20주기가 해였는데, 마침 윤달이 있어서 아버지 묘를 이장하기로 했다. 아버지 묘를 납골묘로 옮기고 어머니와 둘이 제법 긴 시간을 함께하게 되었다. 차 안에서 옛날이야기를 많이 여쭤보았는데, 덕분에 몰랐던 이야기도 많이 알게 되었다. 5~60년 전 기억을 생각보다 자세하게 이야기해 주셔서 놀라기도 했다.

엄마랑 이야기하면서 옛날에 살던 여러 장소에 관한 이야기도 많이 했지만, 이곳에서 저곳으로 이사하게 되는 당시의 가족 상황과 엄마의 입장과 심정을 아주 상세하게 들을 수 있었다. 태어나서 처음 듣는 이야기들이었다.

"근데, 이런 이야기 와 안 해줬어예?"

"누가 물어봐야 해주지."

이야기해 주지 않아 듣지 못한 것이 아니라, 묻지 않아서 들을 수 없었던 것이라는 사실을 깨닫게 되었다. 내가 어른들의 예전 이야기를 궁금해한다는 것을 어머니도 알게 되는 계기가 된 모양이다. 그 후로 어머니는 시간이 될 때마다 옛날이야기를 들려주셨다. 1920년대에서 2000년대까지의 대하드라마보다도 더 역동적인 사연들을 들을 수 있게 되었는데, 그것은 나에게 큰 행운이었다.

그날 엄마랑 이야기 나누면서, 내가 살던 '이현공단', '평리동', '내당동'이 서로 아주 가까운 거리에 있는 동네라는 사실을 알았다. 어머니와 이야기한 뒤 지도를 찾아보고 로드뷰 기능을 이용해서 주변을 둘러보니 마음속으로 생각하고 있던 것들과 실제가 대비되면서 내 기억과 실제의 차이가 더욱 또렷해졌다. '어릴 적 넓게만 보이던 좁은 골목길에'라는 노래 가사처럼, 어릴 땐 엄청 멀어 보였던 곳도 지도로 보면 차로 10분 거리도 안 되는 것도 신기했다.

내 이름은 전학생

마을지도로 내가 그린 곳은 보성홍실2차아파트라는 곳인데, 초등학교 4학년 1학기 말부터 고등학교 1학년 때까지 살던 곳이다. 아파트 이름을 보성아파트로 기억하고 있었는데, 지도를 검색해보니 이름이 저렇게 길었다는 것을 알게 되었다. 그러고 보니 인근에 1차 아파트도 있던 기억이 났다.

이 아파트로 이사 오기 전, 아버지 사업 실패로 그전에 살던 단독주택이 넘어가고 1년 정도 다른 집에 세를 살았는데, 운이 좋았는지 어쨌는지 이 아파트를 분양받아서 이사하게 된 것이다. 대략 계산해보면, 사업 실패할 무렵 부모님이 30대 후반에서 40대 초반이었는데, 내가 그 나이에 동업자에게 배신당해서 사업이 망하고 집이고 뭐고 다 없어져 빈털터리가 된 후 빚쟁이들 피해서 숨어 지냈으면 어땠을까 하고 생각해 보면 참 아찔하

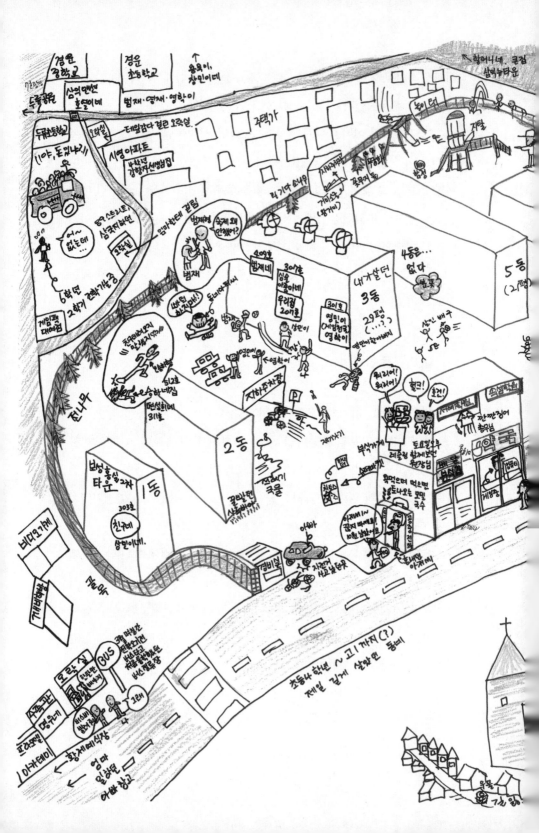

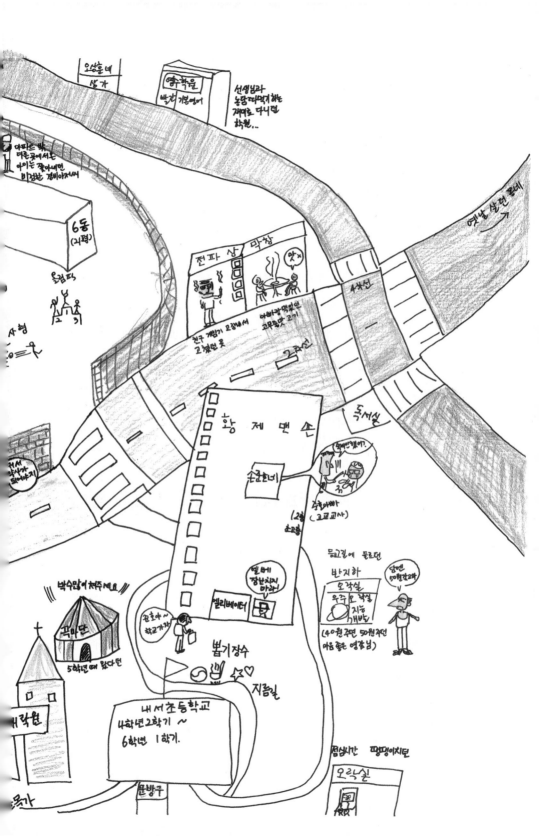

다. 부모님의 어렵고 힘겨웠던 시간이 고스란히 나에게 전해졌다. 그런 일이 있고 난 뒤에 마련한 새 아파트였으니 홍실2차아파트는 어머니에게는 마지막 희망이고 최후의 보루였을 것 같다.

아파트 입주 시기에 맞춰 4학년 1학기 중간에 이사하게 되었다. 덩달아 전학도 하게 되었는데, 전학 절차가 끝나기 전까지 이전 학교로 버스 타고 다닌 기억이 난다. 전학 절차가 마무리되고 나서 집 근방의 두류초등학교로 전학을 갔는데, 이 일은 내겐 충격적 경험으로 남아 있다. 그래서 지금도 주변 사람들에게 학기 중에 전학하는 것을 만류하는 편이다.

내 이름은 오간 데 없고 '전학생'으로 불리며, 낯선 아이들과 낯선 선생님과 낯선 규칙들이 나를 둘러쌌는데, 모든 것이 호의적이지 않은 느낌이었다. 특히, 담임교사가 없을 때 학급회장이 30cm 자로 떠드는 아이들의 손바닥을 때렸는데, 다른 아이들도 떠들었지만 하필 나를 때렸다. 전학생이라는 설움과 함께, 전학 오기 전 학교에서는 내가 저런 괴물 같은 역할을 해왔구나 싶어서 만감이 교차했다. 당장 그다음 해부터 학급 간부가 되어서도 담임교사의 수하 노릇을 하지 않고 부조리에 저항했으며, 그 바람에 애들 조용히 안 시켰다고 담임교사에게 많이 맞았다. 교사가 되어 학급 간부들에게 담임 역할을 하지 않도록 하는 것도 이때의 영향이라고 생각한다.

아파트에서도 해질녘까지 놀았다

부모들이 맞벌이가 대부분이었던 동네 아이들은 주택에 사는 친구들과 달리 신기한 물건을 가지고 다녔는데, 그것은 바로 '열쇠 목걸이'다. 도어락이 나오기 전, 아파트 문 열쇠와 보조 열쇠 꾸러미를 잃어버리지 않도록 군번줄 같은 체인 목걸이에 달아서 목에 걸고 다니게 한 것인데, 동네 친구들은 다 하고 다녔다.

학교 다녀와서 아무도 없는 아파트의 철문을 열쇠로 열고 들어가는 느낌은 늘 쓸쓸했다. 어둑어둑한 집 안 TV장엔 엄마가 간식 사 먹으라고 두신 백 원짜리 동전 몇 개가 놓여있었다. 빈집에 가방을 던져놓고 동전을 챙겨서 오락실, 놀이터, 아파트 주차장 등을 돌아다니면서 놀았다. 빠따야구, 주먹야구, 높이 던지기, 멀리 던지기, 3:3 축구, 사형, 살인배구, 지탈, 경도, 제기차기 등을 했다. 엄마가 밥 먹으러 들어오라고 할 때까지 시간 가는 줄 몰랐다.

아파트 출신이라 놀이를 많이 못했다고 생각했었는데, 곰곰이 생각해보니 의외로 생각보다 놀이가 많았다. 그래서 지도에 놀이를 표시해두었다. 지도엔 여럿이 노는 것처럼 그려졌지만, 실은 다 같은 아이들이다. 많으면 열 명 정도가 모였고, 보통은 나를 포함해서 3~5명이 모였다. 또래 아이들이 함께 놀았고 친구 동생 한 명이 같이 껴서 놀았을 뿐, 동네 동생들이나 형들이랑은 교류가 없었다.

우리끼리만 노는 것에서 나아가 동네 동생들에 대해서는 경쟁적이거나 적대적이었던 사건들도 기억나는데, 우리가 놀고 있을 때 베란다 창밖으로 '메롱 메롱' 하거나 욕을 하면서 놀리던 동생을 혼내주려다 그 집 할아버지에게 한 소리 들은 일이 있다. 그때 그 동생이랑 같이 놀았으면 어땠을까 하는 아쉬움이 남는다.

88올림픽 무렵이라 올림픽 종목을 대충 만들어서 올림픽 놀이도 했는데, 올림픽은 우리 세대를 강타한 큰 사건으로 기억된 것 같다. 또래 중에는 "올림픽 때 내가 4학년이었으니까 84년이면 학교 가기 전이었네."라며 올림픽을 기준으로 시간을 이야기하는 사람들이 많다.

사형이나 살인배구는 지금 생각해도 참 비인간적인 놀이인데, 하다가 마음 상한 일이 많았던 기억이 난다. 목숨을 다 잃으면 사형을 당하는데, 내가 사형당할 땐 정말 난감했다. 주로 상민이나 승하가 사형당하게 되어서 공을 맞았는데, 한번은 범재가 던진 배구공에 상민이가 머리를 맞았다. 어찌나 세게 맞았던지 공에 밀린 상민이 머리가 벽에 부딪혀서 울던 기억이 난다.

주먹야구나 들고치기 야구도 많이 했는데, 정식 야구와 규칙이 많이 다른 동네 야구여서 자치기랑 비슷한 느낌이다. 공을 치고 방망이를 던지다가 주차된 차에 피해가 갈까 봐 동네 아저씨가 "빠따 던지지 마라~!" 하며 화내던 기억이 있다.

시골처럼 다양한 연령의 아이들이 함께 어울려 놀았던 것은 아니었지만, 아파트에서도 매일 매일 놀았다. 그러자 문득 '지금 아이들도 대부분 아파트에서 사는데, 왜 30년 전처럼 아파트에서 해질녘까지 놀지 못하는 걸까?' 하는 의문이 생겨서 우리 반 아이들에게 내가 어렸을 적 놀았던 이야기를 들려준 다음 왜 요즘엔 아파트에서 잘 못 노는지에 대해 이야기 나눈 적이 있다.

"학원 가야 해요."

"놀 사람이 없어요."

30년 전 나도 학원에 다니기는 마찬가지인데, 나는 왜 해질녘까지 놀 수 있었을까? 90년대 초까지만 해도 아파트 주차장에 지금처럼 이열주차까지 해야 할 정도로 차가 많지 않았다. 그래서 아파트 주차장에서 자동차 신경쓰지 않고 놀 수 있었다. 주차장에서 놀이판을 벌인다고 시끄럽다고 소리 지르거나 다른 곳으로 가라는 사람도 없었다. 빠따 던지지 말라던 아저씨도 빠따를 던지지 말라는 것이었지 놀지 말라고 하지는 않았다.

"놀이터에서 친구들이랑 놀고 있는데 어떤 할머니가 베란다 창을 열고 확성기로 '조용히 해! 나 쉬어야 해!'라고 하는데 정말 억울하고 짜증났어요. 놀이터에서 그랬다고요, 놀이터에서!"

"맞아, 맞아. 거기 ○○놀이터지? 나도 당했어."

반 아이들과 이야기하다 나온 이야기에서 요즘 아이들의 놀이 환경이 얼마나 삭막해졌는지 알 수 있다. 동네 어른들이 '우리 동네에 사는 우리 아이들'을 대한다는 느낌이 없는 것 같다.

또, 학원에 다니기는 했지만, 친구들 어머니끼리 서로 약속이라도 했는지, 같이 놀던 친구들은 같은 날 같은 시간에 같은 학원에 다니게 되어 학원 가는 요일도 시간도 모두 같았다. 그래서 학원 가기 전에 놀고 갔다 와서 놀았기에 그나마 해질녘까지 놀 수 있었다. 나중에 어머니에게 물어보니 실제로 엄마들끼리 약속했다고 한다.

요일별·시간대별로 나누고 쪼개져 너덜너덜한 일정에 쫓겨 친구들과 놀이는 고사하고 이동하는 봉고차 안에서 스마트폰 게임을 하고 저녁 식사 대신 떡꼬치를 베어 물며 다음 학원으로 옮겨 다니는 아이들을 보면 안쓰럽다.

오락실, 게임기, PC게임

초등학교 4학년 때 친구 따라 가본 오락실. 버스 정류장으로 친구를 바래다주러 갔다가 친구가 "버스비 좀 잔돈으로 바꿔 오겠다."라며 들어가더니 하도 안 나와서 찾으러 간 것이 시작이다. 동네 이 오락실 저 오락실 참 많이도 다녔다. 5학년 때엔 오락기도 사고, 큰누나가 대학에 들어가자 리포트를 써야 한다며 사들인 컴퓨터로 본격적으로 컴퓨터게임을 하기 시작한 게 중학교 2학년 무렵인 것 같다. 이미 그 시절에도 자본은 공짜인 놀이를 돈을 내야 하는 가짜놀이로 바꿔치기하고 있었다. 나처럼 도시에서 자란 내 또래 아이들은 놀이의 탈을 쓰고 들어온 전자 게임에 젖어 유년 시절을 보냈다.

전자 게임 경험이 없고 부정적인 나의 어머니와는 전자 게임이 엄청난 갈등 거리가 되었다. TV에서 전자 게임이 인체에 미치는 악영향에 대한 뉴스라도 나올 때면 갈등은 더 심해졌다. 시험 잘 보면 게임기 사주겠다고 약속한 사람이 어머니 자신이라는 사실이 참 아이러니다. 게임기 못하게 하려고 어머니가 게임기 전원선을 가지고 외출한 일, 전기계량기 눈금을 체크하고 외출한 일, 새벽에 몰래 소리 죽여 놓고 게임기 하다 걸려서 잔소리 들은 일, 몰래 오락실 갔다가 걸려서 구둣주걱으로 맞은 일… 자녀의 전자 게임 과몰입 문제로 하소연하는 학부모님을 만나면 나와 어머니의 갈등이 떠오른다.

30년 전, 게임에 찌들어 있었다고는 하지만 밖에서 놀 친구가 있으면 밖에서 놀고 혼자 있으면 전자 게임을 하는 식이었다. 다른 친구들도 전자 게임을 많이 하게 되었을 때는 이 집 저 집 몰려다니면서 전자 게임 하는 것을 서로 구경하며 조언하거나 함께 수수께끼를 풀기도 했다. 뛰어놀기도 하고 전자 게임도 하며 놀던 그때를 생각하면, 사교육 일정에 인간관계가 모두 쪼개져 전자 게임 외에 선택의 여지가 없는 지금 아이들 생활과는 많이 달랐다.

함께 보살피고 함께 성장하는 마을을 향해!

보살핌이 있는 마을공동체에서 성장했더라면 좋았겠지만 그렇지 못했다. 불쑥불쑥 나오는 개인주의적이고 독단적인 나의 면모들이 이곳에서 기원하지 않을까 생각한다. 그래서, 서로 보살피며 마을공동체를 이루는 과정이 인간성을 회복하는 과정이라는 말에 공감한다. 마을공동체가 다른 무언가의 수단이 아니라 목적이라는 말에도 공감한다.

그런데, 고기도 먹어본 놈이 먹을 줄도 안다고, 공동체에서 자라지 못한 내가 가족공동체, 마을공동체를 제안하고 비전을 제시하는 것이 가능할까 싶어 막막하기도 했다.

다행히 지금 사는 마을에서 동네 아이들과 놀이하고 나들이하고 마을 축제를 함께 기획하고 즐기는 과정을 재미있게 하고 있다. 어린 시절에 체험해 보지 못한 '서로 돌봄'의 기회를 통해 각자 역할을 기대하고 해내는 과정에서 우리 동네 아이들은 성장하고 있다. 그런 아이들의 모습을 보면서 나 자신이 어린 시절에 느끼지 못한 공동체성이 회복되고 있는 것은 아닌가 하는 생각과 희망, 기대를 가져본다.

마음속 마을을 찾은 이야기

고기연(제주, 1970년대생)

내 마음 속 마을지도를 그려보라는 연락을 받고 나서, 해보겠다고 대답은 했는데 막상 하려니 어떻게 해야 할지 막막했어요. 마을지도도, 내 이야기도 특별히 할 게 없다고 생각했거든요. 그런데 시작하고 보니 내가 나고 자란 마을과 함께한 이야기가 꽤 생각났어요.

저는 제주도 북서쪽에 있는 옹포마을에서 태어났어요. 옹포. 마을 이름에 들어있는 '옹'이라는 글자 때문에 동네 이름이 좀 촌스럽다고 생각했어요. 누구도 마을 이름에 관한 이야기를 해주지 않았고, 스스로도 별 의미 있는 이야기가 있을 것 같지 않았거든요.

옹포는 작은 마을이지만 그 안에서도 동동(동똥, 대화동), 중동네(중화동), 섯동네(금정동)로 구분해요. 섯동네는 서쪽에 있는 동네라는 뜻인데, 저는 그 섯동네 끝자락에 살았어요. 마을 서쪽 끝에 살았던 셈이라 입학하기 전에는 동갑내기 친구를 만나기가 어려웠어요. 친한 친구는 나보다 한 살 많은 소연 언니였어요. 한길(큰길) 건너에 사는 언니인데, 제가 학교 다닐 때쯤

육지에서 이사왔습니다. 언니에겐 여동생이 두 명 있었어요. 언니네 부모님이 일 나가시고 나면 언니 집은 그 자체로 놀이터였어요. 나이 차가 많이 나는 오빠만 셋 있는 저에게 여자아이들이 많은 언니네 집은 다른 세상이었지요. 거의 매일 언니네 집에 가서 함께 소꿉놀이도 하고 숨바꼭질이랑 고무줄놀이도 하고, 인형놀이도 하면서 놀았어요. 종이 인형을 살 돈이 없는 우리는 종이에다 그림을 그려서 옷을 만들어 입히기도 하고, 인형으로 소꿉놀이도 했어요. 그렇게 놀다가도 심심해지면 집 밖으로 나서지요. 나보다 한 살 많은 칠촌 조카랑 동네 오빠들과 같이 놀았어요.

셋동네 누군가의 집에 제사가 있는 날이면 우리 오빠, 사촌들, 육촌들, 동네 오빠들이랑 모두 모여 망개놀이를 했어요. 망개놀이는 나이 먹기 놀이에요. 서로 진을 정하고, 같은 나이의 상대편하고는 가위바위보를 해서 이긴 사람이 나이를 더 먹어요. 나이가 많은 사람이 나이가 적은 사람을 잡으면 또다시 나이가 올라가요. 누군가 상대의 진을 치면 우리 팀 모두 나이가 올라가서 다음 판에 유리해지는 거죠. 옆집에 있는 큰 폭낭(팽나무)과 웃가름(골목 이름)에 있는 다른 폭낭을 진으로 정하고, 우리는 어스름한 어둠 속에서 상대의 진을 치기 위해 동네를 돌아다녔어요. 저녁이라 어두운 나무 아래가 무서웠던 저는 어두운 나무를 지키는 진지기 역할이 무서워서 동네 언니와 함께 다녔어요. 다섯 살 많은 막내 오빠가 고등학교 진학하기 전까지 이렇게 어울려 놀았어요. 당시 저는 어렸기 때문에 사실 같이 놀았다기보다는 오빠들이 어쩔 수 없이 끼워주고 맘껏 돌아다니도록 살려두는 깍두기에 가까웠다고 볼 수 있지만 지금도 그때를 회상하면 즐겁습니다. 요즘 학교에서 아이들과 진놀이를 하다 보면 그때가 생각납니다.

어릴 적 오빠들은 지네를 잡아다가 동네 점방 할머니에게 팔아 용돈을 마련했어요. 지네는 말려서 한약 재료로 쓴다더라고요. 오빠들은 잡아 온 지네를 물 있는 대야에 담가서 수를 헤아리고 팔 준비를 했는데 저는 지네가 대야에서 빠져나올까 봐 전전긍긍하며 멀리서 보고만 있었어요. 보기만 해도 지네가 무섭고 싫은데 지네 머리를 잡고 이빨을 따는 오빠들은 참 대단해 보였어요.

가끔 오빠들은 간식으로 먹을 삼동 열매를 따러 갔는데, 한번은 많은 무리가 커다란 주전자를 들고 길을 나섰어요. 무리가 다 간다고 하니 저도 함께 갔지요. 대장 오빠들은 삼동 열매가 많이 열려있는 곳을 안다며 우리를 이끌고 서근개(땅이름)에 있는 밭으로 갔어요. 앞선 오빠들이 "와~ 삼동 많다." 하고 먼저 뛰어가더니, 갑자기 뒤에 가고 있는 우리에게 조용히 하고 뒤로 가라고 손짓하더라고요. 까닭을 물어도 그냥 빨리 뒤로 가라고만 하더니 조금 있다가는 "뛰어!"라고 외치는 거예요. 우리는 영문도 모르고 열심히 뛰었지요. 한참을 뛰어서 밭길을 벗어나자 그제야 삼동나무 뒤에 뱀 두 마리가 서로 얽어 똬리를 틀고 있었는데, 열매 따던 자신들이랑 눈이 딱 마주쳤다는 거예요. 그 이야기를 듣고 우리는 그 뱀 두 마리가 쫓아올까 봐 더 큰 소리를 지르면서 빨리 뛰어 집으로 왔지요. 그 사건 이후로는 산에 가기가 싫고 무서웠어요. 산에는 뱀이 있다는 고정관념이 생겨서 혼자서는 밭에 심부름 가는 것도 꺼렸답니다. 어쩔 수 없이 밭에 가야 할 때는 막대기나 돌멩이를 들고 뱀이 나오면 대응할 준비를 하고 긴장 속에 길을 나섰죠. 이 트라우마는 어른이 된 지금도 남아 있어서 혼자 산에 가는 걸 싫어해요.

혹시 '아기 업게'라고 아시나요? 아기 업어주는 사람을 '아기 업게'라고

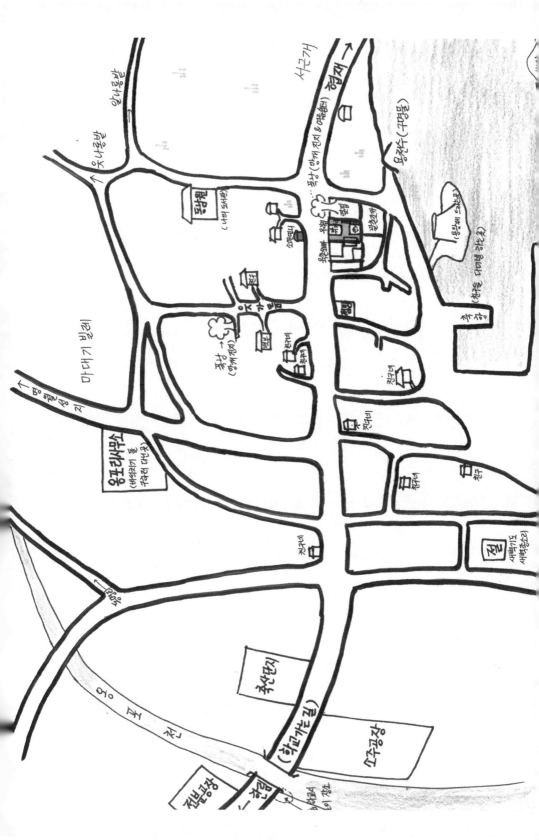

불렀는데, 저는 아기 업게를 많이 했어요. 막내라 업어줄 동생이 없어서 옆집 아기도 업어주고, 뒷집 아기도 업어주곤 했어요. 아기가 아기를 업었다고 동네 어른들이 놀려대도 저는 의젓하게 아기를 업고 있었지요. 그때 아기 업게를 하지 않았다면 지금보다는 키가 좀 더 크지 않았을까요?

가까운 친척들은 섯동네에 가까이 모여 살았어요. 그중에서도 우리 집과 육촌 오빠네 집은 창고 건물이 맞닿아 있었는데, 창고 위를 옥상으로 만들어서 서로 건너다닐 수도 있었어요. 그곳으로 사람이 오가고 음식을 나누고, 여름밤에는 옥상에 앉아 바다를 보면서 이런저런 이야기를 나누었지요. 모험 떠나는 것처럼 이 옥상을 건너고 뒷집 담을 넘어 칠촌 조카네 집에 놀러 가길 좋아했어요. 나이 많은 칠촌 조카네 집에서 아기 구덕을 흔들어 아기를 재워주기도 하고 업어주기도 하고 같이 놀기도 하면서 지냈어요. 그곳이 저에게는 또 다른 놀이터였던 셈이지요.

우리 집 대문엔 비를 피할 수 있는 평평한 지붕이 있어요. 아버지는 옥상보다 대문간을 더 좋아하셔서 여름밤이면 이곳에 돗자리를 깔고 쉬곤 하셨어요. 저는 아버지 옆에 누워 밤하늘의 별을 찾아보곤 했어요. 지금처럼 가로등도 많지 않아 주변이 밝지 않던 때라 여름밤 별을 보기엔 더할 나위 없이 좋았어요. 생각해 보면 그때는 은하수도 잘 보였던 것 같아요. 지금은 차를 타고 산으로 올라가도 주변의 빛 때문에 별 보기가 어려운데 말이지요.

우리 집은 바다 가까이에 있어서, 여름밤에 사방이 고요해지면 파도치는 소리가 들렸어요. 저는 바닷가에서 나고 자랐지만, 바다에서 노는 것은 그다지 좋아하지 않았고 보는 건 좋아했어요. 특히 비양도 뒤로 지는 석양과 석양에 물든 바다를 아주 좋아했어요. 어릴 때 해녀 물안경을 끼고 바다를 들여다봤는데, 모든 게 홀렁홀렁 움직이고 다 커 보여서 무섭더라고요. 이 때문인지 바다는 무서운 곳이라는 선입견이 생겨, 동네 아이들은 밀물 때 첨벙첨벙 다이빙도 하고 물놀이도 했는데 저는 거의 하지 않았답니다. 한번은 친구들이 같이 바다에 가자고 해서 어쩔 수 없이 따라갔어요. 다들 신나게 다이빙을 하는데 수영을 못하는 저는 심심해서 물안경으로 물속을 보고 있었죠. 그런데 순간 제가 바다에 빠져 있더라고요. 물안경을 들고 있으니 당연히 수영할 거로 생각한 누군가가 장난삼아 밀어버린 거지요. 다행히도 내가 수영 못하는 아이라고, 빨리 꺼내 주라고 친구들이 소리쳐서 간신히 건져졌어요. 이 사건 이후 바다를 더 멀리하게 되었지요. 어쩌다 어머니와 함께 보말을 잡기도 했지만 대체로 어머니가 소라나 오분자기를 캐서 망태기에 담아주면 그것을 지키는 역할을 했지요.

제주 해안가에는 용천수가 나오는 곳이 있어요. 1년 내내 물이 나오는 곳도 있지만, 여름에 큰비가 왔을 때만 물이 흐르는 곳도 있어요. 우리 집 근처에는 구명물이라는 용천수가 여름 한 철 잠깐 흘렀는데 엄청 깨끗하고 시원했어요. 동네 사람들은 주로 이불 같은 큰 빨래를 하러 왔지만, 집이 가까운 저는 작은 빨래도 이곳에 와서 했어요. 빨래를 구명물 주변 바위에 널어서 말리는 동안 물놀이를 하다가, 나중에는 나도 빨래처럼 바위에 엎드려 몸을 말리곤 했죠. 친구들이 큰 바다에서 여름을 보냈다면 저는 구명물에서 여름을 보낸 셈이지요. 지금은 하수처리장 공사를 위해 주변을 매립하는 바람에 구명물이 사라져버렸지요.

당시 학교에 가려면 제 걸음으로 30분쯤 걸어야 했어요. 그때는 버스가 많지 않고, 버스 탈 돈도 없어서 늘 걸어 다녔어요. 초등학교 입학할 때 막내 오빠는 중학교에 진학해서 저는 초등학교를 혼자 다녔어요. 학교에 걸어가면서 혼잣말도 많이 하고, 돌멩이를 차기도 하고, 이것저것 보이는 모든 것에 말을 걸거나, 책이나 TV에서 본 이야기를 떠올리며 즐겁게 다녔지요.

학교 다니면서 중동네, 동동 친구들을 알게 되었는데 동갑내기가 꽤 많았어요. 아이들과 친해지니까 함께 모여 집으로 오기도 했어요. 더운 여름이면 귀가길에 옹포천 다리 아래로 내려가서 시원한 물에 발 담그고 더위를 식히기도 했죠. 처음엔 발만 담그자 했다가 결국 물놀이까지 하고는 볕에 나와 몸을 말렸어요. 물놀이 하다가 허기지면 가까운 친구네 집에 들러서 이것저것 찾아 먹었어요. 맨밥을 물에 말아 김치나 장아찌 하나 얹어 먹었는데도 그때는 그게 아주 맛있더라고요. 식구가 많은 친구네는 김치를 아주 쪼그맣게 썰어 두었는데, 저는 그게 신기해서 그 김치를 꽤 많이 먹었어요. 다음날 그 친구가 엄마한테 김치 때문에 혼났다고 해서 아주 미안했죠.

우리 마을과 서쪽 옆 마을은 집 한 채도 없이 왼쪽은 산과 밭, 오른쪽은 바다인 길로 길게 이어져 있어요. 이 길을 '서근개'라고 부르는데, 오래 전에는 도깨비불이 종종 나왔다고 해서 어른들도 밤에는 혼자 다니길 꺼렸어요. 최근 뉴스를 보니 70여 년 전에 비양도와 옆 마을 바다 사이에서 일본 군함 3척이 침몰하는 사건이 있었대요. 이 사고로 일본군 660여 명 중에서 160명만 살아남았다더군요. 침몰한 군함 3척 중 1척만 발견되고 2척은 발견되지도 않았다고 하고요. 이런 사연 때문에 서근개가 무서웠던 건 아닐까 생각이 들었어요. 지금은 서근개에 카페와 호텔, 식당 등이 들어서서 환히 밤을 밝히고 있더라고요. 서근개의 어둠은 옛말이 되었습니다.

우리 밭 중에는 '명월성 안 밭'이 있어요. 그냥 밭 이름이려니 하고 별 의미를 두지 않았는데 제주 역사를 공부하다 보니 '명월성'이 정말로 있었던 거예요. 명월성은 조선 시대 전략적 요충지 9진성의 하나로, 비양도 근처에 출몰하는 왜구를 방어하기 위해 쌓았대요. 지금은 성벽 일부만 복원되었지만 원래 둘레 9.4km, 높이 2.4m 규모였고, 성안에 물이 풍부해서 진성으로서 으뜸이었다네요. 고려 시대에는 옹포 포구를 명월포라고 불렀대요. 최영 장군이 이곳 명월포로 군대를 이끌고 들어와서 목호들이 일으킨 난을 토벌했다고 하네요. 최근 동네 바다를 걷다 보니 표지석이 있더라고요. 어릴 적에 이런 사실을 알았더라면 마을을 조금 더 귀하게 여기지 않았을까 싶었어요.

동네에 '마대기빌레'라는 곳이 있어요. 조선 시대에 여러 목장에서 몰고 온 진상 말들을 배에 싣기 전에 대기시키던 곳이래요. 그래서 '마대기빌레'라는 이름이 생긴 건데, 저는 이곳에 담긴 역사적 의미는 모르고 이 또한 그냥 이름인가 보다 했던 거죠.

고학년 역사 공부를 어떻게 지도할까 고민하다가 마을배움길연구소 문 소장님께 자문했더니 내 마을 역사부터 알아보는 게 진짜 역사 공부라고 하셨어요. 그런데 정작 우리 마을 역사는 찾아보지도 않고는 없을 거라고 지레 단정한 거죠. 마을에 담긴 이야기를 아는 것이 마을에 대한 생각이나 감정에 얼마나 큰 영향을 줄 수 있는지 생각하게 되었어요.

단순히 마을지도를 그리고 내 이야기를 해봐야겠다고 시작했는데 내가 나고 자란 마을을 다시 보는 계기가 되었어요. 제대로 알지도 못하면서 마을 이름 때문에 촌스럽다고 생각했는데 이런저런 마을 이야기를 알게 되니 자긍심이 생기네요. 조만간 마을을 구석구석 걸어봐야겠어요.

명신 샘~ 너무 재미있어서 한숨에 읽었어요. ^^ 읽으면서 옆에 있는 미자 샘한테 계속 기연샘 이야기 너무 동화 같다 하면서 봤답니다. 바다의 출렁임과 별이 눈에 선한 이야기에 가슴이 설레네요.^^

윤정 소꿉놀이하던 친구랑 언니 이름도 다 기억하시네요. 왜 전 기억이 하나도 없을까요? ㅠㅠ 보말, 오분자기…. 맛있는 해산물은 원 없이 드셨을 것 같아서 부럽네요. ㅋ 기연샘 엄마도 물질을 하신 거예요?

기연 저희 엄마는 물질을 하다 그만두셨어요. 해녀가 아니라서 바다에서 나는 것들을 풍족하게 먹고 자랄 수 있었어요. 해녀들은 다 판다고 잘 안 먹거든요.

윤정 아 그렇구나…. 새로운 사실을 알게 됐네요. 해녀 하니까 작년에 에바알머슨이라고, 스페인 화가인데 제주 해녀를 모티브로 그린 작품 전시회를 우리나라에서 해서 보러 갔어요. 그림이 동화 삽화 같기도 하고 대중에게 친근하게 다가갈 만한 그림체?였거든요. 해녀의 삶에 대해 우리나라 사람들에게 들은 바는 없고, 서구세계 사람 눈을 통해 우리 해녀를 보게 되는 게 좀 생경하기도 했고, 기분이 묘했어요.

미숙 기연샘~ 반가워요!! 제주도 이야기는 낯선 말(서근개, 삼동, 폭낭, 웃가름, 구명물 등)들로 더 신비롭게 느껴져요. 대문 위 평평한 곳에 누워 파도 소리 들으며 별을 보는 모습은 한 편의 그림이 되어 떠오릅니다.

마당에서 놀다

김경희(제주, 1970년대생)

어린 시절과 고향 제주도의 모습은 흐릿한 장막에 가려져 있었다. 서울 평화샘 선생님들과 마을지도 이야기를 되풀이하면서 흐릿한 기억이 조금씩 선명해졌다. 함께한 시간만큼 이제는 마음속 이야기까지 툭 터놓을 정도로 신뢰가 쌓였다. 언제 놀았던가, 누구와 놀았던가, 어디서 놀았던가, 무엇을 하며 놀았던가, 평화샘 모임에서 각자의 마을지도 이야기를 나누는 동안 가장 먼저 떠오른 장소는 우리 집 마당이었다.

가장 어릴 적 마당의 기억부터 떠올려 본다. 난 할머니 초가집에 있었다. 마루 처마엔 제비가 집을 지어 마루에 똥을 싸댔지만, 할머니는 거적만 깔아두고 괜찮다고 하셨다. 초가집 안에 집 짓고 사는 제비들을 보려고 마루에 누워 천정을 쳐다보았다. 마루 안쪽엔 고팡[1]이 있었는데, 할머니 고팡엔 말린 고구마가 한가득 있었다. 여름엔 할머니가 말린 고구마에 당원

---

1) 창고의 제주도 토박이말

을 넣어 고구마 빼때기를 만들어 주서서 한 그릇 푸짐하게 얻어먹었다. 할머니가 사는 초가집 건너편에 우리 집이 있다. 슬레이트 지붕에 커다란 미닫이창이 있는 집인데, 작은 방에서 언니들이랑 여러 명이 다닥다닥 붙어서 잔 기억이 전부다. 가끔 아버지가 집에서 키우던 큰 개를 이리저리 산책시키시던 기억이 난다. 개가 내 몸보다 커서 아버지와 개가 마당에 나오면 무서워 집 안에서 나오지 못했다. 큰 개가 마당을 지키고 있어서 그랬을까, 아니면 너무 어려서였을까. 당시 마당은 내 구역은 아니었다.

본격적으로 마당이 내 놀이터가 된 것은 할머니의 초가집이 헐리고 그 자리에 우리 양옥집이 들어서면서부터다. 우리가 살던 슬레이트집은 할머니 집이 되었고 우리는 새집으로 옮겨갔다. 안방 창문으로 내다보면 빨래터와 감나무가 보이고, 화단엔 커다란 나스미깡[2] 나무와 철쭉, 용설란, 딸기, 귤나무, 향나무, 배나무, 사철나무 등이 보였다. 우리 방 창문 밖으로 내다보면 둥그런 화단에 팔손이나무와 자목련, 옥잠화, 개상사화, 주목, 유카, 종려나무가 있었고 예쁜 꽃도 가득했다. 난 꽃보다는 꽃에 모여드는 나비에 더 관심이 갔다. 둥근 화단 너머엔 할머니 집과 창고가 있고 그 사이로 대문으로 이어지는 작은 화단에 비파나무와 귤나무가 있었다. 대문 옆엔 화장실이 있었는데 돼지 키우던 화장실을 개조했다 들었다.

우리 집이 옛날 초가집 터여서인지 어느 순간 보니 형광등 아래 제비가 집을 지어 놓았다. 해마다 제비가 찾아들어 알을 낳았다. 새끼제비에게 열심히 먹이를 나르는 어미 제비와 먹이를 먹겠다고 목을 쭉 내밀고 입을 벌리는 새끼제비들을 경이로운 눈으로 쳐다보곤 했다. 어느덧 아기 제비들이 비행 연습을 할 때는 날갯짓하다 내 방으로 들어와서 퍼덕거리다가 창밖으로 날아올랐다. 손바닥에서 작은 날개를 파닥거리던 새끼제비의 작은 움직임이 생생했다. 개미와 쥐며느리가 기어 다니고 나무 위에 매미가 울고 벌이 윙윙거리는 햇살 좋은 봄날이 떠오른다. 또 화단의 꽃들 사이를 노닐던 각양각색 나비들 모습이 선명하다. 오후반일 때는 학교 가기 전까지 화단에서 나비를 쫓아다니며 놀았다. 정신없이 꿀을 먹고 있는 나비의 날개를 손가락으로 덥석 잡아 차롱[3]에 넣고, 뚜껑을 덮고, 꽃도 따다 차롱에 가득 넣어 주고는 한참을 이리 보고 저리 보다 풀어주었다. 나비가 날아간 자리엔 노랗고 하얀 가루가 가득했다.

소꿉장난은 내가 좋아하던 마당놀이다. 여러가지 꽃과 풀은 풍성한 찬거리가 되어주었다. 풀잎을 뜯고, 붉은 벽돌 가루를 갈아 넣어 김치를 담그고, 흙 반죽을 해서 떡을 빚고 꽃잎으로 장식한 다음 화단 울타리에 한 상 가득 차려낸다. 소꿉장난이 심심해지면 아버지가 바닷가에서 주워온 돌멩이를 들추면서 쥐며느리를 찾아 목장 놀이를 했다. 쥐며느리가 돼지가 되고 연탄 아궁이는 목장이 된다. 돌멩이를 쌓아 울타리를 만들고 그 안에 쥐며느리들을 가득 모아 놓았다. 열심히 모으다 보니 쥐며느리가 탈출하여 벽을 타고 기어오르는데 엄마가 그걸 보고 기겁을 하며 물을 뿌렸다.

한여름, 날이 뜨거워지면 마당은 매미 소리로 요란해진다. 난 매미도 좋다. 매미채는 없지만, 마당에서 놀다 보니 매미 잡는 방법을 어느 순간 터득했다. 소리 나는 곳을 자세히 보면 등이 까맣고 반들반들한 매미가 나무줄기에 딱 붙어 있는 것이 보인다. 날개 비늘은 투명하고 그물 모양이다. 날개 위쪽 양옆을 손으로 잽싸게 잡는다. 그럼 날개를 펼 수도 없어 꼼짝없

---

2) 하귤이라고 한다. 껍질이 두툼하고 신맛이 강했다.
3) 뚜껑이 있는 바구니

이 포로가 된다. 발가락에 갈퀴가 있어 매미를 나무에서 떼어낼 때 제법 거세게 저항하고 있음을 느낀다. 하지만 내게 날개 위쪽을 잡힌 이상 꼼짝도 못 한다. 배를 움찔거리고 다리를 세차게 젓는다. 매미를 나무에 붙였다 떼었다 하며 장난하다 손을 놓으면 물을 뿌리며 세차게 날아간다.

제주도의 여름 태풍은 매섭다. 세찬 바람과 함께 쏟아지는 비가 세상 모든 것을 삼킬 기세로 덮쳐든다. 창밖의 나뭇가지가 부러질 것처럼 휘날렸다. 창가에 잔가지가 부딪히기도 했다. 그리고 다음 날이면 언제 그랬냐는 듯 고요했다. 몇 차례 태풍과 장마가 지나면 마당에 물이 차올라 화단 울타리 아래까지 찰랑거렸다. 그러면 슬리퍼를 끌고 비를 맞으며 첨벙거리며 놀았다.

마당에서 낯선 동물이 등장할 때가 있었다. 할머니께서 가끔씩 오일장에서 오리를 사 오셨다. 오리가 며칠 동안 화단 사이사이를 쏘다니며 이것저것 부산스럽게 주워 먹었다. 그런데 며칠 지나 학교에서 돌아와 보면 없었다. 할머니가 잡아 드셨단다. 엄마는 그런 할머니를 싫어했다. 사실 좀 아쉽기도 하다. 시끄러웠지만 뒤뚱거리는 모습이 귀엽기도 해서 좀 더 키우길 바랐다. 그런 일이 여러 번 반복되니 그러려니 했다.

겨울엔 종종 선물 같은 눈이 내렸다. 허리까지 쌓였을 때 마당의 눈을 쓸어 담아 멋진 눈집을 만들었다. 뜨뜻한 봄비가 내리던 날, 정성스레 지은 눈집이 허물어져 아쉬웠다. 눈이 하얗게 내리던 날엔 유독 눈에 띄는 새가 있다. 평소에는 초록 나뭇잎에 가려 잘 보이지 않았다. 초록색의 작고 귀여운 동박새가 포르르 날아오를 때마다 귤나무에 쌓인 눈이 흩어져 예뻐 보였다.

마당은 엄마의 넓은 등이다. 마당 구석에 빨래터가 있었는데, 커다란 고무 대야에 물을 항상 가득 채워놓았다. 그 물을 마당 가득한 풀과 나무에 뿌려주고, 그 속에서 물놀이도 하고, 어쩌다 물속에서 꾸물거리는 실지렁이를 발견하면 한참 살펴보았다. 엄마는 볕 좋은 날이면 하루 종일 쭈그리고 앉아 빨래를 했다. 세탁기라는 편리한 물건이 생기기 전까지, 엄마가 빨래할 때는 난 감나무에 올라가거나 화단에서 나뭇가지를 줍고 돌멩이를 들추며 놀았다. 화단 가운데는 큰 나스미깡 나무가 있다. 다른 귤나무보다 크고 날카로운 잔가지가 가시처럼 나 있고 열매는 여름까지 노랗게 달려 있다. ―늘 집안일이 힘들지만, 엄마는 마당에 있는 나스미깡을 때마다 거두어 새콤하고 시원한 주스를 만들어 주셨다.― 한참 나무 위에서 화단에서 놀다가 엄마가 빨래를 널면 빨래 사이사이로 달리는 것도 재미있다. 빨래가 펄럭일 때마다 그 사이를 통과하거나 큰 이불 빨래 사이를 지나가 보는 것이다. 기껏 해 놓은 빨래를 가지고 이렇게 놀고 있는 걸 보면 속상하셨을 텐데…. 그때는 빨래 놀이가 재미있었다. 빨래에선 좋은 냄새가 난다. 마당에서 맡던 빨래 향은 내가 기억하는 가장 향기롭고 상쾌한 향이다. 따스한 햇살이 더해져서 더 그랬을까? 작은 키에도 빨랫줄에 걸린 빨래의 옷자락을 잡아당기면 옷을 잡고 있던 빨래집게가 똑똑 떨어지며 쉽게 거둘 수 있다. 바구니 한가득 잘 마른 빨래를 거둬 차곡차곡 개어 넣었다. 빨래를 갤 때도 놀았다. 수건 한쪽을 돌돌 묶어 머리에 얹으면 선녀 머리가 되었고, 긴 빨래를 허리에 두르면 긴 드레스가 되었다. 이렇게 놀면 엄마는 정상떤다[4]며 웃었다.

　큰언니가 결혼하던 날, 우리 집 마당은 사람들로 북적거렸다. 6학년이

───────────────

4) '모양내며 논다', '흉내 내며 노는 모습'을 이르는 말.

던 난 학교에서 돌아와 북적거리던 집안을 보고 놀랐다. 할머니 집과 우리 집 마당, 구석구석까지 손님맞이로 분주했다. 결혼 첫날은 온 집안이 잔치 음식을 장만하느라 분주했다. 그릇과 상이 들어오고, 천막을 치고, 창고 앞 에선 커다란 드럼통을 올려놓아 불을 피우고 돼지를 삶았다. 손님들에게 그 국물로 만든 몸국과 삶은 돼지고기, 순대를 대접했다. 창고는 임시 부엌 이 되고 난 사흘 내내 우리 집과 할머니 집을 넘나들며 언니의 결혼식을 지 켜보았다.

둘째 날은 형부와 형부 친구들이 와서 잔칫상을 받았고, 언니와 언니 친구들도 함께 웃고 떠들었다. 셋째 날은 학교 갔다 조퇴하고 돌아와 바 로 결혼식장에서 결혼식을 보고 친척들과 함께 큰언니의 시댁으로 향했 다. 큰언니는 시어머니가 차린 신부상을 받았다. 맛있는 음식이 가득한 한 상이다. 시댁 어르신이 밥뚜껑을 직접 열어주고 이것저것 반찬을 집어 주 었는데, 신부인 언니는 얌전히 밥을 먹었다. 함께 간 친척들은 흐뭇해했고, 잘살라고 덕담을 들려주기도 했다. 그리고 집으로 돌아와 그동안 사용했 던 밥상과 그릇들을 정리하고 함께 일해주신 삼촌[5]들에게 어머니께서 "속 아수다"[6] 인사하며 답례품을 챙겨드리면 사흘 동안의 잔치가 끝났다. 그 날 저녁 아버지와 엄마가 안방에서 부줏돈을 조심스레 정리하셨다.

그 후에도 둘째 언니와 셋째 언니 결혼식이 이뤄졌던 우리 집 마당은 구석구석 잔치 음식 만드는 구수한 냄새가 피어오르고 사람들의 흥겨운 이야기가 넘쳐났다. 엄마와 언니는 고운 한복을 입고 잔치에 오신 손님들

---

5) 어머니의 친구들을 일컫는 말
6) 수고했다

에게 인사를 하고, 나는 성대한 잔치의 주인공인 언니를 부럽게 쳐다보았다. 결혼한 언니들이 조카들을 데리고 왔을 땐 난 아이들을 봐야 했다. 엄마를 도와 분주하게 집안을 돌아다니며 일하는 언니들 대신 어린 조카들을 업고 여기저기 기웃거리며 구경했다. 조카들을 챙겨야 해서 큰언니 이후론 언니 결혼식을 쫓아가 구경하지 못해 아쉬웠다.

김장철이 되면 마당엔 배추가 산처럼 쌓였다. 엄마와 할머니가 마당에서 만나 공동작업을 한다. 한 울타리에 살지만, 할머니 집과 우리 집을 안크래, 밖크래라 부르며 각자의 부엌에서 할머니는 할머니대로 어머니는 어머니대로 독립된 부엌살림을 하시고 밥도 따로 지어 먹었다. 제주는 그렇다. 하지만 김장하거나 된장 간장 담글 때는 이렇게 함께하셨다. 열심히 배추를 다듬고 빨래터에 있는 커다란 고무 대야에 배추를 절인다. 절인 배추를 잘 씻는 일은 언니들과 내 몫이다. 소금물이 너무 차가워서 몇 포기를 씻어내면 손이 빨갛게 얼었다. 마당에 절인 김치를 펼쳐놓고, 김칫소를 큰 고무 대야에 가득 풀어놓고 김치를 버무렸다. 버무린 김장김치를 차곡차곡 정성스럽게 옥상 장독에 넣고 먹었다. 새봄이 오면 어머니께서 볕 좋은 날 장독을 깨끗하게 씻어 잘 말리고 간장, 된장을 담그셨다. 고팡 장독대는 각종 김치며 장을 담가 보관하던 소중한 공간이었고, 난 부엌에서 마당을 가로질러 고팡 장독대를 오르내리며 끼니때마다 간장, 된장, 김치 떠오는 심부름을 도맡아 했다. 장독대는 숨바꼭질할 때 숨기 딱 좋았고, 더운 여름밤 자리 깔고 누워 하늘 보기도 좋았다. 눈 오는 날이면 장독대에 오르는 계단에 쌓인 눈을 다져 미끄럼틀을 만들며 놀기도 좋았다.

대문 밖을 나가면 올레길[7]이 나오고, 올레길을 벗어나 큰길로 나가 사거리를 건너가면 내가 다니던 광양국민학교가 있다. 오래된 학교라 그랬는지 학교 운동장엔 아름드리 플라타너스 나무가 많았다. 난 나무 아래에서 개미집을 찾아다니며 놀곤 했다. 학교 개미는 갑옷을 입은 것처럼 까맣고 턱이 매우 단단했다. 그 모습이 멋있어서 한 병 가득 잡아 집 마당에 풀어주었다. 어느 날 할머니께서 집에 개미가 왜 이리 극성이냐고 했을 땐 가슴이 뜨끔했다.

학교 끝나고 운동장에서 놀다 집에 돌아가면 엄마의 콩나물, 두부 심부름만 하고 자유시간이다. 우리 집 앞 전봇대에서 동네 아이들과 술래잡기를 했다. 두 팀으로 나눠 잡기 놀이를 하는데, 맞은편 희란이 언니네 집 마당과 우리 집 마당을 진으로 해서 서로 넘나들며 놀았다. 전봇대에서 붙잡혀 있다가 우리 팀이 와서 풀어주면 냅다 도망쳤다. 희란이 언니네 집 마당은 우리 집처럼 나무와 꽃이 많지 않았다. 마당 가운데엔 커다란 평상이 있고, 마당 구석엔 돼지 화장실을 치우지 않고 그대로 놓아둬서 가끔씩 재미 삼아 올라갔다가 곧 후회하고 내려왔다. 삐걱거리는 돼지 화장실 문을 열고 올라가 아래가 훤히 보이는 나무 판에 발을 올려놓으면 밑이 뻥 뚫린 데다 괴어놓은 돌멩이 사이로 뭔가가 쑥 얼굴을 내밀고 올라올 것 같았다.

희란이 언니네 집은 공부 강습[8]을 해서 그런지 늘 아이들이 많았다. 그 집에 가면 고양이도 있고 재미난 백과사전과 그림책도 있었다. 언니들이 공부할 때 나도 슬쩍 들어가 기웃거리다 책상 구석으로 비집고 들어가

---

7) 골목길의 제주도 토박이말
8) 과외를 그땐 강습이라고 했다.

면 꼭 고양이가 싸놓은 오줌을 밟았다. 희란이 언니네 집 돌담과 올레길을 둘러싼 동네 돌담은 재미난 구경거리였다. 구멍 하나하나 자세히 살펴보면 그 구멍 속에 꼬무락거리는 작은 벌레들이 살고 있었다. 손가락을 대면 구멍 안으로 쏙 숨었다. 아직도 그 벌레의 정체가 궁금하다.

돌담을 돌아 다시 우리 할머니 집에 쏙 들어가면 항상 뭔가를 열심히 매만지고 계신 할머니를 만났다. 보리쌀을 널어 말리거나 부엌에서 지실[9]을 삶거나 콩잎을 다듬고 계신다. 간혹 할머니가 마루에 앉아 참빗으로 머리를 정성스럽게 빗질하시고, 곱게 땋아 감아올려 쪽을 지고 단정하게 매만지신 다음 빠진 머리카락을 모아 돌돌 말아 돌담 사이사이에 끼워 놓으셨다. (왜 거기 모아 두셨는지는 모르겠다.) 머리카락 뭉치가 제법 모이면 모아둔 고물과 함께 고물 장수에게 팔아 엿이며 보리빵을 사주셨다. 난 단팥이 가득 든 보리빵을 좋아해서 올레에서 "보리빵 삽서!" 소리를 들으면 설렜지만 망태를 든 모습을 보면 왠지 무서웠다.

집 앞 올레길엔 사람들이 많이 지나다녔다. 아이들과 놀고 있으면 엿이나 보리빵, 아이스크림 장수도 지나간다. 놀고 있는 아이들을 괜히 야단치면서 지나가는 아저씨도 있었다. 한번은 해질녘까지 동네 아이들과 술래잡기 놀이를 하고 있었는데, 한 무리 염소 떼가 우르르 지나가는 것이다. 한참 뒤 어린 염소를 질질 끌며 도망간 염소들을 찾으려 헤매는 아저씨가 나타났다. 염소 떼를 찾고 있단다. 나도 친구들과 함께 염소를 찾으려고 시청 앞을 지나 동광양까지 뛰어갔다. 지금도 생각하면 어린 염소가 겁에 질려 얇은 다리를 후들거리던 모습, 술 냄새 풍기며 염소를 찾으려고 허둥

9) 감자

대던 아저씨 모습이 떠올라 애잔하다.

점점 제주시가 번화가가 되고 동네에 큰 상가가 들어서기 시작했다. 우리 집과 마주 보던 희란이 언니네도 이사 가고 집이 헐리고 상가가 들어섰다. 3, 4층으로 높인 건물로 사방이 둘러싸이게 되고 골목길엔 아이들이 하나둘 사라졌다. 마당과 골목길에서 놀지 않게 되었을 때, 나는 고팡 장독대에 올라 마당을 내려다보거나 하늘을 쳐다보며 생각에 잠기곤 했다. 우리 집도 2층을 올리게 되었고, 감나무 빨래터가 내다보이는 우리 집을 세주고 2층 넓은 집으로 옮긴 후엔 엄마도 더 이상 마당에 빨래를 널지 않았다. 김장을 하거나 장을 담그지도 않으셨다.

나의 마당은 어른이 된 후에도 종종 꿈에 나타났다. 마당에서 뛰어노는 꿈이나 마당을 환히 비추던 별똥별이 내 안으로 떨어지는 꿈을 꾸기도 했다. 어떤 날은 마당에서 날아오르는 꿈을 꾸다 빨랫줄에 걸려 깨어나기도 했다. 마당에 있던 나무 열매를 따서 손에 꼭 쥐어보는 꿈을 꾸기도 했다. 지금도 아버지께서 제주도 그곳에 살고 계신다. 이젠 마당은 없다. 마당이 있던 자리는 건물이 들어섰다. 장독대가 있던 곳도 허물어졌다. 감나무도 빨래터도 없다. 그때 있던 향나무와 종려나무 몇 그루만 남아있을 뿐…. 아득한 옛 기억이 되었다.

내 이야기를 풀어가다 보니 서울평화샘들이 가장 흥미로워하던 이야기가
육지와 너무 다른 결혼풍습이었다. 20대를 서울에서 보내고 육지 사람과
결혼하여 지금껏 서울에서 살아왔기에 어릴 적 인상으로 그려진 제주 결혼
을 구체적으로 설명하긴 어려웠다. 제주도에 계신 아버지와 둘째 언니에게
전화로 여쭈어보았다. 마당을 무대로 사흘 동안 온 동네 사람들과 어우러
져 열리던 제주의 결혼 이야기를 제주말 그대로 소개해본다.

아버지의 기억

나   아버지, 경희우다. 근데 궁금한게 이신디예. 제주도에서 결혼 어떵했는지
자세히 골아줍서.

아버지 결혼, 무사?

나   기억이 가물가물해서마씸. 옛날에 돼지도 잡고 한 것 같은디 어떵 결혼해
수꽈? 여자는 사흘잔치고 남자는 이틀잔치라고 들어수다.

아버지 나도 그거 잊어부런. 가문잔치한다고 했지. 가문, 집안잔치한다고 해가지
고 결혼 전날부터 친족들이 집에 온단 말이야. 지금은 그런 풍속이 없지.
집집마다 결혼 전날부터 음식 차려놓고 동네 사람들 오면 맥이고 했져. 그
럼 음식 준비하려고 하면 그 전날부터 음식을 준비하니까 사흘이 되지. 음
식 준비하고 가문잔치하고 결혼하고….

나   그래서 사흘 잔치를 했다고 하는구나예. 결혼식 할 때는 돼지고기를 먹었
는데 제 기억으로 집에서 삶았던 걸로 기억하는디예.

아버지 지금도 돼지고기지, 소고기는 비쌍 할 수 없잖하게.

나 그럼 그 돼지고기는 어떻게 마련해수꽈?

아버지 옛날에는 다 집에서 돼지를 잡고, 돼지 잡는 사람 데려다가 돼지를 잡아가지고 집에서 한 거지. 순대도 만들고 동네에서 돼지 잡는 사람이 한두 사람 있어가지고 그 사람이 돼지를 잡고 나중에 또 그것을 손님들 앞에 대접하기 위해 돼지고기를 썬다 말이야. 얇게 접시에다가 한 사람 한 사람 나눠주는데 써는 것도 그 사람이 다 하더라고.

나 돼지는 집에서 키운 돼지를 잡아수꽈?

아버지 집에서 잔치하기 위해 가지고 돼지를 잘 맥이고 살찌우는 사람도 있고, 또 그것이 안 되면은 돼지를 사다가 집에서 잡는다고….

나 아버지는 집에서 키운 돼지를 잡아수꽈.

아버지 아니지, 사 왔지. 허허. 성희(큰언니) 잔치할 때다가 집에서 돼지 잡는 거 봐 났지?

나 네 제 기억으론 고팡 앞에서 잡았던 것 같은디예.

아버지 그렇지. 돼지를 집에까지 몰고 왕 집에 와서 집에서 잡았지.

나 그때는 그게 가능했네요.

아버지 요즘은 돼지 몇 근 주문하면 그대로 삶아가지고 가져온다게.

나 아버지, 몸국은 잔칫날 먹어수꽈?

아버지 어 몸국 먹었지. 근데 대개 잔칫날은 몸국 아니고 잔칫날은 깨끗한 국을 끓이고 몸국은 전날 먹었지. 잔칫날은 깨끗한 생선국을 대접했지.

나 아하 그럼 돼지 잡은 날에 몸국을 먹어수꽈?

아버지 그렇지. 잡은 돼지를 삶아야 되잖아. 삶을 때다가 기름도 많이 뜨고 하믄 그 기름에다가 몸을 넣고….

나　톳이꽈?

아버지　톳 비슷한 거지 더 가늘고 부드럽지. 잔칫 전날 돼지를 잡고 음식을 준비
하니까 몸국은 그 전날 먹는 거지. 돼지 삶은 물로 몸국을 끓이는 거지. 간
장 소금으로 간하고 몸을 넣으면 몸국이 되는 거지.

나　아. 정말 제주도 결혼 풍습은 참 신기해수다예. 아버지 고맙수다.

아버지　알았져. 허허.

제주도 전통 결혼을 했던 둘째 언니의 기억

나　언니, 난 결혼은 육지에서 해가지고 제주도 결혼은 어릴 적 기억밖에 어성
언니 결혼할 때 얘기 해줍서.

언니　무사? 제주도 결혼 하믄 그렇지 가문잔치라고 해서 결혼 전날 여자 집에
서 결혼 잔치를 핸. 친척들이 오면 난 한복 차려 입어서 친척들한테 인사했
어. 어머니가 "야이가 결혼하는 아이우다." 소개하믄 계속 인사하래 다녔
네. 그다음 날 신랑이 시댁 친척들이랑 다 같이 와서 함을 가지고 와서 사
돈 연맹이라고 해서 신랑 친척하고 신부 친척하고 서로 인사를 해.

나　마치 상견례처럼 말이우꽈?

언니　약혼도 했지만 결혼식 날 아침에 그렇게 하지 그런 다음 신랑상을 떡 벌어
지게 차려주지. 참, 함 받기 전에 문전제랑 조상님들한테 제를 지내지. "야
이가 오늘 결혼하는 아이우다. 오늘 집안에서 나감수다." 하면서 제를 지낸
다음에 사돈들이 함을 가지고 오면 함을 받고 사돈 연맹을 하고 신랑상을
차려 대접하는 거지. 사돈들한테도 그렇게 상을 차려주고 그런 다음 결혼
식장으로 출발하지.

나   언니야, 지금 결혼식이랑 같은 결혼을 하는 거지요?

언니   그렇지. 지금처럼 결혼하는 거지. 식이 끝나면 어머니는 집으로 가시고 아버지랑 고모 언니 등 신부 친척들이랑 신랑집으로 가지.

나   어머니는 안가고예?

언니   신붓집에 올 때도 시어머니는 안 와. 서로 몇 분 정도 오시면 조쿠다 하고 사전에 미리 말행 대접하지. 인원수는 신붓집 신랑집 능력만큼 하는 것 같애. 경행 신랑 집에서 신랑 신부를 기다리지.

나   결혼식 끝낭 뭐해수꽈?

언니   친구들이랑 드라이브를 한 번 하지. 드레스 입엉 애월 해안도로 쪽으로 강 사진 찍었지. 차도 빌리지. 신랑 신부 차랑 친구들 차도 미니버스 비슷한 걸 빌렁 드라이브했어.

나   어머니가 음식도 챙겨주셨수꽈

언니   한두 시간 정도라서 음식 먹을 시간이 없었지. 그냥 간단한 음료 정도 마시고 드라이브하고 사진 찍엉 돌아완. 신랑 신부 말고도 부신랑, 부신부가 있어서 그날 하루 온종일 함께 돌아다니멍 챙겨줘야지. 신랑, 신부 일을 부신랑, 부신부가 알앙 다 챙겨줬었지. 드라이브 끝나믄 신랑집에 가서 한복으로 갈아입고 폐백 비슷한 것을 드리지. 육지서 하는 폐백은 아니고 한복 입고 간단하게 신랑 친척들에게 인사드렸지. 그리고 사돈들끼리 또 인사를 나누고 신랑 신부가 큰 상을 받았어. 상도 온상기라고 해야 하나 하여튼 뚜껑 있는 그릇으로 여러 가지 음식을 담아서 대접받았어. 그리고 신부상은 시댁을 대표하는 큰 형님이 상을 갖다줘. 경행 친정 식구들하고 친구들하고 다 같이 밥 먹고 아버지랑 친척들이 가시고 다음 날 신혼여행 갔지. 음식을 하려면 가문잔치 전날부터 준비하니깐 삼 일 잔치한다고 했지. 내일 결혼한다고 하면 신붓집은 보통 전날 가서 축하해줬어. 음식도 종일 준비했어. 그릇들 상들도 빌리고 방도 치우고 답례품도 준비하고 정신없이 준비했지. 결혼식 온 사람들한테 다 답례품을 준비하고 식사도 하고 잘 챙겨 보냈지.

나   맞아 엄마가 손님들한테 답례품도 따로 챙겨드렸지예.

언니   답례품을 안 주면 인정머리 없다고 여겼고 다들 잘 챙겨드렸던 것 같아. 엄마가 결혼식에 와서 일 도운 사람들은 정말 잘 챙겨서 보내줬지.

나   제주도 결혼이 정말 복잡했네요. 어릴 때 정신없이 마당과 우리집, 할머니 집을 돌아다니당 방구석에서 잠들었던 기억이 남수다.

언니   복잡하고 큰일이었어. 먹고 살기 어려운 시절이라 모두 다 따로따로 챙겨주려고 했던 것 같아. 제사 때도 아이들도 반[10] 하나씩 다 챙겨줬잖아. 제사상에 올라간 음식도 접시에 이것저것 다 나눠서 다 챙겨줬었던 것처럼 결혼식 때도 온갖 사람을 다 챙겨줬었지.

나   언니 한복도 다른 게 입었던 것 같은데예?

언니   한복도 결혼 전날은 부모님이 해주신 한복을 입고 결혼 당일날은 신랑 쪽에서 해준 한복을 입었어. 결혼 비용도 모두 남자 쪽에서 부담했지. 음식은 각자 집에서 부담했어도 결혼 비용은 남자 쪽에서 더 많이 제주에서 결혼하면 확실히 결혼한다고 생각하겠다고 친구가 이야기했던 기억이 난다. 결혼식 완전 지치는 날, 전날은 친척들 올 때마다 인사했지. 한복입엉 있으면 "야이가 이번에 결혼하는 아이마씸." "아이고 야인가. 야이 이름이 뭐라?" 하믄 "야이가 진희우꽤." 하면서 친척들 얼굴 익히고 온 손님들한테 일일이 인사하면서 축하받고 따로 부주도 받지. 또 전날 신붓집에서 사돈연맹을 하고 당일날 신랑집에서 사돈연맹을 하니깐 사돈끼리 서로 저절로 알아지게 되지. 요즘 결혼은 사돈이 누군지 조차 모르잖아.

나 맞아요. 전 사돈이 누군지 잘 몰라요. 처음 보면 너무 낯설죠.

언니 이제는 없어졌어. 이젠 당일날 결혼하고 음식점에서 밥 먹고 끝내지. 옛날에는 하루종일 놀당가고 또 와 밥 먹고 가고 그랬는데… 하지만 그래도 지금은 예식 끝나도 식사는 하루종일 식사하고 또 코로나 때문에 짧아져도 반나절은 손님맞이를 한다게. 그래도 답례품 풍습은 그대로 남아 있어.

나 어머니는 그 많은 잔치 음식 장만할 때 어떻게 해수꽈?

언니 친목에서 왔지, 동네에서 그릇 빌리면 요리하는 삼촌들이 와서 상이랑 세팅해줘. 그리고 결혼 끝나면 싹 정리행 갔지. 이것저것 다 친목에서 또는 친척들도 도왔지. 그때는 정말 힘들었던 때라. 큰일이 있으면 서로서로 도왔지. 그것이 미덕이었어. 지금은 없어졌지만, 특히 경조사 일은 중요해서 엄마가 친목회에서 활동을 많이 했어. 그런 거 없이 지내면 사람들이 저 집은 도새기[11]같은 집이랭 욕했지. 그런 인사도 꼭 해야 했지. 그때는 그랬어. 그거 물어보잰 전화했구나. 아이들은 잘 지냄지? 학교 나가멘?

나 아이들 잘 지냄수다. 고맙수다.

언니 제주도 사람인데 풍속을 모르면 되나. 언니들 결혼하는 걸 봤는데도 기억이 안남시냐? 너도 알만한 나이인데..

나 어릴 때 기억이라… 고등학교 졸업하고 서울에서 살고 육지 사람이랑 결혼행 무심하게 살아부난 기억이 잘 안 나수다. 언니 결혼 이야기 들으니까 너무 좋수다. 고맙수다.

언니 알안. 잘 지내.

---

10) 한 사람이 챙겨 받는 제사음식.
11) 돼지. 욕심꾸러기를 빗대어 하는 말.

2년살이 전학생에게 우리 동네는 어디일까?

최우정(충북, 1970년대생)

저는 초등학교만 네 군데를 옮겨 다닌 전학생이었어요. 아빠 직장 따라 짧게는 1년, 길게는 2년마다 이사와 전학을 반복했거든요. 그러다 보니 어디에도 마음을 두기 어려운 어린 시절을 보냈지요. 그래서인지 전학생이 많은 세종의 아이들이 학교에 마음을 두지 못하고 겉도는 것을 볼 때면 더욱 마음이 아프네요.

나의 옛 동네란 어디일까? 어린 시절의 동네라…. 눈을 감고 어린 시절을 떠올려 보니, 동네 모습이 그림 그려지듯 선명한 곳은 친구도 많고 추억도 많았던 신단양이 아닐까 해요. 전학갈 때면 학급 아이들, 동네 아이들 텃세로 학교 가기 싫었는데, 신단양의 친구들은 첫날부터 환대해 주었거든요. 서로 자기랑 놀자고 제 양팔을 잡아당기며 웃던 친구들의 모습이 지금도 영화 장면처럼 떠오르네요.

학교와 가까워야 공부를 잘할 것으로 생각하신 우리 부모님은 늘 학교 바로 앞에 집을 구하셨는데, 그때의 우리 집도 학교 정문 앞 세 번째 집이었어요. 첫 번째와 두 번째 건물은 가정집이 아니었기 때문에 실제로는 우리 집이 정문 앞 첫 집이었지요. 운동회 날엔 점심을 집에서 먹고 다시 학교로 가기도 하고, 등교 시간 5분 전에 집을 나서는 혜택을 누린 기억이 나네요. 아래 골목집에 사시던 선생님 자취방에 놀러 가서 당시 비쌌던 유리병에 든 썬키스트 주스를 와인 잔에 마셔본 기억도 나고요.

집 앞 수퍼 대청마루에서 동네 친구들과 공기놀이를 하고, 수퍼 옆 가로등 기둥에 고무줄을 묶어놓고 엄마가 저녁 먹으라고 부를 때까지 골목 친구들과 고무줄놀이하던 시절. 당시에는 골목 친구들끼리만 어울려 노는 동네 문화가 있었어요. 학교 운동장에서는 다같이 어울려 놀면서도, 동네에서는 아랫골목파, 윗골목파로 나뉘어 싸우곤 했었지요. 서로 자기 골목에 오지 말라구요. 생각해 보니 제 놀이 자원은 전부 신단양에 살던 3, 4학년 시기에 만들어졌네요. 5학년 때 전학 간 동네에서는 친구들과 깊은 관계를 맺기가 참 어려웠거든요.

골목에는 늦은 저녁이나 새벽에 집을 나와 부부싸움을 하는 친구의 부모님이 계셨는데, 자식들이 싸우는 소리를 들을까 봐 나와서 싸우시는 것이라고, 엄마가 어디 가서 말하지 말라고 하시던 일도 생각납니다. 그 집 아이들이 그 사실을 모르기를 바라는 우리 동네 사람들은 그 집 아이들에게 아무도 말하지 않았는데, 동네 사람들끼리의 암묵적인 약속이 있었던 것 같아요. 지금 생각해 보니 그 아이들이 진짜 몰랐을까? 하는 생각도 들지만, 동네 사람들 모두 그 비밀을 감추어준 것이 참 따뜻하게 느껴집니다.

초등학교 후문 방향으로 가다보면 나오던 동네 시장도 눈에 선합니다. 학교 후문 쪽 분식집의 50원짜리 핫도그, 시장 입구의 큰 비치 파라솔 아래서 팔던 50원짜리 호떡, 시장에 따라갈 때마다 엄마가 사주던 사라다 빵집

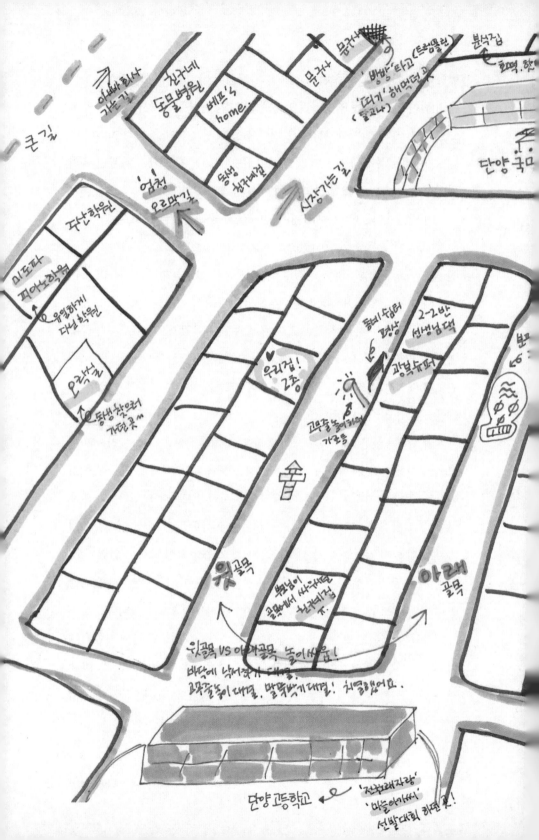

까지…. 아! 꼬리를 흔들어주던 큰 누렁이! 큰 개가 갑자기 어디선가 나타나 제 등 뒤에서 덮치는 바람에 저는 아직도 개를 무서워해요.

골목 왼쪽으로 난 비탈길을 올라가면 큰 길이 나타나는데, 그 주변에는 상가가 형성되어 있어요. 가기 싫어 땡땡이치던 은파 피아노 학원, 주산학원, 친구네가 하던 동물병원이 생각나네요. 그리고 그 길을 쭉 따라 한참 걸어가면 아빠가 다니시던 회사가 있던 것도요. 가끔 동생들과 아빠 퇴근 시간에 맞추어 아빠 회사로 가던 그 길. 당시엔 차도 많고 길도 넓다고 생각했는데, 동생들과 그 길을 다시 걸어보고 싶네요.

그 시절, 가장 기억에 남는 일이 두 가지가 있는데요. 첫째는 열한 살 여름에 난 홍수예요. 우산이 뒤집히고, 비탈길에서는 폭포처럼 물이 쏟아져 내려 비탈길을 거슬러 학원으로 갈 수 없을 정도였으니 비가 엄청 내렸죠. 아래 골목 쪽으로 내려가면 남한강변이 나왔는데, 곧 강물이 범람한다는 소식에 친구들이랑 겁도 없이 강변으로 내려가 구경을 했어요. 냉장고 같은 세간살이가 둥둥 떠내려오기도 했고, 소 돼지가 떠내려가는 걸 보았다는 친구들도 있었는데, 당시 더 대단한 것을 보았다는 것이 학교에서는 영웅담이 되던 때라 친구들 이야기가 어디까지가 진짜였는지는 모르겠네요. 하지만, 그 홍수로 수재민이 대거 생겼고, 신단양 윗동네에 수해로 터전을 잃은 가족들을 위한 동네가 새로 조성되던 것, 그 동네에 새 학교가 생겨 친구들이 전학가게 된 일까지…. 지금 생각해 보니 가장 감정의 동요가 많았던 시기였어요.

또 하나 기억에 남는 일은 마을 축제랍니다. 우리 집 골목 초입에는 신단양초등학교가 있고 골목 끝에는 단양공고가 있었는데, 어린 시절 제가 본 가장 큰 행사가 바로 단양공고에서 했던 '마늘 아가씨 축제'였어요. 당시

는 〈전국노래자랑〉을 마늘 아가씨 축제에 이어서 같이 했는데, 어른들이
자리를 마련해 주셔서 저와 제 친구들은 맨 앞줄에서 볼 수 있었어요. 꽤 오
래된 기억인데도 초대 가수 이지연, '누가 누가 마늘을 잘 까나'로 심사를 하
던 마늘 아가씨 대회 장면도 기억나네요. 마늘 아가씨 진은 마늘을 가장 잘
깐 언니가 아니라 가장 예쁜 언니가 되던데, 대체 마늘은 왜 까게 했을까요?

즐거웠던 추억을 따라 당시 기억 속의 동네 지도를 그림으로 그리고
네이버 지도를 검색해보니 지금의 신단양 모습과 제가 그린 동네의 지도가
비슷해서 놀랐어요. 1980년대 중반 구단양이 물에 잠기고 새로 조성된 신
단양은 지금 그때 모습 그대로인가 봅니다.

나를 반겨주는 친구들이 있었고, 친구들과 해 질 때까지 놀던 추억이
있었고, 따뜻한 동네 어른들이 있던 신단양. 전학생밖에 없는, 모두에게 낯
선 '세종'이라는 도시가 우리 아이들에게도 따뜻한 기억이 가득한 '우리 동
네'로 기억되면 좋겠다는 생각이 드는 저녁입니다.

톡톡대화방

전학을 많이 다녀서 추억이 있는 '우리 동네'를 찾는 것이 가장 어려 **우정**
웠어요.

명순 6년 동안 네 번 전학이라니…. 많이 힘들었겠어요. ㅠ.ㅠ 단양은 제가
첫 발령을 받은 곳이라 '단양'이란 말을 들으면 귀가 쫑긋해지고 지금
도 설렙니다. 저는 매포읍에 살았지만, 신단양에 전교조 사무실이 있
어 자주 갔고, 유람선이 다니던 남한강변을 자주 걸어 다녔어요. 잊고
있던 4년 동안의 많은 일이 떠오르네요. 울면서 가서 울면서 나온다는
단양은 저에게도 참 그리운 곳입니다~^^

내가 살던 마을은 온 동네가 놀이터

임오규(충북, 1970년대생)

내 고향 '음짓말'

'충주시 단월동 상단 ○○번지'

내가 태어나고 자란 곳이에요. 결혼하기 전까지 살았는데 마을 이름은 '음짓말'이에요. 7남매 중 일곱째인 나는 집에서 부를 땐 이름 대신 "막내야!"로 통했어요. 어렸을 때 내가 집에서 주로 한 일은 방 청소와 마당 쓸기, 강아지 운동시키기였고, 가끔 엄마 일을 도와드렸어요. 엄마 일 중 가장 힘든 것은 빨래였어요. 가족이 많아 빨랫감이 무척 많았거든요. 여름철에는 집 앞으로 흐르는 농수로에서 빨았지만 추운 겨울에는 양짓말 샘까지 가서 빨래를 했어요. 엄마는 빨랫감을 통에 담아 양손으로 들고 가실 때도 있었지만 양이 많을 땐 다라이라고 부르던 큼지막한 빨간 고무통에 담아 머리에 이고 가실 때도 많았어요. 양짓말 샘은 우리 집에서 200미터쯤 떨어져 있는데, 겨울에도 물이 얼지 않았어요.

"막내야, 엄마 빨래하러 갈 건데 도와줄래?"

"아이! 엄마 혼자 가면 안 돼?"

한창 재밌는 TV 프로그램을 보고 있을 때는 이렇게 투덜거렸지만, 마당에서 쳐다보는 엄마와 눈이 마주치면 어쩔 수 없이 따라나섰어요. 내가 빨랫감을 가져가는 방법은 두 가지였어요. 양이 적을 때는 빨래통을 자전거 뒤에 싣고 끈으로 단단히 묶은 다음 자전거를 타고 재빠르게 갔고, 양이 많을 때는 큰 다라이 두 개 정도에 빨래할 것을 꽉 채워 그것들을 손수레에 싣고 갔어요. 빨랫감을 샘가에 옮겨두면 엄마는 나에게 한두 시간 뒤에 가지러 오라고 하셨고, 나는 집에서 TV를 보거나 친구들이랑 놀다가 약속시간에 맞춰 샘가로 갔어요. 지금은 수질을 깨끗이 한다고 시멘트로 막아 이용하지 않지만, 샘 근처를 지날 때면 옹기종기 모여 빨래하면서 수다를 떨던 엄마와 동네 아줌마들 모습들이 떠올라요.

우리 집에서 나하고 넷째 형이 꼭 해야 하는 일이 있었어요. 부모님 생신 때 아침 일찍 동네 한 바퀴 돌면서 어른들에게 우리 집으로 아침 식사하러 오시라고 전하는 심부름이었어요. 아버지 생신 때는 아저씨들을, 엄마 생신 때는 아줌마들을 집으로 오시라고 했는데 정말 하기 싫었어요. 일찍 일어나는 것은 힘들진 않았는데 집집이 찾아가서 인사하고 말하는 것이 무척 쑥스러웠기 때문이에요. 나는 걸어서 음짓말을 다녔고 넷째 형은 자전거를 타고 양짓말을 돌았어요.

"계세요?"

"누구?"

누구냐고 묻는 말에 대답하는 것이 멋쩍었는데, 그건 나를 어떻게 소개할지 몰랐기 때문이에요.

내가 머뭇거리면

"아, ○○씨 막내아들이구먼. 근데 어째 왔어?"

"오늘 저희 아버지(엄마) 생신인데요. 아침 드시러 오시래요."

"아, 맞아. 이때쯤이었지. 그래, 알았어."

알았다는 이야기를 듣자마자 잽싸게 문밖으로 나와 다음 집으로 갔는데, 같은 인사를 여러 번 반복하다 보니 마지막 집에서 말하는 것은 어렵지 않았어요. 집으로 돌아와 마당에서 동네 어른들을 기다리면 신기하게도 한 손에 무언가를 꼭 들고 오셨어요. 2홉들이 소주 한 병을 들고 오시는 분, 담뱃갑을 들고 오시는 분, 과일이나 달걀 꾸러미를 들고 오시는 분 등. 지금 생각해 보니 부모님이 동네 어른들과 이야기 나누며 아침을 드시는 모습이 무척 행복해 보였는데, 멀리 있는 친척보다 이웃사촌이 더 가깝다는 말이 실감 나는 장면이었어요. 기쁠 때 함께 모여 축하해 주고, 슬플 때 옆에서 위로해 주고, 농사일 많을 때 품앗이하며 서로 도와주는 생활 공동체, 어릴 적 내가 살던 음짓말의 모습이에요.

온 동네가 놀이터

가장 신나게 놀던 곳은 달래강(달천)이에요. 여름 내내 강에서 멱 감고 올갱이도 잡고 물놀이를 했지만 가장 신나는 일은 물고기 잡는 것이었어요. 어항이나 족대, 낚싯대로도 잡았지만, 작살로 잡는 것이 최고였어요. 주로 강가에 사는 만기네나 정일이네 집에 모여 만들었는데 항어, 쏘가리, 동자구, 멍텅구리를 잡기 때문에 소형 작살을 만들었어요. 우산살 끝을 망치나 강돌로 퉁탕퉁탕 두들겨서 넓게 퍼지게 만든 다음, 줄로 갈고 다듬으면 날카로운 작살촉이 돼요. 미리 만들어 놓은 볼펜 작살대에 작살촉을 넣고 작살촉 반대편을 기역 자로 구부리고 나서 노란 기저귀 고무줄로 잘 묶어 주면 멋진 작살이 됐어요. 그렇게 만든 작살이 여름철 보물 1호예요. 물안경 쓰고 자맥질해서 돌들을 손으로 조심스럽게 헤집다 찾은 물고기를 작살로 잡으면 세상을 다 얻은 기분이었어요. 강아지풀 줄기에 물고기 아가미를 꿰어놓았다가 잔불에 구워 먹으면 마치 내가 '미래소년 코난'에 나오는 주인공이 된 기분이었어요. 강둑에는 아까시나무들이 많았는데, 낫으로 툭툭 가지치기하고 드나들 수 있는 문을 만들었어요. 바닥에 편평한 돌이나 돗자리를 갖다 놓으면 햇볕도 피하고 힘들 땐 쉴 수 있는 우리만의 '본부'가 됐어요. 가장 뜨거운 여름날, 모든 일은 본부에서 계획되고 이루어졌어요.

겨울이 되어 강물이 꽁꽁 얼면 먼저 하는 것은 팽이치기와 썰매 타기지만 여럿이 함께할 수 있는 놀이로는 아이스하키가 으뜸이었어요. 미리 잘라 둔 사과나무나 아까시나무 가지로 나에게 맞는 하키채를 만들었어요. 얼음덩이나 작은 나뭇조각으로 퍽을 만들어 썼는데, 바닥이 미끄러워 조심조심 중심을 잡으며 놀았어요. 미끄러지지 않으려고 신발에 새끼줄이나 칡덩굴을 묶는 친구도 있었지만 한참 놀다 보면 풀어지기 일쑤였어요.

겨울철 놀이의 백미는 얼음배 타기였어요. 두꺼운 얼음을 큰 돌이나 망치로 깨트려 예닐곱 명이 탈 수 있을 만한 크기로 만드는데, 보통 교실 2/3 정도 크기예요. 함께 타는 친구들의 협력이 필요한데, 마지막 부분을 깰 때는 다른 사람들은 깨는 사람 반대쪽에 서서 균형을 잡아줘야 얼음 깨는 사람이 물에 빠지지 않았어요. 처음에는 얼음이 깨질 것 같아서, 물에 빠질까 무서워 구경만 하던 아이들도 다 타기 시작했고, 노를 저어 얼음배를 이곳저곳으로 몰고 다닐 때는 환호성을 지르기도 했어요. 얼음배 타는 것이 익숙해지면 새로운 도전도 했는데, 얼음배 가장자리들을 깨트려 얼음배 크기를 조금씩 줄여나가는 것이었어요. 얼음배 크기를 줄일 때 중심을 잘못 잡고 있거나, 얼음배가 반으로 갈라지면 모두가 물에 빠졌어요. 겨울

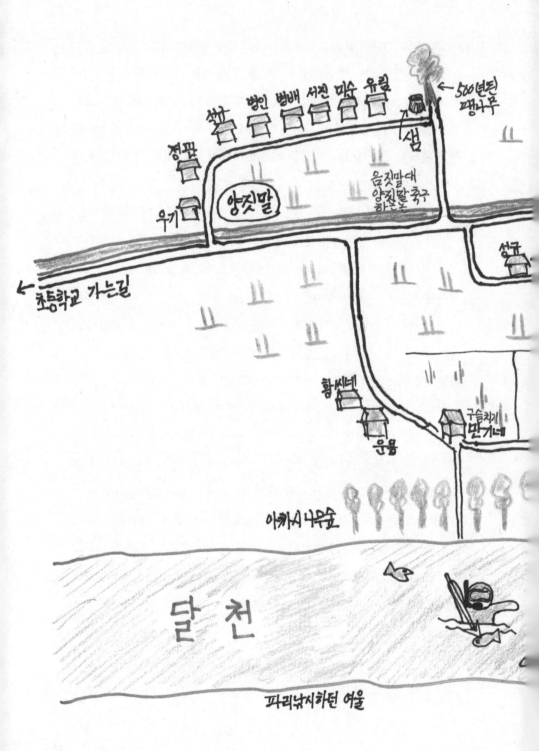

추위에 온몸을 덜덜 떨었지만, 다음 날 얼음배를 타지 않는 아이는 아무도 없었어요.

봄부터 가을까지 동네 아이들이 많이 놀던 곳은 정일이네 집 앞 공터였어요. 정일이네 집은 음짓말 가운데라 아이들이 모이기도 좋았고 넓은 공터가 있었기 때문이에요. 그곳에 가면 언제든지 친구들이 있었고, 내가 좀 일찍 나가 아무도 없을 때도 걱정은 안 됐어요. 정일이네 집에 들어가 부르면 정일이 형제가 바로 나왔고, '무궁화꽃이 피었습니다'를 하고 있으면 아이들이 하나둘씩 금방 모였어요. 열 명 정도 모였을 때 많이 하던 놀이는 숨바꼭질과 깡통 차기였어요. 넓은 공터 주변에 댑싸리도 많고, 공터보다 약간 높은 논들이 있고, 정일이네 집 구석구석에도 숨을 곳이 많아 숨바꼭질과 깡통 차기를 하기엔 최적의 장소였어요. 해가 지고 어둠이 내리면 재미는 배가 되었어요.

그러다 형들이 더 나와 열댓 명이 넘으면 바로 진놀이로 이어졌어요. 50여 미터 떨어진 전봇대를 진으로 삼고 적당히 편을 나눠서 하는 진놀이는 진짜 스릴 넘치는 놀이였어요. 나는 넷째 형과 같은 편이 된 적이 있는데 "내가 앞으로 먼저 나가 상대편을 유인할 테니 너는 조금 있다가 나와서 상대편 애를 잡고, ○○는 저쪽 논둑길로 가고, △△는 이쪽으로 뛰어 돌아가고~" 작전을 짜는 형의 모습은 정말 멋있었어요.

겨울에는 강가에 있는 만기네 집 마당에서 놀았어요. 만기네 집은 남향이라 햇볕이 잘 들고 담장이 있어 찬 겨울바람을 막아주기 때문이에요. 거기에서는 주로 구슬치기를 했어요. 가운데 구멍을 파고 사방에 네 개의 구멍을 파서 노는 '동서남북'도 하고, 세모 모양을 그리거나 신발 뒤꿈치로 구멍을 파서 그곳에 구슬을 모아두고 빼먹는 '눈깔빼기'도 했어요. 가장 많이 한 것은 '서울낙방'이라는 구슬 따먹기였어요. 이름이 왜 '서울낙방'인지는 모르겠는데 여러 명의 친구가 한꺼번에 할 수 있고 기술과 전략이 필요한 놀이였어요. 친구마다 잘하는 것이 있는데, 만기는 한쪽 눈을 감고 구슬을 정확히 맞췄고 영호는 '동서남북' 할 때 손으로 구슬을 잘 몰고 다녔어요.

내 마음 속 마을지도가 준 선물

"양짓말 샘에 있는 팽나무 가지에 새끼줄을 매달아 그네도 탔잖아."

"둠벙 아래에 있는 조대흙 파다가 학교에 가져갔잖아. 모래가 섞여 찰흙보단 거칠지만 쓸 만은 했어."

"깡통 차기 하다가 성규가 만기네 바깥 변소에 빠져 애들이 꺼내줬잖아."

마을지도를 그리고 나서 형님들과 어릴 때 이야기를 나눈 적이 있는데, 형님들이 더 신이 나서 꼬리에 꼬리를 무는 수다판이 벌어졌어요. 형님들은 저보다 선명하게 장소에 대해 기억하고 있었어요. 형님들은 놀이판을 주도했고 나는 만들어진 놀이판에 참여만 했기 때문이라는 생각이 들었어요. 지금은 큰길이 새로 나고 건물들도 많아 예전 모습이 많이 사라졌지만, 형님들과 이야기 나누면서 머릿속에 희미했던 길들이 기억났어요. 그리고 그동안 잊고 있던 동네 친구들, 형들 이름과 얼굴이 새록새록 떠올랐어요.

내가 자란 동네 '농은리 하지랑이'

마을지도를 그리기 전에 고향을 마음속으로 그려 보았다. 도화지 가운데에 집을 그리고 가만히 생각에 잠겨 기억을 더듬었다. 어린 시절 나는 대문을 나서서 어디로 향했을까? 집 왼쪽의 썰매 타던 언덕길, 마실 가던 친구 집, 친구들과 놀던 자리, 온 가족이 함께 일하던 논과 밭, 돌아다니던 뒷산 등 내가 걷던 기억을 따라 그려 갔다. 장소 하나하나 지도에 그리면서 나를 들여다보게 되었다.

8남매 중 나는 일곱째로 태어났다.

'나는 어떻게 자랐을까?'

가끔 와서 굿을 해주시는 할머니가 있었는데, 그 할머니는 나를 볼 때마다 같은 소리를 했다.

"애고, 이렇게 많이 컸네! 엄만 맨날 밭에 가 있고…. 콧물에 땟국물에 꾀죄죄한 걸 내가 씻겨주곤 했는디."

누군가 내 얼굴을 씻겨 준 기억이 나지 않는데 그 소리를 들을 때마다 부끄러워서 숨고 싶었다. 그 할머니가 가고 나면 엄마는 혼잣말로 구시렁 거렸다.

"한 번 닦아주고는 맨날 그 소리지."

어릴 적 사진 속 나는 간난이 머리에 정말 꼬질꼬질했다. 누군가가 나를 살뜰하게 돌봤다는 생각이 안 들긴 했는데 사진을 보면 정말 그랬다. 바쁜 농사철에 와서는 몇 번 씻겨주고 그런 소리를 하는 것 같았지만, 그 말을 들으면 많은 식구 틈바구니에서 혼자 자랐다는 생각에 기분이 안 좋았다. 밥 먹을 때 엄마는 남은 밥그릇이 있는지 살폈다. 남은 밥그릇이 없으니 다 왔다고 하셨다. 먹성 좋은 오빠들 밥해 먹이는 일만도 녹록지 않았을 텐데 밭일까지 하느라 힘드셨을 것이다. 언니 말을 들으니 엄마는 종종 저녁에 누우시며 "이렇게 자고 나면 내일 안 일어났으면 좋겠다."라고 하셨단다. 엄마는 식구가 많아서 힘드셨겠지만 위로 오빠들이 있어서 난 참 든든했다.

맏이인 언니는 동생들 업어주고 돌보랴 학교 다닐 때는 도시락 싸랴 고추 널랴 온 집안일을 도와야 했다고 하였다. 언니랑 얘기하면 집안일 돕느라 힘들었던 이야기가 끝도 없이 줄줄 나온다. 맏이 공치사가 대단하다.

"너는 어렸으니 먹고 자고 노는 것이 일이었어."

듣다 보면 틀린 말 같지 않았다. 난 오빠들 그늘에서 편히 지냈다. 갑자기 비가 와서 널어놓은 고추가 다 젖은 일로 오빠들 혼나는 것을 불쌍하게 여기면서—어리다는 이유였을까—지켜보면서도 여유로웠다. 부모님은 농사일로 바쁘시고 오빠들은 따로 놀았다. 나이 차이 많은 언니나 오빠들과는 노는 곳이나 놀이가 달랐다. 동생하고는 집에서 놀았는데 밖에서는 동네 사촌 또래들과 놀았다. 지금 생각하니 아무 사고 없이 무탈하게 자란 것이 참 신기하기만 하다.

어릴 적 사진을 보면 긴 나무막대기 들고 있는 내 모습이 많다. 내가 왜 나무막대기를 들고 있었는지 언니한테 물었다.

"넌 나무막대기로 풀숲을 휘휘 휘저으며 다니길 좋아했어."

듣고 보니 길섶 풀숲에서 뛰쳐나오는 개구리나 메뚜기를 보기 위해 막대기로 헤집고 다니던 일이 어렴풋이 생각났다. 지금도 잘 꾸며진 카페도 좋지만 푸른 들이나 산, 물이 흐르는 자연풍경이 더 좋다. 거기서 걷거나 앉아서 경치 보는 것을 좋아한다. 내가 자란 고향이 그런 곳이니 지금의 내 정서도 그런 모양이다. 지도 속 고향을 보니 자연이 주는 여유로움이 보인다.

동네 마당이 놀이터

우리 동네는 살기 좋았다. 어릴 적에는 잔골, 논골, 하지랑이, 열맹이 네 개의 작은 마을 중 하지랑이가 중심이라고 생각했다. 버스 타는 곳이 가까이 있었고, 사람들이 모이는 마을회관이 대로변에 있어 사람들 오가는 것이 잘 보였다. 지금 가보면 가까이 시냇물이 흐르고 산골짜기 깊게 들어앉은 잔골이나 논골이 더 운치가 있다.

하지랑이에는 열세 가구가 모여 살았다. 집 주변은 정씨 집성촌이라 이웃이 대부분 할머니, 할아버지, 새집할머니, 큰할머니, 작은아버지 등 친척이었다. 하지랑이는 하좌랑이라는 사람이 예전에 와서 살았다고 해서 붙여진 이름이라고 아버지가 알려 주신 적이 있는데, 이번에 찾아낸 또 하나의 유래는 '지렁이 같은 모양이라 붙여진 이름'이라는 것이다.

친구들이 모여 놀던 곳은 우리 집과 맞닿아 있던 옆집 마당이다. 거기서는 깡통 차기와 자치기, 술래잡기 등을 했는데, 지도를 그리면서 생각해보니 마당이 넓고 여기저기 숨을 곳이 많았다. 마당 한쪽에는 화장실이 있고, 괭이, 쇠스랑 갈퀴 등 농기구를 보관해 두던 창고가 있었다. 화장실 일보는 바로 옆에는 재가 수북하게 쌓여 있고 꽤 넓어서 여유로웠다. 그래서 화장실이 더럽다거나 위험하다고 생각되지 않았다. 마당에서 많이 한 놀이가 술래잡기였다. 마당과 집을 둘러싸고 사방에 길이 나 있고 언덕이 있어서 술래를 피해 이리저리 뛰어다니며 놀 수 있었다. 마당 옆에 논이 있었는데, 논둑이 높아서 깡통 차기나 자치기할 때 멀리 차기 좋았다. 술래가 깡통 잡으러 논으로 내려가서 안 보이면 여기저기 숨기도 좋았다. 매일같이 조무래기들이 모여 놀았는데, 깡통 차기는 매일같이 하다시피 한 놀이였다. 온 동네를 뜀박질하며 쏘다니고, 숨었다가 나왔다가 신이 났다. 마음 같아서는 지금도 깡통 차기를 재미있게 할 수 있을 것 같다. 자치기, 달공, 고무줄, 공기놀이도 자주 하던 놀이다. 나보다 한 살 어린 친구가 있었는데, 놀이할 때 이래저래 아이들을 잘 이끌면서 주도하던 그 똘똘함이 부러웠다. 나는 그저 잘 따라 하던 아이였다.

어른이 되어 언젠가 구슬을 들고 자세를 취하며 맞추려고 하는데, 구슬을 잡자 구슬 소리가 '챙' 하고 들리는 듯했다. 몸이 여태 기억하고 있다는 게 신기했다. 구슬을 치려는 내 몸이 그때의 즐거움으로 떨려왔다.

배 고픈 것도 모르고 어둑어둑해질 때까지 매일같이 놀 때가 많았다. 친구들과 놀다가 굴뚝에서 연기가 나기 시작하면 '이제 곧 밥 먹으라고 부르겠지.' 하는 생각이 들었다. 그래도 끝까지 놀다 보면 늘 먼저 부르는 집이 있었다. 우리 집은 늦게 부르는 편이어서 한 사람씩 집으로 들어가면 놀

이가 시들해져 집으로 들어갔다.

긴 겨울밤이면 동네 어른이나 아이들이나 마실을 다녔다. 우리 집에는 친구들이 놀러 온 적이 없고 새집할머니, 작은엄마네 사랑방이 편해서 거기서 자주 모였다. 마실 가서 화투는 대놓고 쳤고, 샴페인은 어른 몰래 맛보았다. 뜨개질하던 것도 생각난다.

모두가 일손

우리 집 옆에는 넓은 뽕나무밭이 있었다. 누에치기는 엄마가 주로 맡아서 했다. 손이 필요할 때마다 오빠들과 일을 도왔다. 엄마는 누에 밥 주고 누에 똥 싼 것 갈아치우는 일로 밤을 새우기도 했다. 오빠들과 함께 누에가 먹을 뽕잎 따는 일이 매우 재미있었다. 누에에게 뽕잎 주는 일도 좋아했다. 누에가 자라서 고치가 되면 하얀 고치가 예뻤다. 누에고치는 팔아서 돈이 되었다. 지금도 꿈틀대는 애벌레는 무척 싫어해서 누에 만지는 일은 고역이었다. 잠자지 않는 누에를 고르거나 청소해줄 때 누에를 만져야 했는데, 지금도 그 생각하면 소름이 돋는다. 엄마가 시키면 마지못해 하다가 뭉클거리고 꿈틀대는 누에를 집어 던지기도 하여 엄마한테 꾸중을 많이 들었다. 할 일이 많은 엄마한테는 작은 손도 귀할 때였으니 할 수 없이 어린 내게도 일을 시켰을 것이다. 지금도 아이들이 배추흰나비 애벌레나 공벌레를 손에 올려놓고 장난감 가지고 놀듯 조물딱거리는 것을 보면 징그럽기도 하고 신기하기도 하다. 깊은 밤에 누에가 뽕잎 먹는 소리는 꼭 보슬비 내리는 소리 같아서 평화롭게 느껴지기도 했다. 지금도 귓가에 맴돈다.

어릴 적 농사일을 얘기하자면 또 하나가 담배 농사다. 지금은 쪽파나

콩을 심는 그 넓은 밭에 담배를 심었다. 담뱃잎을 따서, 비닐하우스에서 말려 차곡차곡 자루에 담아 놓았다. 그 후에 펼쳐 놓고 색깔이나 길이를 구분하여 단단하고 예쁘게 말아 전매청에 팔았다. 담배 농사 과정은 아버지와 오빠들과 함께했는데 기억은 별로 좋지 않다. 아버지가 잎을 따서 고랑에 모아 놓으면 나는 고랑에 들어가 담뱃잎을 비닐 위에 올려놓는 일을 했다. 올려놓았다고 소리치면 고랑 밖에서 연결된 줄을 끌어당겨서 담뱃잎을 한데 모았다. 고랑에 왔다 갔다 하다 보면 담뱃잎에서 나온 진이 있어 시커멓게 묻었는데, 지저분해진 모양새는 정말 싫었다. 담배밭이 대로변이어서 더더욱 그랬다. 버스 탄 친구들이 볼까 봐 버스가 지나갈 때마다 신경 쓰여 고랑에 숨어 있곤 했다.

담뱃잎을 새끼줄에 엮는 일은 오빠들과 아주 신나게 했다. 호두나무 그늘에 앉아 솔솔 부는 바람 느끼며 누가 빨리 끝까지 엮나 시합을 했다. 오빠들은 손이 빨랐고, 쳐다보고 있으면 누가 먼저 엮게 될까 궁금함에 긴장감마저 돌았다. 그래서 그런지 몰라도 손으로 하는 일이나 몸을 움직여서 하는 일은 지금도 어렵게 생각하지 않고 즐겁게 하는 편이다. 요즘엔 학교에서 벼농사 후 나온 지푸라기로 새끼줄을 꼬아 1:1 줄다리기를 하는데, 그런 일들이 귀찮지 않고 참 좋다. 새끼줄에 엮은 담배는 비닐하우스에 매달아 말리는데, 나는 담배 줄이 얼마나 되는지 세는 일을 했다. 어머니께서 나한테 맡기면 수가 정확하다며 칭찬해주었다. 그다음부터는 더 정확히 세려고 했는데, 어쩌면 엄마는 나에게 일을 시키려고 칭찬하셨는지도 모르겠다. 얼마 전 고향에서 넷째 오빠와 이야기하는 중에 담배 이야기를 했다.

"담배 엮는 것 재미있게 하지 않았나?"

내 생각과 달리 오빠는 너무 힘들고 지겨웠다고 했다. 따고 나르고 엮고 매달고 마무리하는 일이 긴 노동으로 다가왔으리라는 걸 다시금 깨달았다. 자래밭이라 불린 그 밭은 이후 돈이 되는 작물인 콩, 수박, 쪽파 밭으로 바뀌어 경제적인 도움을 주었다.

얼마 전까지만 해도 밭일에 관심이 없었지만 지금은 학교 텃밭에 감자 심고, 토마토 키우고 상추 키우는 일이 소중하게 느껴지고 즐겁다. 텃밭에서 작물이 무럭무럭 자라나는 모습을 보면서 뿌듯하기도 하고, 새삼 자연의 신비로움을 느낀다. 어릴 적 부모님이 하시던 농사일을 보고 자라서 그런지 농사가 어렵게 느껴지지 않는다.

내 마음 속 고향 마을 지도를 그리고 나서 글을 쓰다 보니 마을이 아기자기하게 여겨지고 이야기가 끝도 없이 나오는 게 참으로 놀랍다. 이곳이 내 울타리가 되어 현재의 나를 만들어 주었다는 생각이 문득 든다.

톡톡대화방

드디어 지도를 그렸습니다. 지도를 그리려니 한참을 머뭇거리다가 결국 우리 집을 중심에 놓고 돌아다니던 길을 생각하면서 큰길과 작은 골목길을 그려내며 지도를 완성했습니다. 어릴 적 마을에서 놀던 내가 오늘의 내가 되었다는 생각이 들고, 어릴 적 놀던 친구들과 장소들과 추억이 되살아나서 행복한 시간이었습니다. 모르는 것은 열여섯 살 차이가 나는 큰언니와 통화하면서 기록했는데, 언니가 놀던 곳과 내가 놀던 곳이 달랐다는 점도 알았습니다.

은주

재화 그림을 보고 너무 예뻐서 샘이 뭐라고 쓰는지 기다렸어요. 그리고 '예산, 대술'이라는 지명이 참 반갑네요. 우리 엄마 고향이 '대술'이에요. ^^ '채'자 돌림 이름들 사이에 샘이 살았군요~ 그림지도가 점점 더 멋있어져요~~

아하~ 대술 사람을 여기서 만나는군요. 대술, 도고는 소도시, 농은리는 깡촌이란 느낌이 강합니다. 제가 촌뜨기였지요.

재화 ㅋㅋ 내가 아니라 울 엄마~ 그래도 어쩌나 신기하고 반가운지~~

외가가 대술이란 거니 그거나 마찬가지란 생각이 들어서…. 외가인 대술 한번 안 오셨나요?

재화 어릴 때 갔어요. 외삼촌이 꿩 잡아주시던 기억이 나요~

ㅎㅎ 겨울이면 꿩고기 토끼고기 참새고기 많이 먹었어요

재화 지명이 참 정감 있어요. '논골', '잔골', '숯골' 이런 지명들 가운데 긴 물줄기가 흐르니 물고기도 많이 잡혔을 것 같아요~~

미숙 은주샘~ 정말 예쁘고 정감 있는 마을이 느껴져요. 은주샘의 감수성이 마을에서 나온 게 아닐까 싶어요.

저도 그리다 보니 여태 생각지 못한 것들이 새록새록 떠올랐습니다. 그리고 나서도 하나둘 생각이 나네요.

명신 아~ 정말 이야기가 재미나네요. 다들 너무 정겹고 재미 지네요^^

어린 시절 내가 살던 마을, 문창동

송미숙(대전, 1960년대생)

문창동 골목길

내 기억에 남아있는 어렸을 적 동네는 대전시 문창동이다. 문창동은 동쪽으로 대전천이 흐르는 둑방 아래 동네인데, 골목을 사이에 두고 비슷한 기와집들이 나란히 있었다. 그리 넓지 않던 골목길은 아이들의 놀이터였다.

노래 부르며 춤추듯이 폴짝폴짝 뛰어노는 고무줄놀이를 좋아했고, 아이들이 길게 줄지어 S자를 그리며 리듬이 끊기지 않게 긴줄넘기를 넘는 것이 정말 재미있고 신이 났다. 옷핀에 실핀을 가지런히 끼워 주머니에 넣고 다니다가 핀따먹기 놀이도 즐겨 했는데, 손가락으로 핀을 튕겨 동그라미 안에 들어갈 때의 쾌감도 있었지만 핀을 따먹으면서 놀이 재산이 늘어나는 것 때문에 더 재미있었던 것 같다. 구슬치기, 자치기, 딱지치기는 주로 남자아이들이 했고, 오징어나 다방구 같은 놀이도 한 것 같지만 몸을 부대끼며 하는 놀이여서인지 별로 좋아하지 않았다, 학교 끝나고 집에 오면 가방

던져놓고 놀던 그 골목길은 아이들의 전용 공간이었고. 어느 누구도 시끄럽다고 야단친 적이 없었다.

어릴 적 친구들

골목 놀이터에서 신나게 놀았건만 기억에 남은 이름은 셋뿐이다. 채중이, 영미, 명희. 바로 옆집에 살던 채중이는 쌍꺼풀눈이 예쁜 친구였는데, 눈이 작아서 '와이셔쓰 단추구멍' 같다고 이모들한테 놀림을 받던 나는 그 커다란 쌍꺼풀눈이 참 부러웠다. 동네 친구 중에는 채중이랑 가장 친하게 놀았다. 채중이랑 놀고 싶으면 대문 앞에 서서 "채중아, 노~올자!" 하고 큰 소리로 외치곤 했는데, 리듬을 타면서 친구를 부르는 그 소리는 지금도 들리는 듯 생생하다. 채중이네 집 마당에서 깨진 빨간 벽돌 조각을 빻아서 고춧가루라며 풀로 김치를 담그며 소꿉놀이도 하고, 마당에 있던 주황색 꽈리 열매를 따서 '꽉꽉!' 꽈리를 불기도 했다. 추워지면 방에서 종이 인형을 그리고 오리면서 놀았는데, 채중이 사촌언니들이 방학이면 놀러 와서 종이 인형 옷을 예쁘게 그려주었다. 오빠들만 있는 난 언니들이 있는 채중이가 엄청 부러웠다. 채중이와 쌍꺼풀 눈이 닮은 그 사촌언니 이름이 김연중이었던 것도 기억난다. 채중이도 방학이면 가끔 사촌언니들이 살던 예산에 다녀오곤 했는데, 이가 옮아서 채중이 엄마가 참빗으로 채중이 머리를 빗기면 이가 똑똑 떨어지던 장면도 떠오른다.

아빠가 택시 운전을 하신 명희는 나보다 한 살 어린 친구인데, 딸 부잣집이었던 명희네는 늦게 남동생이 생기면서 누나들이 애지중지 업고 다니며 돌봤다. 또 다른 쪽 옆집에 살던 신영미라는 친구와는 서로 자기 동생

편들다가 싸운 기억이 어렴풋이 난다. 몸싸움을 잘하지 못하는 내가 힘도 세고 사나운 영미와 싸운 것은 뭔가 이유가 있었을 텐데 기억나지 않는다. 결국 싸움에 지고 엄청 억울했던 기억 때문인지 이름은 물론 얼굴도 어렴풋이 생각난다.

골목길에서 매일 신나게 놀았으면서도 기억나는 친구가 몇 없는 걸 보면 동네 친구들하고 거리감이 있었던 것 같다. 동네 친구들은 문창국민학교에 다녔고, 나는 버스 타고 사립학교인 성모국민학교를 다녔다. 예쁜 교복을 입고 영어, 수영, 미술, 악기, 발레 같은 다양한 조기교육과 특기 교육을 받으며 특별한 아이인 듯 다녔지만, 초등학교 다니는 내내 나는 스스로 공부를 못 한다고 생각했고 자존감이 낮았던 것 같다. 그 옛날에 엄마는 5남매 중 하나뿐인 딸이라고 특별히 사립학교에 보내 주셨지만, 마을배움길에서 어린 시절 이야기를 나누면서는 이런 생각이 들곤 했다.

'동네 친구들과 같은 학교에 다녔으면 어땠을까? 학교 오가는 길에서, 같은 교실에서, 운동장에서, 동네 골목에서 함께했다면 더 신나게, 재밌게 놀면서 더 행복한 어린 시절을 보내지 않았을까? 또, 지금까지 연락하는 50년지기 절친이 있지 않을까?'

동네 친구들과 다니는 학교가 달랐던 초등학교 시절의 나는 동네에 온전히 속하지 못했던 것 같다.

문창시장 순대

문창시장에는 엄마의 이종사촌 언니(민희네 아줌마)가 순대를 만들어서 팔던 가게가 있었는데 순대가 아주 맛있었다. 막내인 민희가 6학년 때, 아저씨가 병으로 돌아가시고 아줌마는 순대를 팔아서 자식들을 키우셨다. 가게 안쪽에 집이 있었는데, 안방에서 쪽진 흰머리에 기다란 곰방대 담배를 피우시던 민희 할머니 모습도 생각난다. 나보다 한 살 어린 육촌 동생 민희와는 친구처럼 같이 놀았다. 가끔 민희네 가게에 놀러 가면 아줌마가 돼지 창자에 순대 소를 채워 순대 만드는 모습을 볼 수 있었다. 가게 안쪽에 있던 방에서 민희랑 민희 오빠랑 셋이서 민화투를 치며 놀기도 했다. 문창시장의 아줌마 순대는 대전집에 가면 가끔 엄마가 사다 주셔서 20대까지는 먹어볼 수 있었는데, 맛있는 순대를 만들어 주시던 민희네 아줌마는 재작년에 돌아가셨다.

대전천의 기억

문창동은 바로 옆에 대전천이 흐르고, 문창시장 옆에 효동으로 건너가는 다리가 있었다. 그 다리 밑에는 넝마주이라고 하는 가난하고 집 없는 사람들이 살았다. 그분들이 커다란 바구니를 등에 지고 다니면서 팔 수 있는 쓰레기들을 담아가는 것을 종종 볼 수 있었다. 온 동네를 다니며 분리수거를 한 거다. 여름에 홍수가 나면 돼지며 부서진 집이랑 나무들이 떠내려가는 모습을 매년 한 번은 본 것 같다. 그때 다리 밑에 살던 넝마주이들은 홍수가 지나고 나면 다시 천막을 치고 살았는데, 언제부터였는지 넝마주이들을 더 이상 볼 수 없었다.

둘째 오빠가 대전천에서 먹을 감고는 집에 와서 씻는다고 두레박으로 우물물을 푸다가 우물에 빠져 난리가 났었다. 기억이 가물가물해서 오빠한테 물어봤더니 오빠가 4학년이고 내가 일곱 살 때라고 한다.

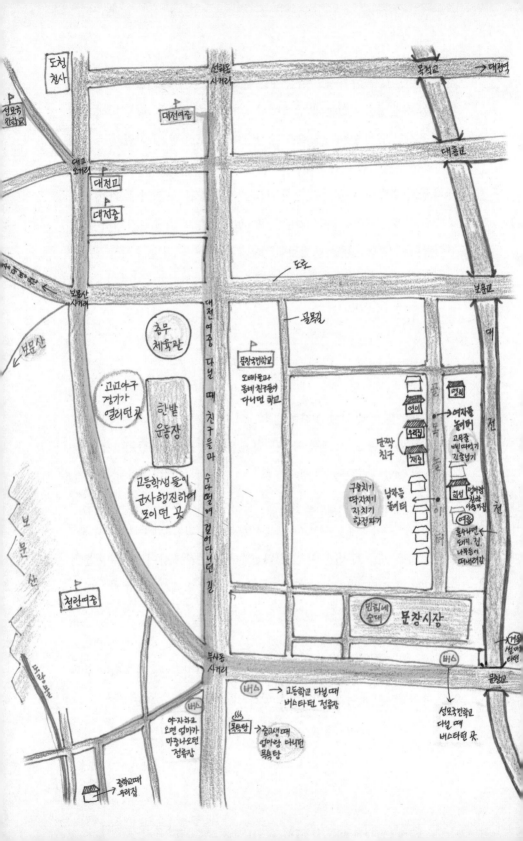

"오빠, 오빠는 문창동 살 때 대전천에서 물놀이 했는데 나는 왜 기억이 없지?"

"너는 어렸지. 그리고 그때만 해도 여자애들은 물놀이를 안 했어."

"겨울에 대전천에서 오빠도 썰매 타고 놀았어?"

"그럼, 썰매도 타고 얼음 위에서 미끄럼타고 놀았지."

이렇게 가까이 물을 두고도 난 물가에서 놀던 기억이 없다. 내가 물을 좋아하지 않아서 그런가 보다 했는데, 남자애들과 여자애들이 노는 방식이 전혀 달라서 그랬나 싶기도 하다.

지난봄까지 엄마가 사셨던 산내는 대전천 상류 쪽인데, 지난해 초여름에 큰오빠랑 엄마 집 근처 하천 길을 산책하면서 이런저런 이야기를 나누었다. 그런데 큰오빠는 막내 외삼촌이랑 외할아버지를 따라 이 동네까지 와서 물고기를 잡았다고 한다. 큰오빠하고는 여섯 살이나 차이가 나서 그런지 오빠는 확실히 행동반경이 넓었구나 싶었다.

중·고등학교 시절

중학교 다닐 무렵, 문창동의 이웃 동네 부사동으로 이사 갔고, 동네에서 아이들과 논 기억은 없다. 동네 친구들과 함께한 것은 매주 일요일 아침에 빗자루를 들고 정해진 장소에서 학교 친구들과 청소한 일 정도이다. 대흥동에 있는 대전여중에서 집으로 돌아오던 길에 버스비를 아껴서 하드를 사 먹으며 친구들과 걸어오곤 했다. 교문 밖 담장 아래 화단에 빨갛게 핀 사루비아 꽃꿀을 따먹으며 큰길 쪽으로 나와 오른쪽으로 돌아서 쭉 걷다 보면 충무체육관과 공설운동장인 한밭운동장이 나왔고, 공설운동장을 지나 반듯한 도로 옆길을 따라 걸으면 부사동 사거리가 나왔다. 혼자 걸으면 지루한 길이었지만 친구들과 함께 선생님들 흉도 보고 깔깔거리며 걸으면 금방이었다. 그때 함께 걷던 친구 중에 박현숙만 이름이 기억나서 졸업앨범을 찾아보니 함께 걷던 친구들 이름은 물론 교장, 교감, 선생님들까지 모두 생각나는 신기함을 경험했다! 1976학년도니까 자그마치 45년 전이다.

공설운동장은 고등학교 때 대전 시내 학생들이 모이던 곳이다. 얼룩무늬 교련복을 입고 맨 앞에는 기수들이 깃발을 들었고, 기수들 뒤에 구급낭을 메고 팔을 높이 흔들며 군인처럼 행진했다. 고등학교 1~2학년 때니까 1977~78년인데 박정희 정권 말기에 고등학생한테까지 군사훈련을 시킨 것이다. 중학생 때였는지 고등학생 때였는지 모르겠는데 대전에서 전국체전 같은 스포츠 행사가 있어서 마스 게임과 카드 섹션 연습을 하기도 했다. 그 시절엔 국가행사에 학생들을 동원하는 것이 아무렇지도 않은 일이었다.

다시 찾은 문창동

마을배움길 모임에서 어렸을 때 살던 동네의 마을지도를 그리고 이야기를 나누다 보니 문창동이 궁금해졌고 가보고 싶었다. 재작년 여름, 엄마 집에 갔다가 드디어 엄마와 문창동 나들이를 했다. 옛날에 살던 집도 찾아보고 문창시장도 돌아보니 4~50년 세월이 되감기가 되었다. 세월과 함께 변해버린 골목길을 여기저기 둘러보다 찾은 우리 집은 빨간 기와가 아닌 검정 플라스틱 기와집이 되었고, 마당은 다 잘려서 골목길에 내주고 달랑 집만 남아있었다. 영미네 집은 복지시설이 되어있고, 그 많던 기와집들은 모두 사라지고 상가나 주차장으로 변해버렸다. 70년대에는 왁자지껄 노는 아이들의 목소리로 시끄러웠던 문창동 골목길에서 엄마는 옛날얘기를 하셨다.

"훈이가 딱지랑 구슬이랑 따다가 딱지는 상자에 꽉꽉 채워놓고, 구슬은 설탕 자루에 담아서 벽장에 넣어 놓으면 철이는 갖다가 다 잃었지."

"흐흐…. 둘째 오빠는 노는 재주가 없었네."

"하루는 시장 갔다 오는데 애들이 빙 둘러서서 깔깔거리고 웃고 있길래 들여다봤더니 훈이가 어떤 애랑 싸웠는지 이마빡에 혹이 나 갖고 서있는거. 애들이 그걸 보고 우쉬 죽는다고 깔깔대고 있잖어. 옛날에는 싸움도 잘하고 참 개구졌는데 지금은 훈이가 젤루 순한 거 같어."

"그러게. 훈이 오빠가 싸움을 잘했다는 게 믿기지 않네."

엄마랑 옛날얘기를 하며 문창동 골목길을 돌아보고, 해마다 자식들에게 나눠주려고 참기름과 들기름을 짜러 오신다는 문창시장도 둘러보았다. 예전에는 살림집과 붙어있는 가게가 많았는데 지금은 가게들만 남아있어, 더 넓어진 문창시장에서 엄마랑 "민희네 순댓집이 이쯤 있었나?" 하고 가늠해 보았다.

문창동 나들이를 마치고 중학교 때 살던 부사동 집도 찾으러 갔다. 주변이 너무 달라져서 겨우 찾은 우리 집은 교회가 되어있었다. 엄마가 아니었으면 찾지 못했을 거다.

마을지도 그리기가 준 선물

어린 시절 살던 동네의 마을지도 그리기에서 시작한 문창동 나들이는 엄마와의 소중한 추억이 되었다. 마을지도 그리기가 아니었다면 나의 어린 시절과 엄마의 젊은 시절이 맞닿아 있는 50년 전으로 세월을 되돌리며 엄마와 그 길을 걸었을까? 이제는 엄마와 함께 걸을 수 없는 그 길을 오빠들과 걸어보고 싶다. 문창동 골목길이 오빠들에겐 어떤 기억으로 남아 있을까?

톡톡대화방

두환 근대역사박물관에서 보던 대전 지도 같아요. ㅋㅋ

명신 지도가 점점 알록달록 예뻐지네요. 저랑 정말 옆 동네에 사셨네요. 저는 문창시장 근처에 친구가 만화방을 해서 밤마다 몰래 대문을 넘어서 언니랑 그 만화방에 갔어요. 무서운 줄도 모르고요~ 문창초 후문으로 나가서 한밭운동장에 가서 놀기도 많이 했고요. 대전천에서는 정월 대보름에 건너편 인동 아이들이랑 쥐불놀이 대결도 하고, 뚝방에서 놀다가 넘어져서 무릎도 많이 깨 먹었어요. ㅎㅎㅎ

명신 와~ 저도 대전여중 다녔어요. 중학교는 친구들이랑 걸어서 다녔어요, 그럼 혹시 대전여중에 담쟁이덩굴벽 기억나시나요?

재화 그리다 보니 생각나고, 다른 사람 이야기를 듣다 보니 또 생각나고…. 저도 여러 샘들 이야기가 기다려지는 게, 읽다 보면 '맞아! 나도 저런 추억이 있어.'라며 절로 공감이 되네요. 명신샘이랑 대전여중 얘기판이 벌어지면 우리의 추억은 중학교 시절로 옮겨가는 건가요? 교복 치마를 입고 말타기하던 추억이 떠오르네요~^-^

두환 지금 미술관으로 사용하는 건물은 예전에는 무슨 건물이었나요?
강당?

미숙 당근이죠~~ 정말 예쁜 담장이었어요. 명신샘~ 학교 담장 아래 사루비아 꽃은 따먹어 보셨나요? 대전여중의 일부 건물이 미술관으로? 몰랐어요. 지도를 보면 생각날지 모르겠어요.

명신 네~ 사루비아 꽃꿀 많이 따먹었지요.^^
안 가본 지 오래되어서요. ^^;; 지금 로드뷰로 보니 가사실이었던 것 같아요. 그 건물에서 재봉틀을 했던 것 같은….

미숙 가사실이 있었는지 기억이 안 나요. 대전여중은 담쟁이로 덮인 건물과 위로 올려 여는 창문, 야자 할 때 한 번씩 쥐가 나오면 일제히 꺅!! 소리 지르며 책상 위로 올라가던 기억이 나요.
시험 보고 틀린 갯수대로 발바닥을 때리던 영어선생님, 꼭 뺨을 때리던 나쁜 물상선생님 기억도 나네요. 아빠 같던 국어선생님, 눈썹을 씰룩거리던 수학선생님, 욕쟁이 미술선생님…. 갑자기 선생님들이 막 생각나요. ㅎㅎ

명신 아~ 저도 쥐가 나오면 다들 소리 지르면서 책상 위로 올라갔던 기억이 나요. ㅋㅋㅋ

재화 대전여중은 정말 환경친화적인 좋은 학교였군요~^-^

아이들과 함께 그려 본 마을 지도 이야기

김미자(경기, 1970년대생)

휘연 5학년 사회 과목에서 우리나라 주요 행정구역을 다루려고 했는데, 우리 동 경계와 이웃한 동도 모르는 상태에서 지도 보고 외우는 게 다인 게 한숨이 나와서 이번에 그렸던 제 마을지도 소개하고 이야기 들려준 다음 숙제로 그려 보라고 해봤어요. 아직 숙제가 되어 온 건 아니지만, 제 이야기를 들을 때 이번 학기 최고의 집중도를 보이더라구요. 궁금해한 게 많았는데 시간 문제로 다 얘길 못 해줬어요. 자기 이야기를 가진 선생님께 반응한 뒤 각자 자기 이야기를 어떻게 할지 기대됩니다.

두환 소중한 경험인데요 ^^

용대 저도 지난주에 제가 그린 마을지도를 보여주면서 어릴 때 이야기를 해줬는데 아이들이 좋아하며 듣더라고요. 오늘은 각자 집에서 그려 온 마을지도를 보면서 자기가 좋아하는 장소에 관해 이야기를 나눴어요. 피자집, 아이스크림 가게, 마트…. 맛있는 거 사 먹는 곳이 먼저 떠오른 아이, 집으로 가는 길과 정류장과 지하철역 등 길이 제일 먼저 떠올랐다는 아이도 있었어요. 그런데 친구들과 노는 장소가 먼저 생각났다는 아이가 없었어요. 지도에 놀이터를 그린 아이도 적었고요. 여러 가지 생각이 들더군요. 내일 짝수 아이들도 그런지 이야기를 나눠봐야겠어요. 일주일에 한 번이지만 아이들이랑 나들이하고 지속적으로 놀이를 하면서 아이들이 그린 마을지도가 어떻게 바뀌는지도 살펴보면 의미가 있겠다는 생각이 듭니다.

미자 그제 아이들과 내 마음속 마을지도 그리기를 해 봤어요. 조잘조잘 말문이 트인 아이와 이야기 나누며 접속된 느낌이 들어 좋았어요. 근데 반성하게 되는 지점도 있어서, 샘들은 저 같은 전철을 밟지 마시라고 글로 정리해 봤어요.

"우리 동네 백석지기는 이렇게 산으로 둘러싸여 있었어."

칠판에 사방을 산으로 그려놓고 우리 집을 그렸다.

"그럼 산으로 쪼르르 달려가기도 했어요?"

현성이가 장난기 어린 얼굴로 물었다.

"어, 맞아. 이 산꼭대기에 너럭바위가 있었어. 너럭바위 옆 나무줄기를 끌어다가 반대쪽에 고정하면 지붕이 생겼어. 바닥에 푹신한 나뭇잎을 주워다 깔면 비밀기지가 되는 거지."

"오, 좋았겠다."

부러워하는 아이들을 보며 나는 신이 났다. 오줌싸고 떡을 해준다는 할머니 말씀에 기분 좋게 소금을 얻으러 갔다가 매 맞은 이야기, 동네 어귀 넓은 마당에서 오징어 가이생, 비행기 낙하산, 뻰치기 등 놀이를 했던 이야기, 운동신경이 둔해서 항상 넘어지고 술래를 도맡아 했지만, '푸른 잔디' 고무줄놀이에선 다른 친구들 목숨을 살려주고 세상을 다 얻은 양 의기양양했던 이야기, 정월대보름 쥐불놀이와 활달한 친구 꽁무니를 따라다니며 백가반을 했던 이야기를 했다. 아이들은 어느새 빠져들어 눈을 반짝였다. 나는 더 신이 나서 아이들과 눈을 맞추며 이야기를 이어 갔다.

"내가 친구랑 처음이자 마지막으로 딸기 서리를 하다 잡혔거든."

"많이 혼났어요?"

"음···. 이렇게 말씀하시더라고. '미자, 니가 이럴 줄은 몰랐다.'"

"으악! 차라리 혼을 내시지. 쌤한테 실망했다는 거잖아요. 그런 말은 상처가 되는데."

내가 선생님들한테 '진개장 촌놈'이라거나 '니들 엄마 아버지처럼 시골에서 농사나 지을래?'라는 말을 들었다고 했을 때는 아이들이 하나같이 "그

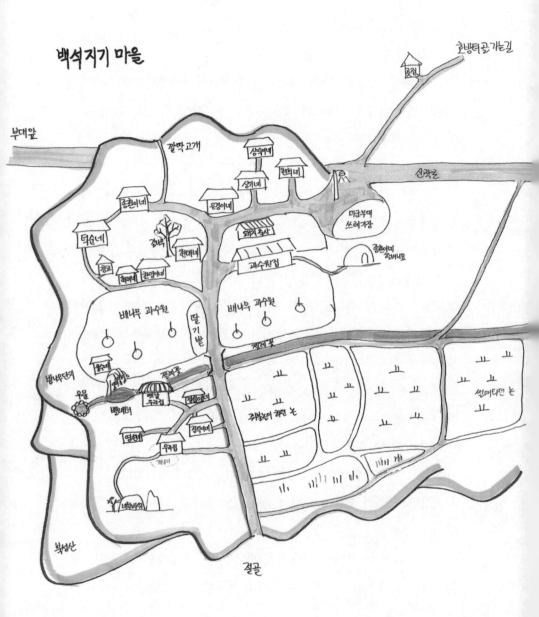

건 아니지요.", "진짜 너무했다.", "선생님이 왜 그래요?" 하며 내 편을 들어주었다. 아이들의 이야기를 들으며 마음이 따뜻해지고 말랑말랑해지는 느낌이었다.

"그런데 선생님이 이런 이야기를 다른 사람들한테 하게 된 건 얼마 되지 않았어. 그동안 학교 선생님들이나 심지어 버스 기사님들도 백석지기가 아니라 진개장이라고 부르면서 우리를 무시했거든. 진개장은 우리 동네 어귀에 미군 부대 쓰레기를 버리면서 붙여진 이름이어서 나도 모르게 우리 마을을 부끄럽게 여기고, 내 경험도 부끄럽게 여겨서 이야기하지 않게 되었어. 그런데 얼마 전 선생님의 선생님인 마을배움길연구소 문재현 소장님이 누구에게나 여러 가지 이야기가 있기 마련인데 창피해하는 마음만 크게 느끼고 있으니 다른 이야기를 떠올리지 못하는 거라는 말을 듣고, 선생님의 언니와 이야기를 해봤지. 그랬더니 나처럼 속상했던 이야기도 하고 친구들이랑 신나게 놀던 이야기들도 다 생각이 난 거야."

아이들은 고개를 끄덕이며 진지한 모습으로 들었다.

"지금까지는 선생님의 마을 이야기를 들었는데 이번엔 너희들 추억도 떠올려보자."

"에? 우리요? 추억이 없는데요."

"전 집순이에요."

아이들은 눈을 동그랗게 뜨고 난감해했다.

"그냥 떠오르는 대로 그리면 돼. 어떤 친구는 떠오르는 장소가 많을 수도 있고, 어떤 친구는 별로 없을 수도 있어. 방위나 거리, 뭐 이런 건 상관없어. 그냥 너희들 마음속 마을지도를 그리면 돼. 그리고 그 장소에서 있었던 추억을 떠올려보는 거지."

아이들은 내가 나누어주는 도화지를 펼쳐 놓고 하나둘 그리기 시작했다. 끝까지 저항하며 투덜대던 나영이도 "에이, 그냥 막 그릴 거예요."라고 한다. 내가 웃으며 고개를 끄덕이자 마지못해 그리기 시작했다. 혼잣말로 중얼거리기도 하고 옆 친구에게 말을 걸기도 했다. 얼마가 지났을까.

"선생님, 종이가 더 필요해요. 이쪽으로."

투명테이프로 연결해 주니 여기저기서 도화지 주문이 쇄도했다. 최대 3장까지 더 달라고 하고는 양옆과 위쪽에 도화지를 덧대었다. 수곡동에 6년을 살았지만 별 추억이 없다는 지훈이가 가장 먼저 가지고 나왔다.

"전 진짜 별로 추억이 없어서 집하고 학교만 그렸어요. 그래도 요기요. 놀이터에 한 1미터 되는 구멍을 판 적이 있거든요."

"우와! 그렇게 깊이? 함정인가?"

"어떻게 아셨지? 그렇게 물 부어 가며 팠는데 진짜 재미있었어요."

구덩이 이야기를 하며 짓궂은 표정을 짓기에 물었다.

"지훈이는 지도 그리면서 어땠어?"

"음…. '더 부지런하게 살 걸' 하는 생각이 들었어요."

"앞으로 부지런히 살면서 추억 만들면 되지."

"그런가요?"

지훈의 그 깨달음을 나는 마흔이 넘어서 했는데, 열세 살에 느끼는 아이들이 부러웠다. 자기는 집만 그릴 거라고 했던 온유는 많이 다녀보지 않아서 길로 연결하긴 어렵다며 학교, 학원, 유치원, 편의점, 꾸문(꾸러기 문구점), 도서관, 떡볶이집, 코인노래방 등 수많은 장소를 그렸다. 그리고 있었던 일과 느낌까지 빼곡히 적어와서 쉴새 없이 수다를 떨었다.

작년에 전학 온 희수는 도화지를 받아 들고 한참을 종이만 쳐다보고 있길래 꼭 수곡동이 아니어도 된다고 했더니 표정이 밝아졌다. 진짜 그래도 되냐고 되물으며 활짝 웃었다. 그러고는 가장 늦게까지 남아 도화지 두 장을 연결하고는 한 곳 한 곳 나에게 이야기를 시작했다. 동네에서 두 언니랑 주로 놀았는데 병아리 무덤을 만들어 준 일, 매미 껍질을 모아서 소꿉놀이한 일, 엄마가 심부름을 자주 시켜서 마트 아저씨와 친해진 일, 처음 냉면을 먹어보고 그 맛에 반했던 일, 집에 올 때마다 건너오던 무심천 돌다리, 버드나무를 귀신나무라고 하며 도망 다니던 일, 안경을 두고 와서 엄마한테 혼난 일까지, 1박 2일을 밤새워 이야기해도 끝나지 않을 것 같았다. 마스크에 가려졌지만, 그때 희수 표정은 세상을 다 가진 얼굴이었다. 말문이 트여 수다쟁이가 된 희수, 그 자체가 마을 지도를 그리는 가장 큰 의미 아닐까?

희수에게 마을 지도 그린 소감을 물었더니 잔뜩 상기된 얼굴로 말했다.

"처음엔 종이가 너무 큰 거 아닌가 했는데 두 장 써도 다 못 그렸어요. 너무 좋은 추억이고, 하루만 그때로 돌아가서 놀아보고 싶어요."

이야기를 들으며 잦은 이사로 관계 맺기 힘들었을 희수가 이해되었고, 어릴 적 추억을 떠올리며 활기찬 모습으로 다시 힘을 얻는 희수 모습을 보게 되었다. 그리고 깊게 접속된 느낌은 희수가 집에 가고도 그 여운이 가시지 않았다. 만약 내가 어릴 때 선생님이 이렇게 우리 마을 경험을 물어주고, 마을 지도를 그릴 수 있도록 격려해주었다면 마을에 대한 어두운 기억보다 자부심으로 가득찼을 텐데 하는 생각이 들었다.

어떤 아이들은 재잘재잘 수다쟁이가 되어 마을지도를 잘 그려가는데 왜 어떤 아이들은 그렇게 그리기 힘들어했을까? 처음에는 마을에 대한 그 아이의 경험이 다르기 때문이라고 생각했다. 하지만 퇴근 후 평화샘 선생

님들과 이 일을 이야기하며 정말 중요한 깨달음을 얻었다. 돌아보니 나는 내가 살던 마을의 지도를 그리는 데 여러 과정이 있었다. 모임에서 함께 어릴 때 추억을 떠올려보고, 다른 샘들 이야기를 들으며 내 추억을 보태고, 언니들과 고향 마을을 걸었다. 그런데 아이들과는 그런 과정 없이 전체 아이들을 대상으로 수업으로 진행한 것이다. 그토록 버리려 했던 일제식 수업 방식, 아이들 입장에서 바라보지 못해 온전히 자기 이야기를 할 수 있는 기회를 앗아간 것 같아 정말 미안했다. 아이들과 마을 길을 함께 걸으며 골목길 추억을 떠올리고 마을을 탐색해서 학년말에 다시 마을지도를 그려 보자고 제안해 봐야겠다. 그리고 두 지도를 놓고 왜 이런 차이가 나는지 함께 지낸 1년을 추억하고 이야기하며 아이들 스스로 자기를 이해하는 시간, 친구들과 선생님에게 이해받는 시간을 만들어 봐야겠다.

두환 아이들과 깊은 접속은 이런 거군요. 아 참 ㅎㅎ 저도 느끼는 바인데요. 관계도 배움도 매우 개인적인 것 같아요. 많은 아이를 대상으로 교사가 잊지 말아야 할 핵심인 것 같아요^^

맞아요. 아이들 하나하나를 생각했다면 그렇게 전체를 대상으로 해서는 안 됐어요. 돌아보니 가장 그리기 힘들어했던 나영이와 일대일 마을 나들이하며 함께 이야기 나누던 장소가 있었어요. 미자
아파트 앞 나뭇가지가 땅바닥까지 내려오고 그 안으로 들어가면 집 같은 단풍나무, 친구들과 즐겨 갔다던 코인노래방…. 그 이야기를 나영이한테 했더니 '아, 맞다!'라며 좋아했어요. 그러니 더 미안해지네요. 아이들이 그린 지도를 가지고 다시 일대일 나들이를 해볼까 합니다~ ^^

윤희 일대일 나들이 하면 추가되는 것도 많겠어요. 꼭 건물이 아니라 나무나 새가 추가될 수도 있겠어요. 지난번 지도 그린 후 저도 하나하나 추가되더라고요. 하굣길에 왠지 으스스했던 기상청도 있고, 뽑기하러 드나들던 문구점도 생각나고요. 친구랑 노래 부르며 번갈아 뛰기 놀이한 보도블록도 생각났어요.^^ 전엔 전체적으로 그리는 시간을 갖고 끝났는데, 그 시간이 끝이 아니라 열린 시간이라면 다시 과거로도 가고 앞으로 와도 연결되는 시간이 되면 참 좋겠다고 생각했습니다. 나눔 감사해요.

지금 사는 마을 이야기

예진이와 주원이의 도사리 마을지도 이야기

하예진[12](용인 도사리)

경도

"너네 거기서 뭐 하는 거야?"

빈 밭에 심어놓은 작물을 망칠까 봐 밭 주인 할아버지가 호통을 쳤다.

"경도해요!"

숨어 있다가 친구들이랑 뛰어가면서 말했다.

코로나19로 학교도 쉬고 학원도 쉬고 처음으로 동네 친구들이 함께 모여 놀 수 있었다. 여러 놀이를 하면서 즐겁게 놀았는데, 가장 기억에 남는 것은 겨울에 했던 경도다. 겨울이 되어 가을걷이가 끝나자 동네 텃밭도 우리가 뛰어놀 수 있는 벌판이 되었다. 그래서 지도에 경도하면서 뛰어다녔던 곳들을 표시했다.

경도는 '경찰과 도둑 술래잡기'를 말하는 건데, 경찰 편이 술래가 되어

---

12) 아빠 하종원이 13살, 6학년이 되는 딸 예진이와 이야기를 나누고, 아빠가 씀.

도둑 편을 다 잡아서 감옥에 넣으면 끝난다. 열네 명이 같이 놀았는데 일곱 명이 경찰이 된다. 처음에는 잘 달리는 친구들이랑 오빠들만 도둑이 되거나 경찰이 된 적이 있는데, 그러면 도둑을 한 명도 못 잡거나 경찰이 시작하자마자 다 잡아서 재미가 없었다. 여러 번 하다 보니 오래 뛸 수 있는 사람 중의 반과 오래 못 뛰는 사람의 반이 경찰이 되는 것이 재미있었다.

우리 집 앞에 그려진 달팽이진에서 시작하는데, 2분 동안 도망가면 경찰이 잡으러 가기 시작한다. 지도에 빨간 선으로 표시한 길을 따라 숨으러 다녔는데, 빌라를 지나 카페 옆으로 돌아간 다음 카페 뒤에 숨어 있으면 발견하기 어려운 꿀 자리다. 그렇지만 경찰이 양쪽에서 포위하고 오면 꼼짝없이 잡혀 큰일이었다.

밭으로 뛰어 내려갔다가 할아버지에게 호통을 듣기도 하고, 근처에 있는 우림아파트 재활용쓰레기통 옆에 숨어 있기도 했다. 아파트에서 내려와 편의점까지 간 다음 나들이 다니는 길 옆에 있는 빌라 공사장에 숨기도 했다. 그 공사장엔 파란 벽이 있는데, 주먹만 한 구멍이 뚫린 공사용 철판으로 만든 삐걱거리는 다리를 지나서 올라간 다음 빌라 주차장에 숨기도 했다. 그 다리를 지날 때는 혹시 다리가 끊어질까 봐 가슴이 엄청 조마조마했다. 내 동생 주원이도 그때를 생각하면 두근거리고 재미있다고 했다.

올해는 학원도 다시 열었고 학교도 맨날 가서 아직 못 해봤다. 또, 코로나19 때문에 어른들이 해밀타운 밖으로는 나가지 않는 것이 좋겠다고 했다. 동네 아이들이 다시 함께 모여서 경도할 수 있는 날이 언제쯤 올까?

불놀이 이야기

　불놀이는 언제나 재미있고 신이 난다. 일단 불을 지피고 둘러앉으면 그냥 재미있다. 불놀이는 어른들과도 하고 친구들과도 한다. 지도에 표시된 불놀이는 지난 정월 대보름 때 했던 달집태우기다. 그때 처음으로 친구들이랑 달집을 만들었기에 그전에 어른들이 만들어 주던 달집보다 기억에 남는다. 친구들이랑 달집 만들기로 한 날 갑자기 일이 생겨서 할머니 댁에 다녀왔는데, 우리 집 차에 친구들이 막 몰려왔다. 공터에는 엄청난 양의 지푸라기와 나뭇가지들이 쌓여 있었다.

　"왜 이렇게 많이 주워놨어?"

　"조금씩 모으다 보니까 커졌어."

　산에서 나뭇가지를 줍고 공터에서 풀을 베고 있었을 친구들을 생각하니 웃음이 났다. 나뭇가지들로 틀을 만들고 지푸라기로 겉을 덮었다. 아빠가 준 새끼줄로 몇 바퀴 둘러서 단단하게 묶어놓았다. 다 만들고 보니 어른들이 만들었던 달집보다 우리가 만든 달집이 더 멋있어 보였다. 대보름날 쥐불을 돌리다가 달집으로 던졌는데 아쉽게도 달집에 불이 확 붙지는 않았다. 결국 아빠가 가스 토치로 몇 군데 불을 붙이자 불이 타오르기 시작했는데, 사람 키 몇 배가 되는 불기둥이 생겼다. 우리가 쓴 소원과 함께 하늘로 올라갔다. 불이 어찌나 컸는지, 멀리 떨어져 있어도 뜨거운 기운이 느껴졌다. 불기둥이 없어질 때까지 다 같이 달집을 구경했다. 쥐불 돌리기를 계속하는 친구, 불 주변을 돌면서 강강술래 하는 친구, 군고구마 먹는 친구도 있었다. 오랜만에 나온 동네 언니랑 같이 다방구를 했는데 밤에 하니까 더 재미있었다.

나들이 이야기

동네에서 나들이 갈 때는 동네 뒤쪽 계단으로 내려가서 오른쪽에 있는 산속으로 가거나 왼쪽으로 해밀타운 하우스를 한 바퀴 걷거나 편의점에 간다. 나들이 가서 편의점에서 엄마가 아이스크림이라도 하나 사주면 꿀맛이다. 내가 그린 지도에는 산으로 가는 길은 그리지 못했다. 원래는 그리려 했는데, 우리 집을 약간 왼쪽에 그려놓고 그곳을 중심으로 표시하다 보니 산으로 가는 길을 그릴 자리가 없었다. 동생 주원이는 나랑 반대 방향으로 그리다 보니 산으로 가는 길은 그렸는데 편의점으로 가는 길을 그릴 자리가 없었다.

우리 동네 오른쪽으로 올라가면 두루봉이라는 산으로 연결된다. 두루봉에서 더 올라가면 말아가리산이 나오는데, 옆집 준하네랑 그곳에 올라갔을 때 가지에 뱀이 덜렁덜렁 걸려있던 생각이 난다. 죽은 줄 알았던 뱀이 조금씩 움직였을 때 진짜 놀랐다. 준하 아빠가 뱀을 저 멀리 던졌다. 머리가 세모 모양이어서 독사인 줄 알고 엄청 무서웠는데, 집에 와서 아빠랑 검색해보니 누룩뱀이라는 뱀이 독사인 척하려고 머리를 세모 모양으로 만든 것이었다.

두루봉에서 흘러오는 계곡이 있는데, 동네 사람들에게 물어봐도 이름을 아는 사람이 없고 지도에도 없어서 우리 집에선 도사천이라고 부른다. 여름에 비가 엄청 많이 온 다음 날 가면 시원하게 물놀이를 할 수 있다. 작년 여름엔 비가 자주 와서 동네 친구들이랑 돌로 둑을 쌓아서 물을 깊게 만들기도 하고, 벌레랑 물고기 구경도 하고, 돌탑 높게 쌓기, 돌 던져서 저 멀리 떨어진 바위 맞추기도 하면서 놀았다. 올여름엔 비가 많이 안 와서 작년

동생 주원이가 그린 나들잇길

에 비해 물이 쫄쫄 흘러 아쉬웠다.

　재작년에 '플라스틱의 역습'이라는 다큐멘터리에서 플라스틱을 먹이인 줄 알고 먹었다가 죽은 새들과 물고기를 보고 충격을 받았다. 그 후 주변에 떨어진 쓰레기들이 눈에 띄면 신경이 쓰였다. 그래서 아빠랑 나랑 나들이하며 떨어진 쓰레기를 줍기 시작했다. 몇 번 쓰레기를 줍기 시작했더니 친구들도 따라와서 치웠다. 다큐멘터리에 소개된 '리터라티'라는 어플로 우리 동네 쓰레기 지도도 만들었다. 그런데 영어로 되어있어서 아빠가 있어야 할 수 있어 아쉬웠다. 우리말로 된 어플도 나오면 좋겠다.

　쓰레기를 치운 다음 깨끗한 길에서 나들이하니까 뿌듯하고 기분이 좋았다. 길이 깨끗해지면 쓰레기를 버리려던 사람들도 조심할 것 같은 느낌이 들었다. 그렇지만 우리 마을 산책로 앞 계단과 새로 생긴 펜션 앞, 그리고 편의점 앞은 금방 쓰레기가 생겼다. 모든 쓰레기를 우리가 늘 치울 수는 없어서 치울 때마다 짜증이 났다. 아빠가 쓰레기를 버리지 말자는 포스터를 만들어서 붙이면 쓰레기를 덜 버리지 않겠냐고 해서 친구들이랑 그림을 그렸다. 가장 빨리 지저분해지는 세 곳에 붙였는데, 효과가 좋았다. 특히 우리 마을 산책로 앞 계단에서 담배 피우고 꽁초 버리던 분들이 더이상 꽁초를 바닥에 버리지 않아서 좋았다. 1년이 지나니까 붙여놓았던 그림이 너덜너덜해져서 이번에는 팻말을 만들어 세워놓았다. 그런데, 그해 여름이 되니까 말뚝이 쓰러져 있었다. 그래서 새로 그려서 바꾸러 갔는데, 쓰러진 팻말 주변은 엄청 더러워져 있었다. 너무 더러워 보여 치울 엄두를 못 내고 있었는데 같이 갔던 동생들이 장갑을 끼더니 막 주웠다. 그 모습이 정말 신기했다. 팻말을 세워놓자 효과가 있었다. 지금도 팻말은 그 자리에 서 있다.

한번은 아빠 없이 친구들이랑 쓰레기 줍기 나들이를 했는데, 버려진 신문지가 젖어서 땅에 딱 붙어있고 땅에 묻힌 검은 비닐봉지가 삐죽 나와 있었다. 주원이는 그걸 당기다가 비닐이 찢어지면서 엉덩방아를 찧고, 다른 아이들도 당기다가 다들 한 번씩 넘어졌다. 결국 땅을 파서 꺼냈는데, 어찌나 큰 비닐이었는지 우리가 갖고 간 쓰레기 봉지에 들어가지도 않았다. 검정 비닐봉지인 줄 알고 팠는데, 파내고 보니 농사지을 때 땅에 덮는 검정색 비닐이었다.

물놀이 이야기

물놀이는 보통 내 지도에는 표시되지 않은 산속에 있는 계곡에 가서 하는 경우가 많지만, 아이들끼리 가기가 쉽지 않다며 아빠랑 용대샘이 텃밭 앞의 시냇가를 물놀이터로 만들어 주셨다.

처음 갔을 땐 아빠가 낫을 안 갖고 가서 풀숲을 헤치고 가다가 풀에 막 베이고 길도 못 찾고 그랬는데, 두 번째 갔을 때 아빠가 낫으로 길을 만들어 주고 개울로 내려갈 수 있도록 밧줄을 달아놓았다. 그래서 친구들이랑 내려가서 물놀이를 했다. 다슬기가 엄청 많았다. 친구들이랑 다슬기 잡는 재미에 다슬기를 따라 올라갔는데, 텃밭에서 농사짓던 할아버지 할머니가 "내려가!"라고 하셔서 내려갔다. 아빠가 웃으면서 "안녕하세요, 어르신, 어른이랑 같이 왔으니 걱정 안 하셔도 됩니다. 저희는 저기 새로 생긴 동네에서 왔어요." 그러면서 할아버지 할머니와 인사를 나누었다. 알고 보니 그 할머니 할아버지도 우리 동네 사람은 아닌데, 주말에 텃밭 농사를 지으러 오신다고 했다.

"뱀이 나와서 그래요. 애들 조심해야 해요."

실제로 우리 동네에서 뱀을 본 적도 많다. 나들이 갔다가 허물을 발견한 적도 있다. 처음엔 누가 수도 호스를 버려놓은 것인 줄 알았다. 산속 계곡으로 갔다가 처음 뱀이랑 마주쳤을 땐 "꺅~!" 하고 소리를 질렀다. 한번은 밥 먹고 나들이 가고 있었는데 마치 바구니를 뜨는 것처럼 하수구 구멍 사이에 뱀이 왔다 갔다 하고 있었다. 나중에 도감을 찾아보니까 독사는 아니었다. 아빠가 구렁이 흑질황장이라고 했는데, 산속 계곡에서 만난 뱀이랑 같은 뱀이었다. 또 한번은 채아네 집에 새끼 쇠살모사가 나오기도 했다. 그때는 채아 아빠가 잠자리채로 잡아서 산에 가서 던져놓았다. 뱀을 조심하긴 해야겠다.

계곡에 다시 갔을 땐 우리 집 구피 어항에 넣을 자갈을 가지러 갔다.

친구들이랑 같이 갔는데, 그릇에 가득 찰 정도로 다슬기를 엄청나게 잡았다. 너무 많이 잡은 것 같아서 걱정되었다. 그래서 집으로 갈 때 다른 친구들은 밧줄 타고 먼저 올라가라고 하고 내가 다슬기 통을 갖고 가겠다고 했다. 친구들이 가고 나서 다슬기를 거의 다 놓아주었다. 몇 마리 데려온 다슬기는 우리 집 연못이랑 어항에 넣어주었다. 그때 비린내가 장난 아니었던 기억이 난다. 냇가에서 퍼온 자갈 속에서 새우들도 나왔는데, 새우들을 어항에 넣었더니 구피들이 공격해서인지 다 죽었다. 죽은 새우 껍질은 물 달팽이들이 먹어버렸다.

나는 우리 동네가 좋다

친구들이랑 물놀이할 수 있는 냇가도 좋고 편의점까지 가는 길도 좋고 계곡이 있는 산도 좋다. 앞으로도 계속 여기서 살았으면 좋겠다.

마을지도를 그리다 이웃을 그리다

신용대(용인 신갈동)

내가 사는 곳, 용인 신갈동

신규 발령을 받고 학교가 가까우면서도 전세가 싼 곳을 찾아 용인 신갈동으로 와서 15년 넘게 살고 있다. 처음 이사 와서는 골목 여기저기를 걸어 다녔는데, 마을이 궁금해서가 아니라 학교로 갈 수 있는 가장 빠른 길을 찾기 위해서였다. 고향이 시골이라 그런지 2km 내외의 거리는 버스를 타기보다 걷는 것이 편했기 때문이다. 학교를 옮길 때도 걸어서 다닐 수 있도록 집에서 삼사십 분 거리에 있는 학교들로만 다녔다. 그래서 바쁜 아침 시간에 몇 분이라도 빨리 갈 수 있는 지름길을 알아두는 것이 중요했다. 한 번 경로를 정하면 매일 같은 길로만 다녔다. 봄에 벚꽃이 흐드러지거나 가을 단풍이 눈에 띄게 물들 때만 길 주변 나무들에 잠깐 눈길을 줄 뿐, 신갈동 골목은 나에게 출퇴근길 이상의 의미는 없었다. 그 시절 신갈동 주변에서 내게 의미 있는 장소는 맛집들이 전부였다. 선후배들과 한잔하기 좋은 집, 동료들과 회식하기 좋은 집, 혼자 밥 먹기 좋은 집. 신갈동은 그저 퇴근하고 잠만 자는 집이 있는 곳이었다.

2012년 우연한 기회에 평화샘 프로젝트를 알게 되고 마을배움길연구소 모임에도 참여할 기회가 생기면서 내 생활이 바뀌기 시작했다. 주변에서 하루하루 변해가는 자연을 발견하는 나들이의 맛과 반 아이들과 놀이하는 즐거움을 알게 되니 삶이 풍성해졌다. 서양민들레와 민들레를 구별할 수 있게 된 뒤 마을에서 발견한 민들레 자생지, 골목에 숨어 있는 아름드리 느티나무 보호수, 그리고 마을 역사를 공부하면서 알게 된 수여선(水驪線) 협궤열차가 지나던 골목길은 내게 의미 있는 장소로 다가왔다. 골목길 좁은 틈에서 움트는 작은 풀꽃, 봄부터 겨울까지 매일 변화하는 나무들과 거기 날아와 지저귀는 새들을 보는 즐거움을 알게 되었다.

'그래, 마을 역사도 어느 정도 알고, 마을 곳곳의 생태도 잘 알고, 이만하면 신갈동을 잘 아는 거 아닌가?' 이렇게 자만하고 있을 무렵 연구소에서 자기가 사는 마을의 지도를 그리기로 했다. 15년이나 산 신갈동이니 눈 감고도 그릴 수 있을 거라는 자신감이 넘쳐났다. 직접 그려 보기 전까지는 말이다.

이야기가 없는 마을지도

지도에 바둑판처럼 반듯반듯한 길을 그리고 자주 가는 가게, 민들레와 느티나무 그리고 폐선된 수여선 철도를 표시하고 나니 더 넣을 게 없었다. 그마저도 실제 지도와 비교해보니 틀린 곳이 많아 몇 번을 다시 그렸다. 마을지도를 완성하고 보니 내 마음을 담지도, 그렇다고 정확한 지리 정보를 담지도 않은 허전하고 이상한 지도였다. 또다시 그려 본들 더 나아질 것 같지도 않았다.

'이상하다. 고향 지도 그릴 때랑은 다르게 왜 이렇게 어렵지?'

답답한 마음에 옛 추억을 떠올리며 즐거운 마음으로 그렸던 고향의 지도와 신갈동 지도를 펼쳐 놓고 어떤 차이가 있는지 비교해보았다. 고향을 그린 지도에는 친구네 집, 친구들과 놀던 장소들, 형들과 소 먹이러 다니던 골짜기, 설날 세배하러 다니던 친척 집 등 온통 나와 관계 맺고 있던 사람들과의 이야기가 가득했다. 그런데 지금 사는 마을지도에는 혼자 돌아다니며 찾은 것들만 있을 뿐, 마을 사람들과 관련된 이야기가 단 한 가지도 없었다. 주변에 인사하고 지내는 이웃이 없으니 당연한 결과였다. 한 마을에 15년 넘게 살았는데 마을에서 가깝게 지내는 사람이 없다니, 그동안 내가 사는 신갈동에 관심과 애착을 갖고 산 줄 알았는데 실은 알맹이 없이 부초처럼 살았구나….

나도 이웃이 있으면 좋겠다

이제는 고향에서 살았던 세월보다 용인에서 산 세월이 더 길다. 부초처럼 살 것이 아니라 고향에서 그랬던 것처럼 이웃이 있으면 좋겠다는 생각이 들었다. 하지만 고향에서는 그냥 거기서 태어난 덕분에 아무런 노력 없이 모든 관계가 주어졌는데 여기서는 어떻게 관계를 맺어야 할지부터가 고민이었다. 막상 시작하려니 마땅한 방법이 떠오르는 게 아니라 하기 어려운 조건만 먼저 떠올랐다.

'지금 사는 곳은 오피스텔인데 사람 마주칠 일도 별로 없고 그동안 모른 척하고 지내다가 갑자기 인사하기도 그렇잖아?'

'결혼해서 아이라도 있으면 또래 부모들과 자연스럽게 관계를 맺을 수 있을 텐데 독신이라….'

'낯선 사람한테 먼저 말 걸어본 적이 있었나? 그건 나한테 너무 스트레스야!'

어렵다고 생각하니 안 되는 핑곗거리만 수백 가지가 나올 판이었다. 일단 할 수 있는 것을 찾아보기로 생각을 고쳐먹었다. 자주 마주치던 사람에게 인사하기, 동네 어르신들에게 마을 역사 물어보기, 머리로 고민할 게 아니라 밖으로 나가서 걸으면 되는 일이었다. 마침 여름 방학 중이니 방학이 끝나기 전에 다섯 명의 이웃을 만들어보자 마음먹었다.

일단 골목으로 나서긴 했는데 코로나19로 경로당은 열리지 않았고, 기록적인 폭염 때문인지 골목에서 어르신들을 마주치기가 쉽지 않았다. 느티나무가 있는 곳까지 가서야 그늘에서 쉬고 계시는 할머니 한 분을 만나 신갈동의 옛 모습에 관해 이야기를 들을 수 있었다. 그런데 할머니를 뵈러 다음날도 그다음 날도 느티나무 아래로 찾아갔지만, 다시 뵐 수 없어 아쉬웠다. 일상적으로 만날 수 있는 이웃을 만나려면 어떻게 해야 할지 고민되었다.

식물도감과 카메라를 들고 가서 티가 나게 생태 나들이를 하다 보면 관심을 갖고 먼저 말을 걸어오는 사람이 있을 것 같아 마을에 있는 아파트 단지들을 돌아보았다. 처음 가보는 아파트 단지에서 나무와 풀, 곤충과 새들을 관찰하는 일은 재미있었다. 하지만 더운 날씨 때문인지 집 근처 아파트 세 곳을 모두 돌아보는 동안 바깥에 나와 있는 사람이 아무도 없었다. 방학이 끝나기 전, 시간적 여유가 있을 때 한 명의 이웃이라도 만들고 싶은 마음은 굴뚝같은데 지독한 폭염 때문에 일이 제대로 풀리지 않아 조바심이

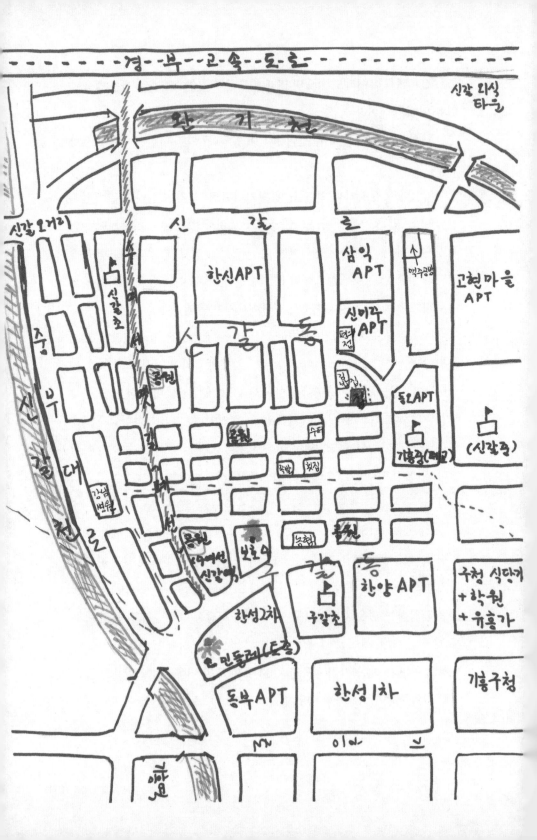

났다.

이게 사람 사는 맛이지!

또 다른 방법을 생각하다 문득 마을 근처 완기천에 있는 작은 텃밭들이 떠올랐다. 거기엔 날이 더워도 해질 무렵 농사 지으러 나오는 사람이 반드시 있을 것 같았다. 사람을 만나지 못하면 근처에 찾아오는 새들이라도 담을 요량으로 카메라를 메고 완기천으로 갔다. 마침 60대 초반쯤 되어 보이는 어른이 있어서 다가가 말을 걸어 보았다. 신갈에서 오래 산 토박이길 기대하고 인사를 나눴지만 아쉽게도 나와 비슷한 시기에 신갈에 자리잡은 중국 동포였다. 그래도 코로나 때문에 중국에 있는 자식들을 만나지 못하고 있는 사연으로 시작해 중국에 사는 사람들의 현재 상황 등 여러 가지 이야기를 나눌 수 있었다. 다음에 또 뵙겠다고 인사하고 돌아서니 근처 텃밭에 할머니 한 분이 계셨다. 방금 낯선 사람과 이야기를 한참 나누고 나니 용기가 생겨서 얼른 가서 인사드리고 말을 걸었다. 완기천 옆에 있는 텃밭이긴 하지만 물을 길어다 주기 어려운 곳인데 더운 여름날 메마른 고추밭에 물을 주고 계신 것이 안타까워 물은 어디서 길어오는지 여쭤보았다. 고향에서 농사짓고 계시는 어머니 생각이 나서 물 길어오는 것이라도 도와드리고 싶었다. 물을 퍼 올릴 만한 곳이 없는지 여기저기 두리번거리고 있는데 이번에는 할머니가 물으셨다.

"그런데 혹시 뭐 하는 양반이요?"

"아, 저는 학교 선생인데요. 이 동네에 10년 넘게 살았는데도 아직 동네에 대해 아는 게 없어서 이제 좀 알아보려고 돌아다니고 있어요."

"혹시 주변에 아는 경찰 없어요? 나는 카메라도 들고 있고 해서 경찰이나 뭐 그런 쪽 사람인 줄 알았네."

카메라를 보고 왜 경찰을 떠올리셨는지는 모르지만 대뜸 주변에 아는 경찰이 있냐고 물어보시는 것이 이상해 무엇 때문에 그러시냐 물어보았다.

"저 건너편에 내가 농사짓는 다른 텃밭이 있는데, 글쎄 그 옆에서 텃밭하는 노인이 자꾸 나를 트집 잡으면서 못살게 굴어. 아는 경찰 있으면 말 좀 해줘요. 경찰이 와서 뭐라고 하면 안 그러려나 해서 그러지."

지금 가면 그 노인을 만날 수 있을지도 모르니 가보자는 할머니의 부탁에 같이 텃밭에 가봤는데 그 노인을 만날 수는 없었다. 이왕 텃밭까지 간 김에 뭐라도 도와 드릴 게 없나 둘러봤는데 워낙 관리를 잘하고 계셔서 딱히 더 해드릴 것도 없었다. 결국 할머니께는 별 도움을 드린 것이 없었는데도 본인 이야기를 들어준 것만으로도 대단히 고마워하셨다.

텃밭을 둘러보고 나니 날이 저물어 돌아가려는데 마침 할머니가 사시는 댁도 우리 집 근처 아파트였다. 덕분에 돌아오는 길에 할머니와 좀 더 이야기를 나눌 수 있었다. 대전에 사시다 어린 손자들 돌봐주러 용인으로 이사 오게 되었고, 손자가 고등학교 갈 때 아들네가 분당으로 이사 가서 지금은 혼자 살고 계셨다. 돌봐줄 손자가 없으니 작년부터 소일거리 삼아 빈 터에 텃밭 농사를 시작하신 거였다. 타지에서 이사 온 처지라 동네에는 수다 떨 친구도 없어서 교회에 가서 사람들을 만났는데, 코로나19 때문에 교회에 못 가니 지금은 텃밭 농사가 유일한 낙이라고 하셨다.

그날 이후로 할머니가 잘 계시나 궁금해 텃밭에 자주 찾아가 보게 되었다.

"할머니, 오늘은 고구마 순 따시나 봐요?"

"이거 따다가 동사무소 앞에서 팔려구. 소일거리 삼아 하는 거지. 선생님은 어디 가는 중이요?"

"신갈천에 있는 새 찍으러 가는 길이에요."

"근데 선생님은 사진만 찍으러 다니고 왜 아직 장가를 안 갔수? 나이 들면 짝이 있어야 하는데."

결혼하라는 잔소리를 하는 사람이 한 명 더 늘긴 했지만 지금 사는 마을에서 10여 년 만에 반갑게 인사 나눌 수 있는 사람이 생겨서 참 좋았다. 고향에서 마을 사람들을 만나면 반갑게 인사하면서 느끼던, 그런 안정감이 느껴졌다. '그래, 이게 사람 사는 맛이지!' 하는 혼잣말이 절로 나왔다.

텃밭 할머니 덕분에 마을 사람과 관계 맺는 즐거움을 알고 나서는 집 주변 식당이나 가게 사장님들에게도 반갑게 인사말을 건네고, 말 한마디라도 더 건네면서 개별적이고 일상적인 관계를 맺을 수 있게 되었다. 손님과 가게 주인으로 만나던 관계에서 같은 마을 이웃으로 조금씩 조금씩 관계가 진전되면서 이제야 나도 뜨내기가 아닌 마을 사람이 될 수 있겠다는 희망이 보이기 시작했다.

네 번째 원룸

조휘연(세종 은용리)

세종시 장군면 은용리

지도 아래 장군산 북쪽 자락부터 대교천변 평야까지가 은용리입니다. 1914년에 3개 리를 합쳐 은용리를 만들었고요. 쭉 공주시 '장기면' 은용리였어요. 세종시 출범 때 장기면이 쪼개져 일부는 동 지역으로 흡수되고, 은용리 포함 아홉 개 리가 가까운 의당면의 다섯 개 리와 합쳐져서 새롭게 장군면이 되었어요. 이때 은용리가 장군면이 됐어요.

의당면이 김종서 장군 고향이고 남쪽에 장군산이 있어 장군면으로 이름 지었대요. 원래 장기면이었기 때문에 '장기'초등학교가 지금도 있어요.

대로 옆 원룸

실은 여기 산 지 얼마 안 되었고 앞으로도 오래 머물 것 같진 않아서 마음을 많이 주진 않고 있어요. 은용리에 들어올 땐 그저 학교에 가까운 원룸

을 찾아온 거였어요.

세종시에는 동 지역에 원룸이 없어요. 그래서 동에 접한 면·리에 원룸촌이 생겨났어요. 같은 장군면에서도 봉안리가 동하고 더 가까운데, 가까워서 더 비쌌어요. 조금 멀어도 싼 곳으로 찾다가 큰길이 닿는 은용리에 방을 얻게 됐어요. 원룸이 바로 6차선 대로 옆인데, 다행히 제 방이 도로를 등지고 있어 덜 시끄러워요. 마을과의 첫 만남이 구 장기면과 연기군을 잇는 도로인 장기로에서 시작된 거라고 볼 수 있네요.

그러고 보니 세종시가 출범한 것이 6차선 대로 건설에 큰 영향을 줬을 것 같아요. 장기로 말고도 당진-영덕고속도로가 지나고 있어서 마을을 걷다 보면 굴다리를 자주 지나야 해요. 두 도로 건설 전후의 변화를 살피는 것도 재미있을 듯해요. 그리고 이렇게 도로가 '지나치는 곳'과 '연결하려는 곳' 사이의 차별에 대해서도 생각해 볼 만하네요. 그나마 장기로는 지역주민이 이용할 수 있지만, 고속도로는 지역주민들에게는 시끄럽고 매연 나오는 장벽에 불과하니까요. 원룸 앞을 막은 장기로 옹벽이 마을을 한 번 나누고, 마을 안쪽으로 가면 고속도로가 한 번 더 마을을 가르고 지나가요.

장기로랑 닿은 북부의 '은용 1구'가 제가 사는 곳이자 집이 가장 많은 곳이에요.

의미 있는 장소

좋은 기억을 찾아보자면, 지도 북쪽의 복지회관은 2019년에 우리 반 4학년 애들과 마을 나들이하면서 방문했어요. 어르신들이 반겨주셨죠. 아이들과 즐겁게 이야기 나누고 세시 이야기를 얻어들었어요. 실은 여긴 집에서 멀어서 지도 범위에 들지 못하는 곳이에요. 그래도 마음으론 가까워요.

사실 리는 무척 커서 혼자 돌아다니기 부담스러운 데다 많은 경계가 산 능선이에요. 으슥하고 사람이 거의 없어 제 행동반경은 가까운 대교천 변과 면 소재지인 도계리 쪽에 치우쳐 있어요. 새로운 코스로 꾸준히 조깅 나가면서 그냥 땅과 친해지고 있어요. 사람들과 만날 마음은 잘 안 들더라 고요. 파란 대교천과 은용천이 서쪽 경계 일부와 북쪽 경계를 이뤄요. 천변 은 제가 조깅 코스로 애용했어요.

여기에 도시스러운 것이라곤 편의점과 원룸뿐이에요. (편의점도 원룸을 보 고 생겨났을 것 같네요.) 조깅하며 돌아다니면 마을에 소 축사, 인삼밭, 옥수수, 논이 제일 많아요. 뛰다 보면 가장 인상적인 건 동네 개들이에요. 짖어서 저를 놀라게 해요. 그러다 보니 외지인인 게 더 사무치고 돌아다니기 어렵 답니다. 그다음은 소똥 냄새로, 저의 호흡을 힘들게 하는 소 축사들이에요. 유난히 소가 많고 냄새가 심해요. 여기 소가 많은 이유도 궁금해요.

그리고 집 주변에 도시 사람들을 위한 세차장도 두 개나 있답니다.

남쪽의 장군산이 북쪽으로 흘러내리면서 세 개의 골짜기를 만들어요. 그중 은용천이 내려오는 골짜기 따라 중간의 은용저수지까지 올라가 봤 어요. 쭉 들어가면 마을이 하나 더 있는데, 가는 길이 으슥해 아직 못 가봤 어요.

동네에 처음 와서는 열심히 걷고 기본적으로 땅과는 친해졌지만, 마을 사람과 접하거나 마을 사람이 될 생각은 안 들더라고요. '나는 왔다 가는 사람인데 한계가 명확한 일에 힘을 빼야 할까?' 하는 생각도 했었어요. 하 지만 잠시 머무는 사람은 마을에서 무엇을 할 수 있을지 내가 해보자고 생각을 고쳐먹었어요.

 휘연샘, 마을을 걷다가 사람을 만나서 이야기하는 즐거움을 느끼는 시간이 빨리 오면 좋겠네요. 연구소에서 마을을 공부할 때 자주 산에 올라 조망을 해요. 그러면 주변 산줄기와 물줄기 등 지형이 마음속에 들어오거든요. 은용리를 지도에서 찾아보니 남쪽 경계가 장군봉과 장군산으로 이어지는 산줄기네요. 근처의 영평사에서 출발해서 장군봉, 장군산으로 이어지는 등산코스를 안내하는 블로그가 많아요. 장군산에 오르면 세종과 공주까지 주변이 다 들어올 것 같아서 조망을 제안해 봐요.^^

앞으로 쭉 여기선 외지인일 듯해서 관계를 만들긴 어렵겠어요.ㅎ 기회 되면 산줄기는 올라가 볼게요. 휘연

나는 '상암동'에 산다

정은주(서울 상암동)

나는 동네를 잘 걷는다. 얼마 전 토요일, 집에서 출발하여 상암산을 지나 월드컵경기장 문화비축기지가 있는 매봉산까지 다녀왔다. 코로나19로 혼자 지내는 시간이 많아져서 자주 걷는다. 맘 내키는 대로 상암산을 두세 바퀴 뱅뱅 돌기도 하고, 어떤 날은 하늘공원과 노을공원 둘레를 걷기도 한다. 강바람을 맞고 싶을 땐 난지천 공원, 평화 공원을 지나 한강으로 넘어가기도 한다. 한강으로 흐르는 홍제천의 저녁 풍경은 정말 운치가 있다. 홍제천에 비친 내부순환도로에서는 지나가는 자동차들이 바쁘다. 홍제천에 하늘이 비치고 그 속에 청둥오리가 유유자적 놀고 있다. 걸으면서 내 맘에 들어오는 풍경이 참 좋다. 그래도 가장 자주 가는 곳은 바로 집 앞에 있는 상암산이다. 한 시간이면 세 바퀴를 돌 정도로 작은 산인데 일찍 일어날 때면 산으로 간다.

예전엔 차로만 다니는 길이라고 생각해서 엄두를 못 냈던 곳들도 걸어가기도 한다. 건강을 위해 걸었는데, 마을 경계를 함께 이야기하고 마음에 마을을 두니 요즘은 걸으면서 눈과 귀에 들어오는 것들이 많아졌다. 상암동이 눈에 들어오는 것이 느껴졌다.

잠시 머물다 가는 거주자

'상암동'에 들어온 때는 택지개발로 4~12단지 월드컵파크가 들어서던 2005년 7월이다. 상암동은 예전에 난지천 쓰레기 매립지였다. 그래서 내가 정 붙이고 살 동네라고 생각하기 어려웠지만 입주하고 얼마 지나지 않아 생각이 바뀌었다.

처음에 와서는 하늘공원에 매주 주말에 올라갔다. 공원에 올라가면 사방이 탁 트인 곳에서 바라보는 북한산과 한강의 모습이 참 좋았다. 가을이면 억새가 흩날려, 여기가 쓰레기장이었다는 것을 까맣게 잊을 정도였다. 이곳저곳을 걷다 보니 이제는 여기만큼 좋은 곳이 없는 것 같다. 정이 많이 들었다. 그런데 정이 든 것 같다고 하면서도 아쉬운 점이 있었다. 이곳에 사는 사람들을 잘 모른다는 것이다.

어릴 적 고향 마을과 지금 살고 있는 마을에 대해 이야기하고, 마음에 담긴 것을 지도에 그리다 보니, 내가 사는 같은 마을이지만 사는 모양새나 주변을 대하는 마음가짐이 많이 다르다는 것을 알았다. 어릴 적 고향에는 부모님이 계시고, 형제들이 있고, 동네 친구들과 놀았던 기억으로 지도를 그리는 내내 즐거움이 가득해서 시간 가는 줄 몰랐다. 지금 사는 상암동은 집에서 먹고 자고, 심심할 때 산책하러 나오는 길을 중심으로 그리는 정도였다. 이웃과 친밀하게 지내지 않으면서 살고 있었다.

문득 '지금 내가 잘살고 있는 걸까?' 싶었다. 단지 '거주자'로 살고 있었구나 싶었다. '어떻게 이렇게 살게 되었을까?' 가까이 살면서 서로 도움을 주고받는 이웃사촌이 사라졌다. 아파트에 건물마다 많은 사람이 살고 있지만 아는 사람은 둘째 아이 학부모 정도. 아파트 구조에서 한 공간을 아주 비싼 돈으로 사서 차지하고, 별 소통 없이도 대부분 잘살고 있다. 아무렇지 않게 아주 잘살고 있다. 이런저런 말 많은 시골보다 서울 대도시의 익명성이 매우 좋아 보이기도 했던 나다. 그러니 당연히 모르는 사람들과 사는 것들이 더 편하다고 생각하고 있었던 것이다.

상암동에 이사 오기 전에 살았던 상계동에서는 같은 층에 사는 사람들이나 둘째 아이 친구의 부모들과 자주 만나면서 알고 지냈다. 아침에 만나 차도 마시고, 한 집에 모여 아이들을 모아 놓고 함께 놀았다. 저녁이 되면 같이 시장도 보면서 이웃과 일상생활들을 자주 함께했다. 아이 키우며 생기는 고민들과 아이들 노는 것이 공동의 이야기가 되었다.

그런데 지금은 직장에서 일하고, 끝나고 집에 와서 가족과 함께 휴식을 취하는 곳이 집이다. 집을 쉼터로만 여기는 내 마음을 세 개의 마을지도를 그리면서 알게 되었다. 먼저 고향 마을지도 이야기를 쓰고, 그다음으로 학구 이야기를 하고 나서야 제일 마지막에 지금 사는 상암동 지도를 그리고, 이야기를 썼다. 지금 사는 마을은 딱히 기억에 남는 게 없고 나눌 이야기도 생각나지 않았다. 그만큼 마을에 애착이 없었는지도 모른다. '직장에서 일하며 사는 게 힘들어서였을까?', '사는 게 예전과 무엇이 달라졌을까?' 생각해보니 관계를 맺을 시간적인 여유가 없기도 하다. 엘리베이터에서 마주치는 이웃과 한두 마디 인사말을 건네고, 다른 이웃들과는 인사도 하지 않고 지나간다. 마을을 걸으면 모르는 사람이 대부분이다. 그런 익명성이 좋고 편하다는 생각이 틀렸을 수도 있다는 것이 내 마음을 흔들었다.

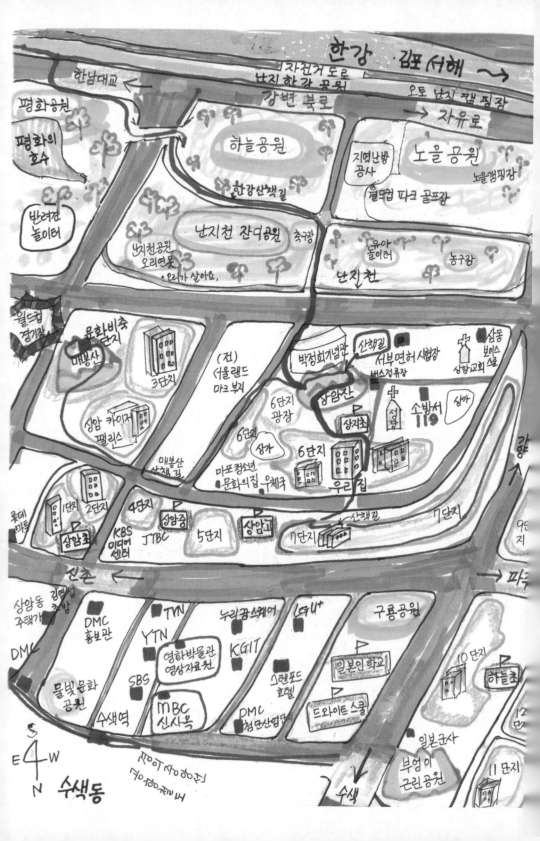

같은 곳에 살면서도 지속적으로 만나는 이가 별로 없는 것에서 내가 '거주자'로 살고 있었구나 하는 생각이 들었다. 지도를 그리고 마을 이야기를 하다 보니, '이제라도 마을사람으로 살아야 하지 않겠어?' 하고 나에게 조용히 물어본다. '그래야지.' 마음뿐이다. 지금으로서는 구체적으로 어찌해야 할지 잘 모른다. 사는데 바쁜 한 사람이다. 시설 좋은 상암동에 잠시 머물다 가는 이방인 같은 마음인 것이다. 그래도 세 개의 마을지도를 그리면서 이방인으로 살았던 나를 알아차리게 되었고, 마을 사람으로 살기 위한 실천을 고민하는 중요한 계기가 되었다.

이제는 땅 모양이 보이고, 길 가는 이웃에 눈이 간다

상지초등학교에 있을 때 서울평화샘, 문재현 소장님과 상암동 주변 나들이를 하면서 난지공원 주변을 둘러본 적이 있다. 예전의 상암동 지형과 땅이름이 있는 지도를 보면서 난지도의 유래와 난지천을 알게 되었을 때의 첫 느낌이 강렬했다. 평소 많이 듣던 그 난지천이 그곳에 있을 거라는 생각은 못 했다. 이전부터 있던 마을이니 예전 것들이 남아있는 게 당연한데, 머리로만 알고 있던 장소를 눈으로 확인하고 나니 신기했다. 이 마을의 역사를 몰라도 너무 모르고 있다는 사실과, 그런 것과 무관하게 사는 무심한 내 모습에 놀랐다. '아는 것 따로, 사는 것 따로' 자신이 살고 있는 곳에 관심이 없는 나 같은 사람들이 주변에 의외로 참 많다.

지금은 난지천공원을 지나갈 때 물이 흐르는 것을 유심히 보기도 하고 호기심을 갖기도 한다. '이 물이 불광천에서 왔을까? 평화의 호수공원을 거쳐 향동천과 만나서 한강으로 흘러가는 것일까?' 안 보이던 것들이 눈에 보이고 궁금증이 일고 생각들이 연결되기 시작했다. 배워가는 재미가 생겼다.

하루는 평소처럼 상암산에 오르는데 60대 아저씨가 길을 물어왔다. 우연히 산에 들어왔는데 나가는 길을 모르겠단다. 어디로 가면 나갈 수 있느냐고 묻는다. 아저씨는 예전에 상암동에 살았는데 우연히 마을을 지나가다가 산을 오르게 되었다고 했다.

"내려가면 바로 도로가 나와요. 저기가 하늘공원이고 저기가 난지공원이고 요기가 난지천이에요."

첫 만남인데 멈춰 서서 묻지도 않은 말을 먼저 건네고 상암동의 이곳저곳에 대해 이야기하고 있었다. 아저씨는 난지천이 100미터쯤으로 보일 정도로 폭이 넓었다고 기억하고 있었다. 설마 그렇게 넓었을까 싶었지만 어릴 적 기억이니 그러려니 했다. 지금은 흐르는 물은 폭이 2미터를 넘지 않고, 전체 폭은 4미터 정도다.

상암동에 대해 지나가는 사람과 이야기하다니! 예전 같으면 길만 알려주고 가던 길을 갔을 것이다. 옛 추억으로 아저씨가 다시 왔듯, 나도 언젠가는 회상하는 마음으로 상암동을 그리워할 것 같았다. 땅도 사람들도 함께 살아가고 있다는 것이 다가왔다.

내 두 번째 고향 웃살목

유양우(영동 범화리)

새로운 삶의 공간 시골로

나는 영동군 학산면 웃살목에 살고 있습니다. 지금 사는 마을에 정착하기까지 참 많은 일이 있었습니다. 영동에 정착하게 된 것은 대학 1학년 때 농활(농촌봉사활동) 온 것이 인연이 되었습니다. 농활 때는 하루하루가 너무 재밌고 신났습니다. 새참으로 먹던 막걸리며 국수는 말로 표현할 수 없을 만큼 꿀맛이었습니다. 당시는 사회 민주화를 바라는 대학생(지식인)들이 노동 현장과 농촌 현장으로 가는 경우가 많았습니다. 그래서 응원해 주는 사람이 한 명도 없었지만, 용기를 낼 수 있었습니다. 서울에서 자라서 농사 경험이 없지만, 농촌을 변화시키겠다는 진심만 있으면 될 거라는 열정으로 농촌을 선택했습니다.

그러나 귀농 1년 차 심천면에서의 삶은 순탄하지 않았습니다. 농사의 '농'자도 모르고 농촌을 변화시키겠다는 열정만 불탔지요. 새벽부터 밤늦게까지 아무리 발버둥 쳐도 농사는 엉망이 되었고 지쳐서 쓰러져 자는 날엔 막걸리 한잔으로 끼니를 때우다 보니 결국 병이 나고 말았습니다.

하는 수 없이 처가가 있는 청주에 가서 치료를 받았습니다. 청주에 있는 동안 아내는 콧노래를 부르며 즐거워했지만 저는 영동 사람들의 정이 그리웠고, 쓰러져 가는 농촌을 일으키는 데 삶을 바치고 싶다는 의지를 버릴 수 없었습니다. 밤마다 아내를 설득하기는 쉽지 않았지만, 아내도 내 의지를 꺾지는 못했습니다.

다시 영동 황간으로 귀농하는 날을 잊을 수 없습니다. 애기 주먹만 한 함박눈이 펑펑 내리던 날인데, 장모와 아내는 하염없이 울었습니다. 내려오는 차 안에서 말없이 울던 아내를 생각하면 늘 짠합니다.

"함박눈이 너무 많이 내렸는데 그 눈보다 엄마 눈물이 더 눈에 들어왔어."

그 후 황간면 노근리에서 10년간 열심히 살았습니다. 최선을 다했지만 제대로 된 삶의 터전을 마련하기란 쉽지 않아서, 고생하다 양계장과의 인연으로 지금 마을에 자리잡게 되었습니다.

마을의 젖줄 저수지

내가 사는 마을에는 제법 큰 저수지가 있습니다. 처음 웃살목 마을에 들어왔을 때 저수지 바로 밑에서 포도 농사를 지었습니다. 그때는 세 아이를 키우고 양계장과 농사를 함께 하느라 정신없이 살아서 저수지도 제대로 돌아볼 여유가 없었습니다. 어느 여름날 포도 농사를 짓다 너무 힘들고 지쳐서 저수지 둑방에 올라갔습니다. 아내와 저수지 둑방에 앉아 마음을 달래고 있는데, 힘든 우리 맘을 위로라도 하는 듯 시원한 바람이 불어왔습니다.

"여보, 저수지가 너무 고맙네. 우리 보고 힘내라고 하는 것 같아. 어쩜

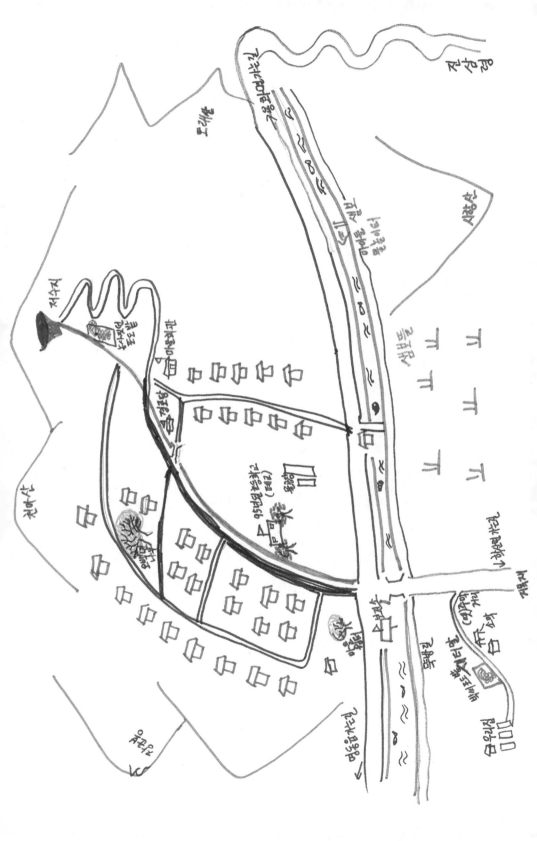

바람이 이렇게 시원하지?"

아내 말에 나도 웃으며 "그래, 쉬었으니 또 가보자." 하며 힘을 내곤 했습니다. 저수지는 저에게 쉼터 같은 곳이었습니다.

그러다 몇 년 후 마을 공부를 한다고 마을회관에서 동네 분들에게 마을 이야기를 듣는데 저수지 이야기가 나왔습니다.

"저수지가 없을 때는 정말 어려웠지. 하늘만 쳐다봤어. 비가 오면 고맙고, 비가 안 오면 그해는 벼농사를 접고 여기서 30리쯤 떨어진 용화에 가서 표고버섯 일을 해주고 품삯으로 조 씨앗을 얻어와서 논에다 심었어. 그러다 저수지가 생기면서 마음 편히 벼농사를 지었지. 그때부터 수박도 심었지. 수박을 심으면서 이 동네 돈이 좀 돌았어."

옆에 있던 노인회장님이 거들었습니다.

"이 저수지를 1980년에 만들었는데 동네가 생겨나고 가장 큰 공사였어. 처음에는 제방이 넘치거나 무너지는 것이 두려워서 반대도 많았지만, 공사가 시작되고 동네 사람들이 일당을 받고 일하면서 생활이 많이 좋아졌지. 완공된 후에는 물 걱정 없이 농사지을 수 있었어. 이 동네는 저수지 만들고 확 달라졌어."

그렇게 이야기를 듣고 나니 저수지가 달리 보였습니다. 이 물로 골짜기에 있는 다섯 마을이 모두 농사를 지으니 참 고맙고 소중한 존재로 느껴졌습니다. 저수지 둑에 서면 동네가 한눈에 내려다보이고 뒤에 있는 천마산과 어우러져 참 아름답습니다.

학산면 아이들을 위해 공부방을 시작했을 때, 첫 마을 나들이로 저수지에 갔습니다. 처음이라서 어떻게 할지 몰라 긴장했는데 아이들은 나들이 온 것만으로도 너무 좋아했습니다.

"선생님, 우리 소풍 온 것 같아요."

"소풍 온 것 맞아. 신나게 놀다 가자."

고삐 풀린 망아지처럼 이리 뛰고 저리 뛰며 좋아하던 아이들 모습이 눈에 선합니다. 저수지에 올랐을 때 아이들이 탄성을 지르며 뛰어가고, 물수제비도 떠보고, 다들 모여 사진도 찍고…. 참 행복한 시간이었습니다.

그래서 저수지는 그냥 저수지가 아닙니다. 마을 사람들에게는 삶의 터전이고, 나에겐 아이들과 즐겁게 놀았던 놀이터이고, 고단한 몸을 쉴 수 있던 고마운 쉼터입니다.

아이들을 품어준 500년 된 느티나무

우리 마을에는 500살도 넘은, 할머니같이 따뜻한 느티나무가 있습니다. 지금은 주변에 집들이 앞뒤로 들어서 있어서 조금 답답한 느낌이 들지만, 예전에는 느티나무 주변이 넓은 공터여서 마을 사람들의 여름 쉼터였고 아이들의 놀이터였습니다.

이 나무는 온 나라 사람들이 슬퍼하고 분노했던 을사늑약 때 소리 내며 울었다고 합니다. 참으로 신비스러운 나무입니다. 비록 지금은 마을 사람들이 많이 찾지 않지만, 여전히 가슴속 깊이 마을을 지켜주는 나무라고 여기며 애지중지합니다. 그래서 마을 나들이할 때 아이들을 데리고 느티나무로 갔습니다. 우리 아이들이 아니라 학산 공부방 아이들입니다. 우리 면에는 지역아동센터 같은 방과후 돌봄 기관이 없어서 부모들이 나서서 아이들을 돌보는 공부방을 운영하고 있었거든요. 당시 학산초등학교에서 따돌림당하던 한성이도 겨우 설득해서 함께 갔습니다. 내가 느티나무를 살피면서 말했습니다.

"얘들아, 우리 나무 둘레 한번 재 볼래?"

"빨리 재 봐요. 완전 커요."

궁금한지 아이들은 서로 손을 잡으면서 나무를 빙글빙글 돌았습니다. 그때 한 발짝 떨어져서 머뭇거리고 있던 한성이를 6학년 여자아이들이 둘레를 재 보자며 손을 끌었습니다. 느티나무가 한성이의 마음을 알았던 것일까요?

느티나무 아래에서 아이들과 처음으로 손 잡고 함께 어울리던 한성이 표정을 잊을 수 없습니다. 긴장했던 얼굴은 살짝 미소를 띠었고, 움츠리고 있던 어깨도 자연스럽게 펴져 있었습니다. 그 모습을 보니 나도 가슴이 뭉클했습니다. 지금도 느티나무를 볼 때마다 좋아서 어쩔 줄 몰라 쑥스럽게 미소 짓던 한성이가 생각납니다.

마을 사람으로 만들어 준 물싸움

우리 마을에는 지금은 폐교되었지만 95년의 역사를 지닌 범화초등학교가 있습니다. 일제 강점기인 1936년에 세워졌고 마을 사람들이 아이들 교육을 위해 어렵게 땅들을 내놓아 만들어진, 마을 어른들의 자부심 넘치는 학교이기도 합니다. 처음 이사 왔을 때 학교에 관해 물으니 마을 어르신들이 한마디씩 하셨습니다.

"아무나 동네에 학교를 만드는 게 아녀. 정말 어렵게 땅을 내놓아서 만든 거라고 들었어."

"다른 동네는 못 한다고 하는 것을 우리 동네에서 만들었다는 거여."

"학교 현관 앞에 있는 멋진 소나무도 학생들이 산에서 캐 와서 심은 거여. 한번 봤어?"

자부심이 가득 차서 얘기하시던, 아흔이 훨씬 넘은 어르신 얼굴을 잊을 수 없습니다.

저와 학교의 인연은 축구였습니다. 아들이 이 동네로 이사 오면서 친구가 없어 걱정했는데, 어느 날 학교에서 아이들 소리가 나서 가보니 아들 또래 아이들이 공을 차며 놀고 있어서 무척 반가웠습니다. 그날 같이 공을 차면서 나도 아들도 동네 아이들과 가까워졌습니다. 그날 이후로 저녁 늦게까지 놀다가 돌아오는 아들을 보면서 걱정이 한순간에 날아갔던 기억이 납니다.

학교는 또 내게 특별한 선물을 주었습니다. 이사하고 얼마 안 됐을 때였습니다. 귀촌한 사람 중에 학교 부지를 헌납한 자손이 있었습니다. 이 사람이 처음엔 학교를 임대해서 낫또 공장을 세워 운영하더니 판매가 부진해지자 학교에서 나오는 지하수를 상업적으로 판매하겠다고 나섰습니다. 우리 동네는 물은 많지만 먹을 물이 부족해서 한여름에는 저수지 물을 먹어야 하는 물 부족 마을이었기에 마을에선 난리가 났습니다. 더구나 지하수에 불소가 많아 먹는 물로는 부적합하다는 판정을 받았지만 여과 장치까지 설치해서 판매 허가를 받아낸 것입니다.

"이게 뭔 일이여? 어떻게 하겠다는 거여!"

동네 노인들의 목소리에 노기가 서려 있었습니다. 마을 한복판에서 지하수를 뽑아 맘대로 팔겠다니, 마을 사람 모두가 불안해하고 화가 나서 부글부글 끓어올랐습니다.

모두 반대하며 싸움이 시작되자 가방끈이 길다는 이유로 반대 투쟁위원회 위원장을 맡게 되었습니다. 투쟁을 시작하니 군청도 쫓아다니고, 다른 지역의 물싸움하는 곳을 돌아다니며 정보를 수집하고, 때로는 모여서 화합의 장도 만들었습니다. 그러면서 가랑비에 옷 젖듯 조금씩 동네 사람들과 친해지게 되었습니다.

어느 날 저녁 동네 사람들과 부침개를 먹으며 상의하고 있을 때였습니다. 물 공장 쪽에 붙은 김 씨가 갑자기 핏대를 세우며 나를 공격하기 시작했습니다.

"야! 니가 뭔데 이래라 저래라야. 굴러온 돌이 왜 설치고 난리야. 이 물 팔아도 상관없다면 어떻게 할 거야?"

그러자 가만히 듣고 있던 아줌마들이 벌떡 일어나 벌떼처럼 무섭게 덤볐습니다.

"이 사람이 듣자 듣자 하니까, 당신 물 공장에서 뭐 먹었어."

"마을을 위해 고생하는 사람한테 그게 할 소리야!"

"허! 요새 여편네들 등쌀에…. 큰일이야 큰일."

거칠게 달려들던 김씨는 이렇게 중얼거리며 꼬리를 내리고 가버렸습니다.

그날 이후 아줌마들은 먼저 다가와 인사하고, 고생한다며 허물없이 대해 주었습니다. 며칠 후 군수와 면담이 있어 모두 참석해 달라고 하자 누워 있는 환자 빼고는 모두 나오셨습니다.

"아이고. 우리 마을에 사람이 이렇게 많았어?"

마을회관에 모인 사람들이 다들 싱글벙글하고, 아흔을 넘긴 어르신들도 지팡이를 짚고 나오실 때, 눈물이 핑 돌았습니다. 우리는 그렇게 하나 되어서 열심히 싸웠고, 얼마 안 가 사업주는 부도가 나서 나가버렸습니다.

이후 새로운 사장이 왔지만 물 사업은 계획보다 판매량이 지지부진하여 마을에 별 영향을 미치지 못했습니다. 그렇게 싸움은 마무리되었습니다.

완전한 승리가 아니어서 아쉬웠지만 물싸움은 내가 처음으로 동네 사람으로 인정받는 계기가 되었습니다. 그래서 학교는 내가 동네 사람들 마음속으로 깊숙이 들어간 특별한 장소입니다.

불볕더위도 이겨내는 우리 동네 행복 놀이터 샘보

시골 하천에는 중간중간 보(물막)가 설치되어 있습니다. 가뭄을 해소하려고 만들어 놓은 곳인데 아이들한테는 여름철 좋은 놀이터가 됩니다. 우리 동네도 도덕리 쪽으로 조금 올라가면 '샘보'라는 곳이 나오는데, 가뭄이 심하게 들어도 물이 나오는 샘보를 여기 사투리로 샘보라 부릅니다. 샘보는 비가 많이 오고 나면 아이들이 다이빙할 정도로 제법 깊어서 좋은 물놀이장으로 변합니다. 이곳에 처음 아들딸들을 데리고 갔을 때가 생각납니다. 밭에서 일하다 보니 나도 지치고 아이들도 더위에 지칠 때였습니다.

"얘들아! 더운데 우리 수영장 갈까?"

내가 물안경과 라면을 챙기니 아이들이 어리둥절해 했습니다.

"아빠, 거기서 라면도 끓여 먹을 수 있어? 수영장인데?"

"응, 가보면 알아."

샘보에 도착하니 장마철이라 폭포처럼 물이 흐르고 있었습니다.

"와! 우리 동네에 이런 데가 있었어!! 수영장보다 훨씬 좋아!"

큰딸이 환호하며 좋아했고, 느릿느릿한 둘째 딸은 말없이 어느새 물속에 들어가서 물 만난 인어가 되어있었습니다. 급하게 뛰어들어 신나게 물장

구를 치던 막내아들이 간절한 눈빛으로 나를 바라보던 모습이 생생합니다.

"아빠, 우리 여기 매일 오자."

올여름엔 더위와 코로나19에 지친 공부방 아이들을 데리고 이곳에 와서 물놀이를 했습니다. 아이들은 샴보를 보자 좋아서 난리를 피우고 소리지르며 물로 뛰어들었습니다. 그 가운데 한 녀석이 간절한 눈빛으로 말했습니다.

"선생님, 우리 여기 매일 오면 안 돼요?"

참 아이들 마음은 다 똑같은 것 같습니다.

그렇게 놀던 어느 날, 집으로 가는 길에 5학년 민정이가 웃으며 말했습니다.

"샘! 애들이 여기 오는 날에는 학교에서 아침부터 노래를 불러요."

"그래, 그럼 매일 오자."

아내는 샴보가 우리 마을에서 가장 좋다고 합니다. 시간도 돈도 없던 시절에 아이들을 워터파크에 데려갈 수도 없는데 걸어서 5분 거리에 샴보같은 곳이 있어서 정말 고마웠다고 합니다.

여보게 유 씨! 우리 형제지간처럼 지내세!

내가 웃살목에서 세 들어 살다가 새터로 이사온 것은 양계장 때문입니다. 새터 마을은 본 동네인 웃살목에 가깝지만 늦게 생겨서 그렇게 불렀다고 합니다. 새터는 서쪽으로 호랑이가 앉아 있는 모습과 닮았다 해서 호산이라고 부르는 산이 있고 동남쪽은 트여 있습니다.

이곳으로 이사 오면서 박 씨 어르신과 가까이 지내게 되었습니다. 밭으로 일 가거나 양계장에 가려면 어르신의 포도밭을 지나가게 되었는데, 새참 먹을 때면 어김없이 막걸리를 내놓고 지나가는 나를 불러 세웠습니다.

"어이! 유 씨, 막걸리 한잔 먹고 가."

"저 술 잘 못 먹어요."

"이 사람아, 술을 못 먹으면 음료수라도 먹어."

이렇게 살갑게 대해 주던 박 씨 어르신은 어느 날 나와 포도밭 앞에서 이야기 나누다가 "전답 이웃사촌은 사촌보다 더 가까워. 그러니 형제처럼 지내자구." 하면서 부드러운 미소로 나를 바라보는데 정말 너무 고마웠습니다. 칠순이 되신 아버님 같은 분이 그렇게 이야기해주시니 생면부지 타향살이 시름이 한순간에 날아가 버렸습니다. 지금은 고인이 되셨지만, 그 포도밭을 지날 때면 어디선가 박 씨 어르신의 목소리가 들리는 듯합니다.

"어이 유 씨! 막걸리 먹고 가."

웃음꽃이 피어나는 손자와의 오솔길

내가 시골에 와서 가장 잘한 일은 세 아이를 낳고 자연에서 실컷 놀게 한 것입니다.

여름이면 마을 앞 도랑에서 하루 종일 놀고 들로 다니며 자유롭게 놀던 아이들이 어엿한 청년이 되었습니다. 우리 아이들 가운데 도랑에서 올뱅이 잡고 손고기 잡기를 유난히 좋아하던 큰딸이 남편과 함께 손주를 데리고 마을에 온 지 3년이 되었습니다. 손주 솔이가 온 후로 제 삶이 참 많이 바뀌었습니다. 솔이가 성장하는 과정을 보며 시골이 아이에게 얼마나 소중하고 좋은 교육환경인지 몸으로 느끼고 있습니다.

솔이가 엄마 품에서 벗어나 아장아장 걷기 시작하면서 온 마을이 나들 잇길이고 웃음 꽃길로 바뀌었습니다. 나들잇길에서 아장아장 걸으며 웃을 때는 잡초가 무성한 길도 꽃길처럼 이쁘게만 느껴졌습니다. 말문이 트이 고부터는 길을 가면서 쉴새 없이 물어봅니다.

"할비, 이게 뭐야?"

"꽃이지."

"할비, 이게 뭐야?"

"기어가네. 이게 뭘까?"

어떤 날은 길가에 있는 이웃집 소 울음소리를 듣고는 소막(외양간)으로 출근하기 시작했습니다. 처음에는 덩치 큰 황소를 무서워했지만 내가 밥 주는 것을 보고 한두 번 주더니 금세 친해져 가까이 가서 얼굴도 만지고 뿔 도 만집니다.

"솔아! 소가 밥을 어떻게 먹어?"

내가 물으면 손주는 헛바닥 내밀고 좌우로 돌리는 흉내를 냅니다.

"뿔은 어떻게 생겼어?" 하면 집게손가락을 곤두세워서 머리 양쪽으로 갖다 대거나 검지를 꼬부려서 갖다 대고 흉내를 냅니다. 이렇게 매일 가니 소들도 손자만 나타나면 목을 내밀면서 "음매" 하며 인사합니다. 요즘은 어린이집을 다니는 손자가 주말이 되면 먼저 동네 나들이 가자고 합니다. 이제는 우리 집 앞길이 아니라 마을 앞 시항천 뚝방길입니다.

"어디로 가?" "또랑에 가." "가서 뭐 해?" "물고기 잡으러 가야지." 아이 는 씩씩하게 대답하며 나섭니다.

물고기도 잡고 꽃과 곤충들도 만지고 노는 시항천변 둑방길은 솔이의 놀이터입니다.

돌아오는 길에 지나가는 동네 어른들께 머리 숙여 인사하면 노인 분들이 그렇게 좋아하십니다. 네 살짜리 아이는 솔이밖에 없으니 동네 손자인 셈입니다. 차만 타고 다니던 나와 아내는 손자와 나들이 덕분에 모든 길이 다시 보이기 시작했습니다.

톡톡대화방

명순 처음 낯선 영동살이에서 마음을 달래주고, 마을 분들의 삶의 물꼬가 되어주던 저수지. 마을 사람으로 인정받게 된 물싸움. 아이들, 아들과 딸, 그리고 손자까지 이어주는 살목마을의 저수지와 하천은 참 특별하게 다가오네요. 참, 살목은 왜 살목이에요?

양우 동네 땅 모양이 화살 목처럼 생겨서서 살목이라 부른대요.

윤희 너무 재밌게 봤어요. 군산에도 저수지가 많은데 이 글을 읽으니 달리 보여요. 영동살이 하면서 마을 사람이 되신 계기들도 눈에 들어옵니다. 함께 어려운 일을 겪고 진심으로 마주하는 것의 소중함을 알겠어요. 일단 머리로는요^^ 마지막으로 손자 이야기 참 좋네요. 무주에서 근무할 때 소가 지나가는 걸 처음 보고 '소가 이렇게 커요?' 했더니 '야는 송아지여~~' 하셔서 깜짝 놀라던 기억이 나요.^^ 아이는 그 거대함에 무서웠겠다. 그래도 할아버지가 함께해서 참 좋았겠다 싶어요. 할아버지 껌딱지가 안될 수 없을 것 같습니다.

양우 요즘은 손자랑 밭에서 고구마 캐고 있습니다. 일 도와준다고 고사리 손 움직이는 것을 보면 너무 귀여워요.^^

명순 솔이 귀여움이 여기까지 전해집니다. 깊어가는 가을에 참 정겨운 장면이에요~~~

파랑새는 우리 마을에 있다!

이명순(청주 수곡동)

마을에서 만난 파랑새

"꿱꿱꿱꿱꿱꿱 꿱꿱꿱꿱꿱꿱"

매봉산 정상 팔각 정자 옆 아까시나무들 사이에서 익숙한 새 소리가 들려왔다. 매봉산을 지키기 위한 촛불 모임 때 후배 서 선생이 매봉산에 사는 친구라며 들려주던 파랑새 소리였다. 워낙 독특한 소리라 기억하고 있었는데 직접 들은 건 처음이었다.

"언니, 저기 좀 보세요."

같이 산에 오른 선배 언니를 서둘러 불렀다. 소리나는 곳을 보니 한두 마리가 아니라 여러 마리가 꿱꿱거리며 날아다니고 있었다. 내 머리 위에서 커다란 날갯짓 하며 날아다니는 모습은 정말 장관이었다. 파랑새를 직접 보다니! 멀리서 찾아 헤매다 결국 자기 집 새장에 있던 새가 바로 파랑새라는 것을 깨달았다는 찌르찌르와 미찌르가 된 기분이었다.

이때가 2020년, 봄이 가고 여름이 막 시작될 무렵이었는데, 마을배움길 모임 선생님들 사이에서 마을 나들이와 새에 대한 이야기꽃이 피어나던 때였다. 수곡동에 사는 나와 언니는 아침이나 주말이면 매봉산으로 나들이를 다녔다. 언니는 새에 관심을 보였는데, 새 소리가 들리면 그곳을 보며 귀를 쫑긋 세우고 무슨 새일까 궁금해했다.

"서 선생이 있으면 바로 알 수 있을 텐데."

새를 좋아하는 서 선생과 매봉산 나들이를 할 때면 걸음을 멈추고 새를 볼 때가 종종 있었다. 노랑턱멧새나 동고비도 서 선생 덕분에 알게 되었다. 그러나 당시 나는 새에 대해 그다지 관심이 없었다. 그때 좀 더 관심을 가졌다면 새들과 더 일찍 친구가 되었을 것이고, 사람들과 나눌 것이 더 많았을 것이란 생각에 아쉬움이 컸다. 문득 작년에 영동으로 간 서 선생이 그리웠다.

찾았다! 꾀꼬리!

파랑새를 보게 되면서 다른 새들도 보고 싶었다. 특히 꾀꼬리가 보고 싶었다. 꾀꼬리는 20년 전 청남초등학교에 근무할 때 그 뒷산인 꽃산에서 처음 본 뒤로는 본 적이 없었다. 그렇게 보기 힘든 꾀꼬리를 매봉산 나들잇길에서 다른 사람들이 "꾀꼬리다!" 하며 몇 번을 볼 동안 나는 늘 놓쳤다. 꾀꼬리와 숨바꼭질하는 기분이었다.

"못 찾겠다! 꾀꼬리!"

그렇게 술래가 된 듯 약이 올라 조바심을 내던 어느 날이었다. 그날도 언니와 4단지 뒤쪽 길 따라 매봉산으로 가려고 할 때였다. 갑자기 우리 눈앞에서 노란 꾀꼬리가 한 마리, 두 마리 보이기 시작했다. 언니는 노란 단

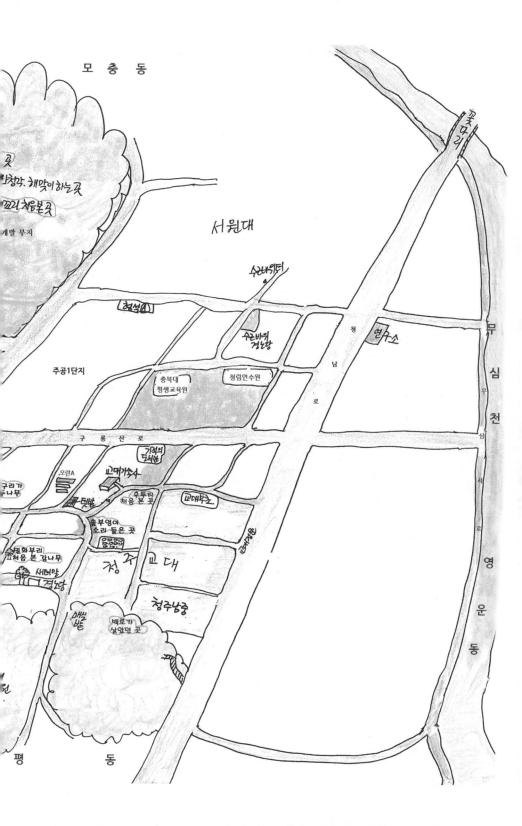

무지가 날아다니는 것 같다고 했다. 사실 꾀꼬리는 휙 지나며 노란빛을 살짝 보여주고 얼른 나무 사이로 숨어버려 여간해서 보기 힘들다. 그런데 그날은 볼 테면 실컷 보라는 것처럼 나뭇가지에도 앉아 있고, 나무 사이로 숨었다 나타나기를 여러 번 했다. 꾀꼬리를 보고 싶어 하는 마음이 하늘에 닿았나?

그 뒤 꾀꼬리는 매봉산에서도, 잠두봉에서도 가을이 올 때까지 곳곳에서 볼 수 있었다. 매봉산에서 파랑새와 꾀꼬리를 보게 되면서 우리 마을 새에 대한 관심이 커졌다. 다른 새들은 어떻게 생겼고 어디 사는지 궁금해지기 시작했다. 사람들은 새를 보려고 저 멀리 유명하다는 철새도래지를 찾아가기도 한다. 그러나 내가 관심을 두게 되자 굳이 멀리 가지 않아도 우리 마을에도 새들이 많다는 것을 알게 되었다.

그러다 마을을 좀 더 깊이 담는 계기가 있었다. 마을배움길 문 소장님 제안으로 우리 마을 새 지도를 그리게 되면서였다. 새 지도가 있으면 마을에서 새에 관심을 갖고 공부하는 사람들이 좀 더 쉽게 접근할 수 있는 자료가 될 수 있을 것 같았다. 처음에는 수곡동 지도에 도감에 나오는 새들을 사는 곳에 따라 구분해서 그렸다. 그러나 소장님과 다시 이야기하며 그런 일반적인 지도가 아니라 내가 사는 마을 어디에 어떤 새가 사는지, 마을 길을 걸으며 새와 만나면서 새와 마을을 내 마음에 담는 지도가 필요하다는 것을 깨달았다. 그 뒤 책상머리를 떠나 마을 길을 걷기 시작했다.

파랑새는 어디로 가는 걸까?

"내가 처음에 지도에 그렸던 그 새들이 우리 마을에 있을까? 어디로 가야 볼 수 있을까?"

처음에는 막막했다. 참새나 직박구리는 어디서든 보이지만 다른 새들은 어디 가야 만날 수 있을지 도무지 알 수 없었다. 그냥 집 가까운 곳부터 걸어 다니기 시작했다. 마을 뒷산에도 가고, 숲이나 텃밭 등 새들을 발견할 만한 곳을 눈여겨보며 다녔다. 물새들을 보려고 무심천이나 이웃 동네 하천을 찾아가기도 했다. 그렇게 하루, 이틀 걷다 보니 어떤 새들이 어디에 주로 모이는지 조금씩 알게 되었다. 새들이 조금씩 보이니까 여기저기 가고 싶은 곳이 자꾸 생겼다. 마을 길을 걷는데 지루할 틈이 없었다.

"엄마, 쫌!"

걷다가도 새가 보인다 싶으면 멈춰서 쌍안경을 꺼내 드는 나를 보고 아들은 창피하다며 소매를 잡아끌었다. 나는 좋은데…. 새로운 친구들과 우연한 만남이 내 일상에 빛이 되었다. 새의 리듬에 따라 움직이게 되니 자연스럽게 생활에 활력이 생기고 규칙이 생겼다. 새를 보는 것이 일상이 되자 새들이 주로 보이는 시간대가 언제인지도 알게 되었다. 우리 마을의 새들은 새벽이나 이른 아침, 해질녘에 주로 보였다. 이른 새벽에 가장 먼저 우는 새가 뭔지 아냐는 질문을 듣고 나서야 새들이 우는 시간대가 저마다 다르다는 걸 알았고, 해 뜨기 전 주위가 캄캄할 때 옥상에 올라가 어떤 새가 먼저 우는지 기다리기도 했다. 딱새가 가장 먼저 울었다. 딱새가 울기 시작하면 참새와 까치들이 울고, 매봉산에서 백로나 파랑새가 날아와서 내 머리 위를 지나 우리 집 뒷산 잠두봉 너머로 날아갔다. 덕분에 우리 집 옥상도 새를 만나는 중요한 장소가 되었다.

"백로는 무심천으로 갈 것이고, 그러면 파랑새는 어디로 가는 걸까?"

궁금해져서 잠두봉을 걷게 되었다. 그러다 파랑새가 잠두봉 공원에 있는 키 큰 나무에 늘 앉아 있는 것을 발견했을 때는 너무 기뻐서 폴짝폴짝 뛰었다. 여름이 가고 가을이 지나 남쪽으로 갈 때까지 파랑새는 새벽 아침 그 나무 위에 홀로 앉아 있곤 했다.

나의 아지트

그렇게 새를 보러 다니다가 나의 아지트가 생겼다. 우리 집 가까이에 작은 산, 잠두봉으로 들어서는 곳에 벽돌집이 있다. 그 집 담벼락은 잠두봉 쪽 텃밭과 연결되어있는데, 이런 개활지가 새를 보기에 딱 좋다. 남의 집 담벼락이지만 한적하고 걸터앉을 만큼 낮아서 주로 여기서 새를 보았다. 이곳에 앉아 있으면 걱정 근심이 사라지고 나와 잠두봉과 새들이 온전히 하나가 된 듯했다. 딱새, 참새, 붉은머리오목눈이, 직박구리, 멧비둘기 등 사계절 볼 수 있는 새들은 물론 초록 나뭇잎 사이로 휙 지나가는 샛노란 꾀꼬리도 볼 수 있고, 뻐꾸기 울음소리도 들을 수 있다. 그렇게 여름을 보내고 날마다 듣던 뻐꾸기나 꾀꼬리 소리가 들리지 않자 아쉬움이 밀려왔다. 내년에는 첫울음 소리를 들을 때부터 함께해야겠다고 생각했다.

이곳에 자주 있다 보니 이곳에서 텃밭 농사를 짓는 리슈빌 아파트 할머니와 주공 4단지 아주머니와도 인사를 나눌 수 있었다. 할머니와 아주머니께 푸성귀를 받았을 때는 '이런 것이 마을에서 사는 맛이구나' 하는 것을 느낄 수 있었다.

"호박잎 좀 가져가도 될까요?"

"아이, 그럼. 가져다 먹어. 그렇게 말을 하면 되는데 그냥들 가져가면 기분이 안 좋아. 내가 주는 건 괜찮은데."

담벼락 밑에 호박잎이 무성해서 호박잎 좋아하는 김 선생이 생각나 말씀드렸더니 얼마든지 가져가라고 하셨다. 수확이 끝나자 할머니와 아주머니네 텃밭은 갑자기 쓸쓸해졌다. 붉은머리오목눈이나 딱새들은 풀밭이 무성할 때보다 좀 더 눈에 띄었다.

그러던 9월 어느 날, 갈색으로 마른 옥수숫대에 앉아서 붉은 배를 연신 보여주며 뭔가를 쪼아 먹는 새를 보았다. 도감을 찾아보니 오색딱따구리였다. 오색딱따구리는 10여 년 전 아들과 잠두봉을 지날 때 처음 보았다. 그때 너무 놀라서 더듬거리며 "오오색 따딱따구리다!" 한 걸 가지고 가끔 아들이 놀리기도 했다. 그리고 10여 년 만에 본 것이다. 아파트 짓는다고 잠두봉을 절반이나 없애버려서 다시 못 보는 줄 알았는데 어찌나 반갑던지!

그 뒤 오색딱따구리를 우리 앞집 호두나무에서 보았다. 딱따구리는 호두 열매가 거의 다 없어질 때까지 날마다 왔다. 단단한 호두껍데기를 쪼아 먹는 것이 신기했다. 설거지하며 부엌 창문으로 보는 재미가 쏠쏠했다. 그러던 어느 날, 앞집 아저씨는 호두 수확이 시원찮았는지 호두나무를 싹둑 베어버렸다. 그 뒤 더 이상 오색딱따구리를 볼 수 없었다.

마을 사람들을 이어준 오작교, 밀화부리

얼마 되지 않은 시간이었지만 마을 곳곳에서 많은 새를 만났다. 내가 사는 곳에 그렇게 많은 새들이 함께 산다는 것이 신기했고, 그걸 모르고 살았다는 것이 더 놀라웠다. 내가 만난 새마다 다 사연이 있지만 가장 마음에 남는 새는 밀화부리다. 밀화부리를 처음 만난 날부터 밀화부리가 보이지 않는 겨울까지 백여 일 동안 마을 사람들과 함께 밀화부리를 본 것은 잊지 못할 기억이다.

밀화부리를 처음 본 것은 9월 즈음이다. 그날은 늦잠을 자서 평소보다 늦게 집을 나섰다. 텃밭 담벼락에 한참을 앉아 있어도 새들이 보이지 않아 아쉬운 마음으로 발걸음을 돌렸다. 경노당 앞 느티나무 쪽으로 걸어 내려오는데 감나무에 새가 앉아 있었다.

"직박구리인가?"

그런데 좀 이상했다. 직박구리치고는 머리가 크고 부리가 뭉툭해 보였다. 그제야 쌍안경을 꺼내 들고 자세히 보았다. 쌍안경 사이로 들어온 새는 직박구리가 아니었다. 까만 털로 덮인 머리에 뭉툭하고 노란 주둥이가 인상적이었다. 온몸이 갈색 깃털로 덮여 있는데 검은색 바탕의 날개깃에 흰 점이 보였다. 그동안 한 번도 못 보던 새였다. 몹시 흥분되었다. 새가 날아갈 때까지 한참을 보았다. 그리고 집에 와서 도감을 찾았다. 한 장 한 장 넘기다 밀화부리라는 것을 알게 되었다. 그때부터 만나는 사람마다 밀화부리 이야기를 했다. 세상에 없는 새를 나 혼자 발견한 것처럼. 그다음 날 새벽부터 밀화부리를 보러 감나무 집에 갔다. 그러나 보이지 않았다. 그 뒤 몇 번을 가도 볼 수 없었다. 마치 꿈에서 본 신기루 같았다. 그렇게 며칠이 지나고 텃밭 담벼락에 앉아 있을 때였다. 쌍안경으로 여기저기를 둘러보는데 뭉툭한 노란 주둥이가 보였다. 밀화부리였다. 두 마리가 나무에 앉아 있는데 한 마리는 전에 본 것과 달라 도감을 찾아보니 밀화부리 암컷이었다. 암수 한 쌍을 보다니!

그 뒤 매봉산에 있는 분재원에서 밀화부리를 떼로 보게 되었다. 이 분재원에는 느릅나무 다섯 그루가 있는데, 그곳은 수십 마리 밀화부리들의 보금자리였다. 밀화부리 떼를 처음 발견한 것은 은서였다. 은서는 후배인 6학년 김 선생 반 아이인데 새 동아리 회원이다. 새 동아리는 10월쯤 만들어졌고 나와 은서, 채율이, 민주가 참여했다. 새를 보는 즐거움을 마을 사람들과 나누면 좋겠다고 생각할 무렵 김 선생이 학급의 뜨개질 동아리 아이들을 도와달라고 했다. 뜨개질 동아리를 하던 은서랑 이야기하다가 은서가 새를 좋아한다는 사실을 알게 되었다. 그래서 마을에서 본 새 이야기를 했더니 보고 싶어 했다. 그리고 친구들에게도 제안해서 새 동아리가 만들어졌고 주로 분재원에서 만났다. 그곳은 나무들도 많고, 텃밭이 있어 여러 종류의 새들이 많았다.

"선생님, 저기 떼로 날아가는 새들은 뭘까요?"

은서 말에 쌍안경을 꺼내 새들을 보았다. 밀화부리였다. 순간 나는 엄청 큰 소리를 냈다. 옆에 있던 아이들이 깜짝 놀라 나를 보았다. 그뒤 우리는 밀화부리들이 날아다니는 것을 거의 날마다 보았다. 밀화부리를 못 보는 날은 엄청 서운해하며 집으로 가곤 했다.

동아리 아이들 가운데 은서는 유독 새를 좋아했다. 새를 보려면 아침 일찍 만나야 했는데 은서는 11월 매서운 추위에도 거의 하루도 빠지지 않고 꾸준히 나왔다. 교실에서는 "귀찮아요"를 달고 산다고 들었는데, 내가 만난 은서는 열정이 넘치고 공감적이고 책임감 있는 아이였다. 은서는 마을에서 만난 새를 그리거나 미술 시간에 찰흙으로 실감나게 만들어서 담임 선생님과 반 친구들을 감동시켰다. 조용하던 은서는 친구들과 새 이야기를 하며 적극적으로 변했다. 그런 은서를 보며 자기가 좋아하는 것에서 출발하는 배움이 사람을 얼마나 성장시키는지 알 수 있었다.

그 뒤 밀화부리는 동아리 아이들뿐 아니라 마을 사람들을 이어주는 오작교가 되었다. 보는 사람마다 우리 마을에 밀화부리들이 산다고 이야기했고, 그 말에 너도나도 분재원을 찾았다. 찾아오는 사람들을 반갑게 맞이해 주는 분재원 아저씨와 이런저런 이야기를 나누었다. 아저씨는 매봉산에 아파트가 들어서면 분재원도 이사가야 한다고 했다. 몇 년째 주민들이 개발을 반대하는데도 시청과 개발업자는 아랑곳하지 않고 밀어붙이고 있다. 밀화부리들의 보금자리 느릅나무, 아름드리 오동나무 등 그 많던 나무들과 동물들이 사라질지도 모른다는 생각에 너무 마음이 아프고 화가 났다. 그런 사실을 알 리 없는 밀화부리들은 눈 내리는 겨울까지 늘 그곳에 있었다.

마을을 걷자 파랑새가 나에게 왔다

그렇게 늦은 봄부터 여름, 가을 그리고 겨울이 될 때까지 마을을 걷고 또 걸으며 새도 보고 사람들도 만났다. 그러면서 20여 년 동안 살던 마을을 새롭게 발견하고 사람들과 깊이 관계 맺게 되었다. 좀 더 건강해졌고, 좋은 습관도 생겼다. 이제 어디를 가도 새를 만나면 반갑고 그 새가 궁금해진다. 새를 만나며 나만의 오솔길이 생겼고, 새를 알아가는 기쁨을 나눌 수 있는 사람들이 생겼다.

2021년 5월, 20여 년을 살던 수곡동을 떠나 청주 시내에서 좀 떨어진 남이면 문동리라는 곳으로 이사가게 되었다. 그때 가장 아쉬웠던 것 가운데 하나가 수곡동 새들과 헤어져야 한다는 것이었다. 겨울을 이겨내고 다시 봄을 맞이하는 새들을 반겨주고 꾀꼬리, 파랑새들이 다시 날아오는 것을 보고 싶었는데 아쉬움을 가득 남기고 문동리에 왔을 때 온갖 새들이 나를 반겼다. 내가 수곡동을 걷지 않았다면, 새들을 만나지 않았다면 그 새들이 나를 반겼을까? 파랑새는 멀리 있지 않았다. 바로 우리 마을에 있었다. 내가 마을을 걷자 파랑새가 나에게 왔다. 수곡동에서도 그랬고 지금 사는 문동리에서도.

톡톡대화방

오늘 아침 선물 받았어요~^^ 새 동아리 친구가 만들어줬는데 밀화부리 깃털입니다~ 아직 밀화부리는 남쪽 나라(중국 남쪽, 일본 혼슈 남쪽)로 가지 않고 떼지어 살고 있답니다.

 귀한 선물이네요^^

네~ 이 아이가 깃털 모으는 걸 좋아하네요. 지갑에 넣어 두었어요. 명순

낙엽 책갈피는 봤어도 새깃털 책갈피는 처음 보는 것 같아요. 밀화부리는 여러모로 선생님한테 특별하네요. ^^ 진숙

깃털 책갈피가 멋집니다. 명순샘 덕분에 밀화부리에 대해 점점 알게 되네요. 고맙습니다! 미숙

내가 사는 배오개 마을은요

김명신(청주 죽전리)

오랜 기간 살았던 현도면은 청주에서 남쪽으로 20km쯤 가면 있는 곳으로, 현재는 청주시 서원구에 속해 있다. 2014년 청주시에 편입되기 전에는 청원군이었다. 7년이 지난 지금도 청주시라는 것이 실감 나지 않는다.

그건 현도면의 생활권이 그전에도, 지금도 신탄진이기 때문이다. 현도면은 남쪽으로 금강을 경계로 대전광역시 신탄진과 맞닿아 있다. 현도면 남쪽 끝에서 다리만 건너면 신탄진이기 때문에 지금도 현도면 사람들은 병원에 가거나 장을 보러 신탄진으로 버스를 타고 다닌다. 나만 해도 아이들이 어릴 때 어린이집과 병원, 장보기 등은 신탄진으로 다녔다. 내가 사는 죽전리에서 차를 타면 7~8분이면 갈 수 있기 때문이다.

이렇게 현도면은 남쪽은 신탄진, 북서쪽은 세종시 부강면, 동쪽은 문의면, 북쪽은 남이면과 맞닿아 있다.

내가 사는 죽전리는?

나는 현도면의 가운데 있는 죽전리에 살고 있다. 현도면에는 노산리, 달계리, 매봉리, 상삼리, 선동리, 시동리, 시목리, 양지리, 우록리, 죽암리, 죽전리, 중삼리, 중척리, 하석리의 14개 법정리(法定里)가 있다. 법정리는 법률로 정한 마을 이름이고, 지번의 기준이 된다. 법정리와 헷갈리는 부분이 바로 행정리(行政里)인데, 이것은 인구와 생활권을 고려하여 법정리에 1개 또는 여러 개로 설치한 행정 단위다. 지역에 따라서는 여러 개의 법정리를 묶어서 하나의 행정리로 통합하여 운영하는 곳도 있다. 죽전리는 죽전 1리, 2리, 3리의 행정리로 나뉘는데 나는 죽전1리의 가장 큰 마을인 배오개에 살고 있다.

우리 마을은 뒤로는 산으로 둘러싸여 있고 앞에는 넓은 배오개들이 펼쳐져 있다. 그래서 버스에서 내려서 1.5km쯤 걸어 들어가야 우리 마을이 나오는데, 마을 입구에 들어서면 아무리 거센 바람이 부는 날에도 바람이 사라지고 온화한 기운이 돈다. 우리 마을은 예부터 물이 좋아서 장수 마을로 유명했다고 한다. 내가 그린 지도에서 보다시피 우리 마을만 해도 우물이 세 개나 되는데 지금은 물이 다 말라버렸다. 소반재 뒤쪽으로 카스맥주 공장이 들어선 후 동네 우물이 다 말라버렸다고 한다. 맥주 공장을 세울 때 동네 사람들이 많이 반대했는데 동네 이장들이 나서서 사람들을 설득했다고 한다. 그래서 초기에는 명절이면 동네에 선물을 돌리면서 환심을 사더니만 2~3년이 지나고 나서는 선물은 사라지고 비 오는 날이면 역겨운 냄새만 동네에 가득해졌다. 자본주의의 그늘을 보는 것 같아 씁쓸하기 짝이 없다.

우리 마을 북서쪽으로는 중삼리가 있고, 남서쪽으로는 시목리가 있다.

동쪽으로는 죽전 2리와 3리가 있고, 남동쪽으로는 선동리가 있다. 남편 말로는 쥐불놀이나 두레 깃발 싸움을 하던 주 대상이 선동리였다고 한다. 선동리와 논밭을 많이 공유해서 부딪힐 수밖에 없었다는 것이다. 배오개들을 가로질러서 나들이갈 때면 남편은 선동리를 바라보며 쥐불놀이와 투석전 이야기를 신나게 한다. 그런 경험이 없는 나는 신기하기만 하다. 남편 이야기를 듣고 있으면 너른 들판에서 쥐불놀이 깡통이 날아다니고, 아이들의 함성이 들리는 듯하다.

나는 1995년에 결혼한 후 쭉 이곳에 살고 있다. 결혼해서 들어올 때는 조금만 살다 도시로 나가려 했는데 26년이나 살았다. 그동안 여러 번 마을을 주제로 공부하려고 이런저런 시도를 해보았지만, 그때마다 조금 자료를 찾아보고 학교 아이들에게 이야기해 줄 만큼만 했던 것 같다. 마을지도를 그리다 보니 이곳이 남편과 두 아들의 고향이라는 사실이 새삼스럽게 다가왔다. 가족의 고향이라는 생각이 드니 좀 더 깊게 알아보고 싶은 갈증이 일고, 궁금증이 스멀스멀 올라온다.

내가 사는 배오개의 땅이름 유래는?

배오개의 땅이름 유래를 찾으면 가장 많이 나오는 것이 배오개의 원래 명칭 백옥포(白玉浦)다. 『현도면지』에 따르면 옛날에는 금강을 통해 부강까지 바다에서 소금배가 왕래하여 큰 시장이 형성되었으며, 배오개 마을 앞까지 하천(외천천, 폭 36m)이 있어서 작은 배가 다녔다고 한다. 그래서 백옥 같은 물이 흐른다는 의미로 백옥포라고 불렀다고 한다.

그런데 정말 우리 마을 앞까지 소금배가 들어왔을까? 그러기에는 하천

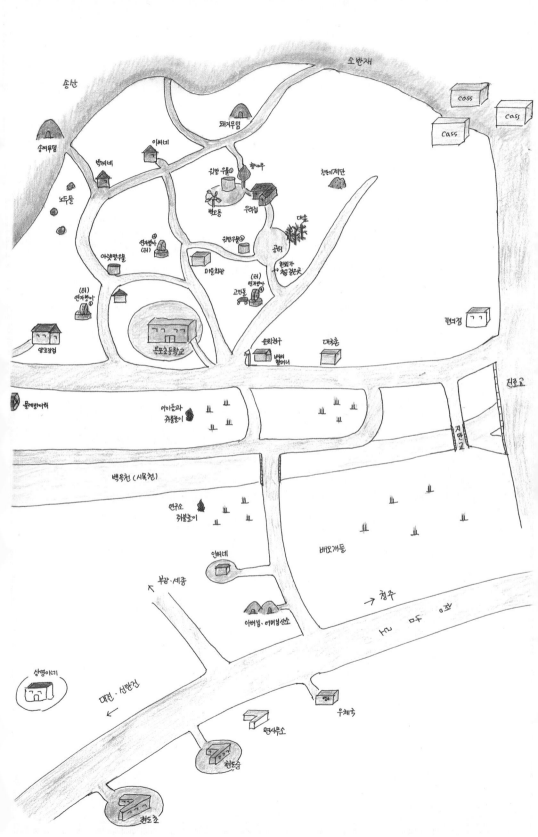

이 좀 작아 보인다. 그리고 옛날 사람들이 굳이 이런 한자 이름을 썼을까?

『청원군 지명유래』에는 다른 설명이 소개되어 있다. 백옥포라는 이름은 『여지도서』(영조 36년, 1760년 이후)에 백옥포리로 처음 등장하고, 『조선지지자료』에 '백옥포점(白玉浦店)'이 '배고기주막'으로 표기되어 있어 '배오개'가 '배고개'와 관련되어 있음을 알 수 있다. 곧 배오개는 '배'와 '오개'로 나눌 수 있고 '배'는 배나무에서, '오개'는 '고개'의 변화형으로 볼 수 있다는 것이다.

마을 한가운데 큰 배나무가 있었고 그 주변에서 많이 놀았다고 하던 남편 말이 떠올랐다. 역시나 배고개를 한자로 옮기면서 그 뜻이 왜곡된 것이다. 이렇게 왜곡된 전국의 땅이름은 얼마나 많을까?

배오개에는 언제부터 사람들이 살았을까?

땅이름의 유래를 알고 나니 우리 마을 역사가 궁금해졌다. 우리 마을에는 고조선 유적인 고인돌이 두 개나 있다. 1963년에 마제 돌칼 두 자루가 출토된 적이 있는데, 우리 집 보일러를 고쳐주시는 마을의 재주꾼 오씨 아저씨도 동네 입구 식당 근처 깊지 않은 땅속에서 돌칼을 주운 적이 있다고 한다. 고조선 시대 유물인 돌칼이 세 자루나 나온 것이다. 게다가 돌화살촉도 발견된 적이 있다고 한다. 돌칼과 돌화살촉 덕분에 우리 마을 역사는 무려 2500년 전으로 거슬러 올라가게 되었다.

그 무렵 우리 고장은 마한 땅이었다고 한다. 마한은 황해도에서 전라도에 이르는 큰 영토를 지닌 고조선의 거수국으로 54개 소국의 연맹체였고, 중심지는 지금의 천안 위 직산 쯤에 위치한 목지국이었다. 마한, 변한, 진한을 다스리는 왕을 진왕(辰王)이라 했는데, 땅이 넓은 마한의 왕이 진왕이 되었다고 한다. 지도를 보며 위치를 가늠해보니 우리 마을은 마한의 변방쯤이다. 우리 마을에서 고조선의 역사를 이야기할 수 있다니 너무 신기하다.

그럼 언제부터 배오개가 백제가 되었을까?

4세기 무렵 백제 영토가 되었다! 진짜?

우리 지역의 자료를 찾아보니 모든 자료에서 청주·청원 지역은 대략 4세기부터 백제의 영토가 되었을 것으로 추정하고 있었다. 처음에는 그런가 보다 하고 계속 자료를 찾다가 청주문화원에서 펴낸『청주의 역사와 사람들』에서 이상한 문구가 눈에 띄었다.

청주에서 백제와 관련된 최초의 기록은『삼국사기』인데, 거기에는 "서기 63년(백제 다루왕 36년) 백제가 청주 부근으로 보이는 낭자 곡성에 와서 신라와의 화해를 요청했다"라는 기록이 있다는 것이다. 문제는 이 기록에 대한 의견이 "그러나 이는 후대의 사실을 기록한 것으로 보는 견해가 강하다"라고 하며『삼국사기』기록을 인정하지 않고, "한강 유역에서 성장한 마한 속의 백제국은 3세기 중엽 이후 마한 영역을 잠식하며 남한강 상류 쪽 오늘날의 충주, 제천, 단양 쪽으로 세력을 뻗치고, 차령산맥을 넘어 진천, 청주 지역으로 세력을 넓혔다. 4세기 무렵 청주를 포함한 지금의 충북 지역 대부분은 백제의 지배 세력의 통치권 안으로 들어갔다"라고 마무리하고 있었다.

다시 말하면『삼국사기』에는 서기 63년 백제가 청주 부근에 진출했다고 되어 있는데,『삼국사기』에 잘못 기록되어 있는 것으로, 청주청원은 대략 4세기부터 백제 영토였을 거라는 내용이다. 이것은 도대체 무슨 이야기인가?

이는 '식민사관'이 주장하는 『삼국사기』 초기기록 불신론'에 근거한 이야기다. 돌이켜보면 학교에서 배운 삼국시대는 3~4세기 이야기고, 우리 지역 역사를 찾아보아도 3~4세기 이후의 자료는 아주 상세하지만, 그 이전 이야기는 거의 찾아볼 수가 없다. 마을배움길연구소 문 소장님이 말씀하신 '식민사관' 이야기가 떠올랐다. 들을 때는 알 것 같다가도 시간이 지나면 서서히 잊히는 이야기였다. 이 기회에 '식민사관'의 정체를 파악해봐야겠다는 생각에 연구소 자료실에 가서 책을 찾아보았다. 그동안 소장님이 모아 두신 책들이 무척 많았지만, 그 가운데 쉽게 쓰인 것 같고 한자가 적은 세 권의 책을 골랐다.

『한국열국사 연구』(윤내현), 『한국사 그들이 숨긴 진실』(이덕일), 『식민사학이 지배하는 한국 고대사』(이희진)

역시 연구소 자료실은 보물창고다. 세 권의 책을 번갈아 가면서 보니 그동안 소장님이 귀에 딱지가 앉도록 여러 번 말씀하신 식민사관에 관한 내용이 조금 손에 잡히는 느낌이 들었다. 우선 내가 알게 된 내용을 간단하게 정리해 보면 다음과 같다.

우선 식민사학자들은 『삼국사기』 초기기록 불신론'을 주장한다. 이는 일제강점기에 쓰다 소키치(1873~1961)가 만들어 낸 이야기로, 그 배경에는 '임나일본부설'이 있다. 쓰다 소키치는 일본 역사서 『일본 서기』와 『고사기』를 연구하던 중 과거 왜의 기록이 김부식의 『삼국사기』 「신라본기」와 다르다는 것을 발견했다. 쓰다 소키치는 왜가 4~6세기까지 한반도 남부를 일본이 지배했다는 '임나일본부설'을 주장하기 위해 김부식이 쓴 『삼국사기』초기기록은 창작한 것이라 믿을 수 없고, 4세기 이전 한반도에 신라, 백제, 가야가 존재하지 않았다고 한 것이다.

해방 후에도 쓰다 소키치의 제자 이병도와 그의 제자들이 주류인 우리나라 강단사학계는 한반도 한사군설을 비롯하여 『삼국사기』초기기록 불신론'을 추종하고 있다는 것이다. 그리고 이들이 역사학계의 주류여서 역사 교과서도 식민사관을 바탕으로 한 내용으로 만들어지고 있다는 것이다.

다음으로, 고조선 이후 열국 시대에 대해 자세히 알게 되었다. 나는 고조선 이후 고대 국가에 대해 자세히 배운 기억이 없다. 고조선-삼한(원삼국)시대-삼국시대-통일신라시대-후삼국시대-고려시대-조선시대, 대략 이런 흐름만 머릿속에 있었다. 그런데 이것이 '식민사관'이 만들어낸 것이었다니…. 윤내현 교수는 고조선-열국시대-사국시대-남북국시대-고려시대-조선시대-근대-현대로 시대를 정의하고 있었다. 가야가 있었으므로 삼국시대가 아니라 사국시대라 해야 하며, 발해가 있으니 통일신라시대가 아니라 남북국시대라고 해야 한다는 것이다.

생각해보면 동예, 옥저, 동부여 같은 소국들은 이름만 언급했을 뿐, 어디에 있고 어떤 역사가 있는지 자세히 배우지 못했다. 한(韓)은 원래 고조선에 속해 있던 거수국이었다가 고조선이 무너지며 독립국이 되었는데, 이것을 일제가 한이 아니라 삼한이라고 부르며 분열 의식을 심어주기 위해 즐겨 사용했다니 기가 막혔다.

그렇다면 우리 마을은 언제부터 백제가 되었을까?

한국열국사 연구에서 윤내현 교수는 『삼국사기』「백제본기」의 기록에 따르면 서기 8년(온조왕 26년) 한(韓)은 마한 지역에 있던 도읍을 백제에 빼앗겼다.'라고 말한다. 도읍지를 빼앗겼다는 것은 한의 주도권이 백제에 넘어갔다는 것을 의미한다. 마한의 도읍인 목지국이 천안 바로 위 직산쯤이었으니 천안과 가까운 청주, 청원 지역은 이 무렵 백제의 영향권에 들어갔을 것이다.

삼국의 치열한 세력다툼 현장이었던 우리 마을

『삼국사기』「지리」에 따르면 청주·청원 지역은 백제의 상당현이었고, 우리 마을은 부강, 문의와 함께 백제의 일모산군에 속했다. 그리고 우리 마을 주변의 문화유적을 보면 유달리 산성이 많다. 특히 우리 마을 북서쪽에 있는 부강을 중심으로 산성과 보루들이 좁은 범위에 집중적으로 분포한다. 남성골산성을 중심으로 퇴뫼산성, 독안산성, 저산성, 복두산성, 성재산성, 노고봉산성, 애기바위성, 성산성, 황성골산성, 화봉산성 등이 있다.

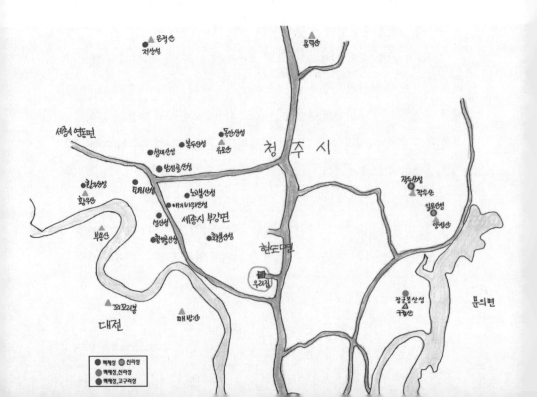

세상에!!!

부강 지역에는 산마다 산성이 있다. 금강 중류 지역의 포구가 있는 부강에서 백제가 밀리면 금세 백제의 수도 공주, 부여까지 신라군이나 고구려군이 들어올 수 있으니 필사적으로 막아야 했을 것 같다. 특히 남성골산성이 있는 부강리는 지금도 면소재지이며 소금배가 들어오는 포구가 있던 교통의 요지다. 이곳은 백제 때 문의면과 함께 일모산군에 소속된 지역이었는데 백제 토기와 함께 고구려 토기와 기와들이 발견되고 있어, 한때 고구려가 여기까지 진출했음을 알려준다.

이 산성들 가운데 화봉산성은 우리 마을과 가장 가까운 곳에 있다. 전쟁이 나면 우리 마을 사람들은 화청봉에 있는 화봉산성으로 피난 갔을 것 같다. 화청봉을 바라보고 있자니 소달구지를 끌고, 등에 봇짐을 메고, 아이들 손을 잡고 산성 안으로 급히 피난 떠나는 우리 마을 사람들의 행렬이 보이는 듯하다.

우리 마을 건너편 문의면에서는 양성산 일모산성(양성산성)을 중심으로 구룡산의 장군봉산성과 작두산성 등 신라가 쌓은 성들이 보인다. 이 성들은 우리 마을 주변이 5세기 중반부터 6세기 중반까지 삼국의 치열한 세력 다툼의 장이었다는 것을 알려준다. 우리 마을과 부강, 문의에 살던 일모산군 사람들은 삼국 항쟁 시기에 얼마나 고단했을까? 지도를 보고 있자니 수많은 성 쌓기와 전투에 동원되었을 그들의 고단한 삶이 보이는 것 같다.

사국시대 이야기가 전해오는 현도면

삼국의 격전지여서 그런지 현도면과 그 주변에는 사국시대와 관련된 이야기들이 많이 전해진다. 그 가운데 우리 마을과 가장 가까운 고남산과 문의의 양성산, 부강면 이야기를 찾아보았다. 신기하게도 고남산은 백제, 양성산은 신라, 부강면은 고구려 이야기가 있다. 그 가운데 우리 마을에서 가장 가까운 고남산의 이야기를 소개해 보겠다. 고남산은 문의면 두모리와 현도면 우록리 갈골 사이에 있는 해발 345m의 산이다. 하지만 현도면에서는 고남산 투구봉이라고 하고, 문의면 쪽에서는 두모산이라고 부른다. 『현도면지』에 고남산 전설이 자세히 실려있는데, 줄여서 입말로 옮겨본다.

백제 말기 의자왕(641~660) 때 일이야. 백제의 끈질긴 저항에 신라 군사들도 지치고, 신라 장수 김유신도 지치고 말았어. 그래서 전략을 바꾸었는데, 백소(白素)라는 첩자를 백제 궁궐로 보내 내부에서 분열을 만드는 거였지. 전쟁에 지치긴 백제도 마찬가지였지. 의자왕이 정사를 잘 돌보지 않고 포악해질 때마다 올곧은 소리를 하는 성충이라고 불리는 충신이 있었지. 그 바른 소리가 듣기 싫었던 의자왕은 성충을 감옥에 가뒀어. 잔소리하는 사람이 없어지자 술과 춤으로 세월을 보냈다지. 그때 첩자인 백소가 나서서 말했대.
"신하들이 왕의 명을 듣지 아니하고 쓸데없이 자꾸 간언하는 이유

화봉산성

옥포초등학교

는 산세가 강하기 때문입니다. 이를 그대로 두면 왕을 시해하는 역신이 생길 것이므로 예방하기 위해서는 역신의 기세를 꺾어놓아야 합니다."

이 말을 들은 의자왕이 깜짝 놀라서 어떻게 하냐고 했더니, 백소가 말하길

"역신의 기상은 북방 4봉인데 4봉이란 매방산(현도면 매봉리), 부용산(부강), 노고산(부강), 고남산(현도면 우록리)입니다. 왕실을 튼튼히 하고 왕권을 확립하기 위해서는 이 역신의 기상인 4봉을 파봉해야 합니다."

백소의 속셈을 모르는 의자왕이 다그쳐 방법을 물었더니 백소가 봉우리마다 쇠말뚝을 달궈서 박아야 한다고 했지. 그 무렵 감옥에 갇힌 성충은 정세가 심상치 않다고 여겨, 변고가 생길 때 어떻게 대비해야 한다고 감옥에서도 상소를 올렸어. 하지만 의자왕은 쳐다보지도 않고, 백소의 말대로 하라고 한 거지.

의자왕이 부하들을 시켜서 시뻘겋게 달아오른 쇠말뚝을 고남산 투구봉에 박아넣자 고남산은 사흘 동안 울고 바위와 소나무에서 피 같은 물이 흘러나왔다고 해. 다른 봉우리들도 마찬가지였고. 이렇게 하여 혈이 끊긴 백제는 정기를 잃고 마침내 나당연합군에 의해 멸망하고 말았어.

고남산은 아침마다 늘 보면서 출근하는 산이다. 그런데 산의 옛이야기를 찾아보고 나니 항상 보던 산이 더 친근하고 가깝게 느껴졌다. 현도에서 꽤 큰 산이고 높이도 300미터가 넘는데 네이버와 다음 지도에 표시되어 있지 않은 것에 살짝 화가 났다.

마을지도에서 역사의 현장으로

내 마음 속 마을지도를 처음 그리라고 할 때는 이렇게 큰 이야기로 확장될 줄 몰랐다. '장소는 이야기다.'라는 말을 들은 적이 있다. 이야기가 없는 장소는 없다는 뜻이다. 지금 내 발밑에 구르는 돌에는 지구의 역사가, 내가 사는 마을에는 우리 역사가 살아 숨 쉬고 있다는 것을 마을지도를 그리며 느끼게 되었다.

역사를 책에서만 배워왔던 나에게 마을지도 그리기는 정말 뜻깊은 과정이었다. 책으로 배울 때는 어렵기만 했던 역사가 내가 사는 마을에서 펼쳐지니 정말 살아 움직이는 나의 역사가 되었다.

우리 아이들과 이렇게 마을을 나들이하며 역사를 배운다면 "역사가 너무 어려워요."라고 아우성치는 사포자(사회공부포기자)들은 없어지지 않을까?

톡톡대화방

논란이 있을 수 있는 부분이 많이 있지만, 이번 마을지도를 그리고, 마을 공부를 하는 과정이 너무나 재미있었습니다.^^ **명신**
하면 할수록 꼬리에 꼬리를 물고 궁금증이 생겨나고, 연결되는 부분들이 많아서 재미납니다. 저도 다음에 할 공부가 설레어 보기는 평생 처음입니다. ㅎㅎㅎ

명순 명신샘 마을에서 있었던 일이었기에 남 얘기 같던 역사가 쉽게 다가왔어요. 그리고 현도에서 가까운 우리 마을 수곡동과는 어떤 연관이 있을지, 차이는 무엇일지 궁금해집니다.

채희 이야기들이 어렵지 않고 쏙쏙 들어와요. 역사 시간에 배우는 것들이 뭔가 어디가 빈 느낌이라고 생각했는데 이런 이유들이…. 읽으면서 화도 났어요. 고남산 투구봉 이야기 재밌게 읽었어요~!

명순 참, 저는 명신샘 마을이 빨간 산성, 파란 산성에 둘러싸여 백제와 신라가 살벌하게 싸우던 전쟁터였다는 게 신기하기도 하고, 가장 실감났어요~ 그리고 우리 안에 뿌리 깊은 식민사관을 다시 돌아보게 됩니다.

용대 배오개 이야기 정말 재밌게 읽었어요. 뒤에 이어질 이야기들도 기대됩니다. 외워야 하는 지루한 교과서 속 역사가 아닌, 마을에서 살아 있는 우리 이야기가 되는 느낌입니다. 역사 공부는 이렇게 재밌게 하는 거군요 ^^ 우리가 각자 자기 동네 이야기들을 모아서 역사 배움길 책을 펴내면 엄청난 파장을 일으킬 수 있겠다는 생각이 듭니다. ^^

저도 그 생각했어요~ 그럼 정말 재미있는 역사책이 될 것 같아요~ **명신**

재규 와, 명신샘의 마을 배움 이야기 읽다 보니 우리 마을 이야기도 배워서 써보고픈 욕구가 스멀스멀 올라옵니다. 재밌게 잘 읽었어요. 마을 배움을 이렇게 해서 이렇게 정리해내면 되는군요. 그 전에 마을지도부터 그려야 하는데…. ㅎㅎ~

감사합니다~~ 마을지도가 출발인 것 같아요. 재규샘 마을지도 보고 싶어요.^^ **명신**

문동리 마을 사람 되기

김수동(청주 문동리)

새 보금자리 문동리 양지말

최근 청주시 서원구 남이면 문동리에 새 보금자리를 마련했다. 평소 가족처럼 지내는 문재현 소장님 댁, 이명순 선생님 댁 그리고 우리 집, 이렇게 세 집이 함께 집을 짓고 이사했다. 몇 달의 짧은 시간이지만 우리 세 집이 마을 사람이 되어가는 과정을 이야기하려고 한다.

문동리를 처음 방문했을 때부터 왠지 낯설지 않았다. 양지바른 곳에 옹기종기 모여있는 마을도 정겹고, 도로 바로 옆에 있어 접근성도 좋았다. 무엇보다 남쪽에 있는 삼봉산이 나를 끌어당기는 것 같았다. 다른 사람들도 문동리 땅을 보고는 마음에 들어 했다.

집 짓는 일은 모든 일이 처음이라 신기하고 재미도 있었지만, 뒷북 치고 스트레스 받는 일도 많았다. 그렇게 집 짓는 일 자체에만 매몰되어 있을 때였다.

"이중환의 『택리지』 「복거총론」에 보면 살 곳을 정하는 기준이 네 가지가 있어요. 첫째, 풍수지리적 명당인 배산임수에 있는 '지리', 둘째, 생업에 유리한 곳에 있는 '생리', 셋째, '인심(人心)' 그리고 넷째가 '산수(山水)'에요. 우리가 이제 문동리로 들어가기로 했으니 문동리를 제대로 알아보고, 마을 사람들과 관계 맺는 것부터 시작하면 좋을 것 같아요. 신택리지라고 할까요."

문 소장님 말씀 덕분에 집이라는 건물뿐 아니라 집이 들어설 장소와 사람들과 관계 맺기에 관한 많은 생각을 하게 되었다. 우선 앞으로 살 문동리에 대해 알아보기로 했다. 지도를 찾아보고, 마을 역사와 땅이름도 공부하고 마을을 걸어 다녔다. 우리가 있는 양지말에서 시작해서 안말, 용수말, 부첫대, 서당말 그리고 가운데뜸, 건너말, 너멍골까지 갔다. 마을을 다녀오면 카카오맵으로 만든 문동리 마을지도에 하나하나 표시했다.

그 후 내가 근무하는 마을배움길연구소 식구들과 차를 타고 마을을 둘러봤다. 마을 어른들에게 인사도 드리고 마을에 대해 궁금한 것을 묻고 싶었지만, 코로나19로 경로당이 폐쇄되어 안타까웠다. 그래도 마을을 걷다 보면 가끔 어르신들을 뵐 수 있었다.

마을에 이사 올 거라는 말에 모두 좋아하셨고, 함께 간 딸을 보고는 손녀를 보는 것처럼 반가워하셨다.

"은퇴하고 블루베리 농사를 짓기 시작했는데 쉽지 않아요. 아랫집 윗집 사이니 잘 지내봐요."

"본관이 어디야? 우리가 진주 강가인데, 강세황이라고 알아? 내가 ○대 손이야."

"우리 사위하고 나이가 같네. 우리 집에 제비가 집을 짓는데, 나는 귀찮아서 떼려고 했더니 사위가 복을 주는 것이니 떼지 말라고 해서 내버려 두고 있는겨."

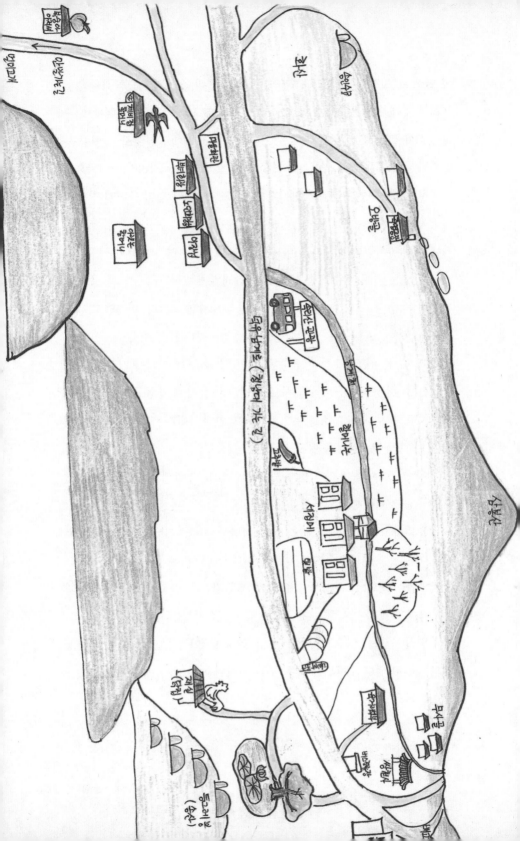

마을 어른들은 선뜻 우리를 집안으로 들이고 먹을 것도 주셨다. 할아버지와 할머니는 헤어질 때는 상추며 오이를 챙겨주셨는데, 이게 시골 인심이구나 하는 생각이 들었다. 마을을 걷고 마을 사람들을 만나니 문동리 사람이 된다는 것이 차츰 실감 났다.

마을로 깊숙이 들어가게 해준 광역상수도 설치 민원

"우리 동네는 정수기 필터를 자주 교체해요. 그만큼 물이 좋지 않아요. 상수도를 끌어오면 되는데, 양지말은 어떻게 동의를 받았지만 부첫대에서 노인분들이 돈 들어간다며 반대해서 못하고 있어요. 세 집이 더 들어오니까 다시 추진해 보면 좋겠네요."

마을을 다니며 만난 부녀회장에게 들은 이야기다. 처음 들었을 때는 그런 문제가 있구나 하고 그냥 넘겨버렸다. 그런데 상수도 이야기가 바로 우리 문제가 되었다. 지하수 공사를 하는데 물이 제대로 나오지 않았다. 상수도를 바로 설치하면 문제가 해결될 것 같아서 지푸라기라도 잡는 심정으로 청주시 상수도 사업본부를 찾아갔다.

"문동리 구간은 기본계획으로는 잡혀있는데 올해에는 예산이 반영되지 않았어요. 마을 주민들 동의서를 받아서 제출하면 검토할게요."

기본계획이 잡혀있다는 이야기가 반가웠다. 마을 주민들의 동의서를 받는 것이 시급한 일이라 마을 이장에게 도움을 청했다. 이장이 적극적으로 주민 서명을 받아주어 상수도 사업본부에 주민동의서를 제출했다. 상수도 사업본부 담당자는 검토하고 상부에 보고하겠다는 답변만 했다. 손놓고 있다가는 언제 상수도가 설치될지 모르겠다는 생각에 지역 국회의원과 청주시의회 의원들에게 우리 집과 마을의 상수도 사정을 이야기하고 도움을 청했다. 다행히 의원들도 꼭 필요한 것이니 적극적으로 도와주겠다고 나섰고, 지금은 설계용역을 마치고 내년에 설치할 계획이다. 상수도 설치 민원은 우리의 절실한 요구에서 시작했지만, 마을 주민들의 숙원사업이었다. 이 문제를 해결하며 이사하기 전부터 마을로 깊이 들어갈 수 있었다.

이사 떡 돌리기

문동리 양지말에는 우리 세 집을 제외하고 열아홉 집이 있다. 이사 오고 며칠 뒤 마을 사람들에게 떡을 돌렸다. 아이들까지 여덟 명이 양손에 떡을 들고 마을 골목길을 다녔는데, 그 모습이 지금도 생생하다. 세 집에서 하나씩 돌리니 들리는 집마다 떡을 세 개씩 드리게 되었다.

"세 집이라고 떡을 세 개나 주는 거예요?"

"세 집이 모여 사니 좋겠어요. 집도 잘 짓고, 앞으로 잘 지내요."

이웃에 처음 인사를 하는 것이라 가졌던 긴장은 주민들의 따스한 환대에 봄 눈 녹듯 사라졌다. 특히, 이사 떡을 세 개씩 받은 것이 마을 사람들에게 인상적이었는지, 만나는 사람마다 그 이야기를 했다.

"지난번에 떡 돌릴 때 집에 없어서 인사를 못 했는데 잘 먹었어요."

떡 돌리기는 어려웠던 이웃 관계도 푸는 기회가 되었다. 아랫집 논 할머니댁과는 우여곡절이 참 많았다. 처음 문동리 부지 논둑에 축대벽을 쌓고, 2층 건물을 지을 거라고 하니 아래 논에 그늘이 진다며 노여워하셨다. 공사 전에 할머니 댁에 음료수며 고기도 사다 드리고 여러 번 찾아가서 양해를 구했다. 할머니도 처음에는 별다른 말씀을 하지 않으셨다. 그런데 막상 축대벽을 쌓고 2층 건물이 들어서니 할아버지는 매일 찾아와서 역정을 내셨다. 농사에 피해가 있으면 가을에 쌀을 팔아드리든지 보상을 할 테니 걱정하지 마시라고 했지만, 소용이 없었다. 결정적으로 축대벽 공사를 마무리하면서 지하수를 아랫논으로 흘려보내서 문제가 생기기도 했다. 그런저런 일이 있다보니이사 떡을 가지고 할머니 댁을 방문할 때도 살짝 걱정이 앞섰다.

"그동안 걱정 끼쳐 죄송해요."

"인자, 됐어. 이사 떡도 먹었는데. 이제 동네 사람이잖아."

이렇게 말씀하시며 환하게 웃으시던 할머니의 표정이 지금도 잊히지 않는다. 왜 이사하면 떡을 돌려야 하는지 느낄 수 있었다.

현관 앞 호박 세 개

문동리로 이사와서 텃밭을 만들었다. 10년 전 주변 지인들과 텃밭 농사를 지은 적이 있다. 3평 정도 땅이었는데 말이 텃밭이지 풀밭이었고 제대로 수확한 것이 없었다. 그야말로 건달농사였다.

이번에도 텃밭 농사가 걱정되긴 했지만, 텃밭에 고추, 고구마, 참깨, 콩, 오이, 호박, 가지와 쌈 채소를 심었다. 심은 작물들은 자라는데 뭘 해야 할지 몰랐다. 부모님들에게 여쭤보고 인터넷도 찾아봤지만, 결국 마을 사람들에게 도움을 받았다. 우리의 어설픈 텃밭은 마을 사람들의 관심사였다.

"고추는 심을 때 이랑 간격을 넓게 해야 바람이 잘 통하고 잘 자라."

"고구마가 시든 것으로 보여도 땅 맛을 보고 나면 제대로 서요."

"이제 참깨를 심을 때여."

마을 주민들의 친절한 가르침 덕분에 작물도, 초보 농사꾼도 자랄 수 있었다. 그분들은 텃밭 농사뿐만 아니라 우리가 마을에서 정착할 수 있도록 많은 도움을 주셨다. 그 가운데 노인회장님 이야기를 빼놓을 수 없다.

이사 온 지 얼마 되지 않은 어느 날, 현관 앞에 호박 세 개가 놓여 있었다. 세 집이 한 개씩 먹으라는 뜻일 텐데 호박을 갖다 놓은 우렁각시가 누군지 몰랐다. 내내 궁금했는데 그 우렁각시는 우리 마을 최고령자인 전 노인회장님이었다.

노인회장님은 밭에 갔다 오는 길이면 종종 우리 세 집을 들르신다. 호박 따는 날은 호박을, 오이 따는 날은 오이를, 깻잎을 따면 깻잎을 가지고 오셨다. 회장님은 오토바이를 타고 다니시는데 길가에 오토바이를 세우고 '어이'하고 손짓하신다.

"저희는 드리는 것도 없는데 맨날 이렇게 주셔서 어떻게 해요?"

"내가 좋아서 하는 거여. 그리고 나는 땅도 많은데 여기는 그렇지 않잖아. 젊은 사람들이 딱해서 그랴."

노인회장님의 따스한 마음에 울컥했다. 자식같이 챙겨주시는 노인회장님을 볼 때마다 돌아가신 아버지가 생각나서 틈만 나면 노인회장님 댁을 방문한다. 노인회장님은 어려서 부모님을 다 여의고 친척집에서 머슴처럼 지낸 과거 이야기, 군복무 후 결혼하고 땅을 하나 장만한 이야기, 산에 조경수를 심어서 돈 번 이야기, 자식들 이야기, 마을 사람들 이야기를 잔잔하게 들려주신다. 노인회장님 같은 든든한 이웃이 있어서 마을에 빨리 적응할 수 있어 늘 고마운 마음이다. 마을지도를 그리다 보니 나도 모르게 노인회장님 집에 내 마음이 한참을 머물게 되었다.

문동리에서 찾은 새로운 일상

이삿짐을 부리고 조금 여유가 생길 무렵 주변을 둘러보니 논을 메우고 집을 지어서 그런지 외부와 제대로 된 경계도 없고 황량했다. 그래서 6월부터 나무와 꽃을 사다가 우리만의 조경을 시작했다. 문 소장님과 함께 주변의 화원과 나무 농원을 찾아다니며 나무와 꽃을 구했다. 봄, 여름, 가을, 겨울 4계절을 느낄 수 있는 것으로 골랐다. 나무를 심는 것은 모두가 함께했다. 두 달에 걸친 노력 덕분에 우리 주변은 나무와 꽃들이 채워지고 내부공간이 만들어졌다. 여름에 나무 옮겨심는 것은 무척 어려운 과정이었다. 묘목은 구하기도 어려웠고, 화분처럼 분이 떠 있는 것이 아니면 살릴 수 없었다. 수시로 물도 줘야 했다. 하루하루 나무가 제대로 사는지 관찰했다. 힘든 과정을 거쳐서 만들다 보니 나무 한 그루, 풀 한 포기도 예사롭지 않다. 무뚝뚝한 나에게 조금씩 변화가 생겼다. 연구소에 가서 일하다가도 심은 꽃들이 떠오르고 집에 빨리 가고 싶어졌다. 지금도 자귀나무와 배롱나무의 꽃이 폈을 때 그 감동이 잊히지 않는다. 직접 심은 나무에서 꽃이 피는 것을 보는 것은 신기하기도 하고 무척이나 기뻤다.

문동리로 이사 와서 가장 달라진 것은 아침과 저녁 생활이다. 청주 시내에 있을 때는 아침에 출근하느라 정신이 없었고 저녁에는 늦게 집에 와 잠자는 게 다였다. 하지만 문동리에서는 아침 다섯 시면 눈이 떠졌다. 텃밭과 정자 주변의 작물과 나무에 밤새 무슨 일들이 있는지 살피는 것이 하루의 시작이다. 저녁에도 퇴근해서 텃밭과 나무를 살피고 가족들과 저녁 식사를 한다. 밥을 함께 먹으니 딸들과의 대화도 많이 늘었다. 누군가 이야기했던 '저녁이 있는 삶', 나에게도 일상이라는 것이 생겼다.

무엇보다도 현관문만 나가면 만나는 이웃이 있어 좋다. 반찬도 할 때 넉넉하게 해서 나누어 먹는다. 세 집에서 한 가지씩만 서로 나누어도 한꺼번에 세 가지 반찬이 생긴다. 텃밭과 정자 주변을 같이 가꾸고, 마을 공부도 같이 하니 공유하는 것도 많아 이야기꽃이 핀다. 풀 뽑는 것도, 농사일도 크고 작은 울력으로 함께하고 있다. 우리는 세 집이 오순도순 모여 산다고 '세집메'라는 이름으로 부르기로 했다. 문동리에서 새로운 일상으로 공동체의 맛을 조금씩 알아가고 있다.

옛날 거기가 아닌 지금 여기

우리 세집메 바로 앞 덕유남계로를 건너면 느티나무가 있고, 연꽃이 있는 연못이 있다. 그리고 그 옆에 토종닭을 키우는 집이 있다. 연못 뒤 야산에는 문인석과 비석이 있는 무덤 네 기가 있다. 연못도 그저 닭집의 연못이라기에는 규모가 무척 커서 그 내력이 궁금했다.

"거기 무덤이 송시열의 증조할아버지와 할아버지 묘소야. 그리고 연못은 '서부담'이라고 쓰여 있는데, 송시열 증조할아버지인 송구수의 호는 '서부'야. 송구수와 관련된 연못인 것 같아."

무덤에 산책 다녀오신 문 소장님의 이야기로 그 무덤과 연못의 주인을 알게 되었다. 조선시대 대표적인 성리학자 송시열의 직계 조상 무덤이고, 닭집은 원래 그 무덤을 관리하는 재실이며, 연못은 풍수지리와 관련 있는 것이라는 것을 알았다. 무덤에 올라가서 비석을 확인하니 마을 역사가 손에 잡히는 느낌이었다.

여름 방학을 이용하여 5일간 집중해 우리가 사는 문동리에 관한 공부를 하기로 했다. 30도 중반의 불볕더위를 고려하여 아침 6시부터 2시간 동안 마을 곳곳을 답사하고, 낮에는 쉬면서 각자 자료도 찾아보고, 오후 6시부터 다시 답사하고, 하루 평가를 하고 다음 날 계획과 일정을 잡았다.

"우리 문동리 역사에서 가장 최근의 사건은 무엇일까요?"

문 소장님의 질문에 답을 생각하고 있는데 아내가 대답했다.

"우리가 이사온 거요!"

"그렇지요. 가장 최근 역사는 옛날 거기가 아니라 지금 여기 이야기니까요."

그 말에 "아하!" 하며 무릎을 쳤고, 문 소장님의 그 말 한마디는 답사 내내 화두가 되었다. 내가 이사온 것도 역사인데 왜 나로부터 시작하지 않고 송시열 등 역사책에 나오는 유명한 인물 이야기부터 시작하려 했을까.

"이 도로는 1980년대 전두환이 청남대로 가기 위해 만든 도로예요."

대청댐 준공식에 온 전두환이 이곳 경치가 좋으니 별장을 만들라고 지시하면서 청남대가 만들어지고, 거기로 가는 몇 개의 길을 만들었는데 그 가운데 하나가 우리 집 앞 도로인 덕유남계로다. 도로에 얽힌 이야기를 나누다 보니 현대사가 입체적으로 다가왔다.

우리 마을 주변에는 송시열과 관련된 송씨들의 무덤이 많다. 송산에 송시열의 증조할아버지 '송구수', 남계리 꽃산에 송구수의 동생인 문충공 '송인수', 남일면 화당리에는 송시열의 고조할아버지 '송세량', 송시열의 큰아버지 '송방조', 송시열의 사촌형 '송시영' 등 그야말로 은진 송씨들의 근거지다. 송시열도 이곳이 있었기에 청주목과 문의현에서 영향력을 넓혀 갈 수 있었을 것이다.

"송씨네가 산에서 나팔을 불면 그 소리가 들리는 데까지 다 자기네 땅이라고 했대."

"지금이야 그렇지 않지만, 예전에는 송씨네 시제를 지내면 마을 사람들이 가마에다 떡이며 음식을 괴어서 산까지 날라줬어. 그런데 송씨네는 우리를 아랫사람 대하듯 하대하고 해서 속상했어."

은진 송씨의 위세가 얼마나 대단했는지 마을 주민들의 이야기를 통해서도 알 수 있었다. 그리고 1862년 임술민란 때 다른 지역은 관아가 불탔는데 청주와 문의는 은진 송씨네 집이 불탔다고 한다. 왕조와 양반이 아닌 민중의 관점에서 역사를 보니 모든 것이 새롭게 보였다. 은진 송씨 무덤 주변에는 집을 지을 수도 없어서 우리가 사는 양지말은 최근에야 만들어진 마을일 거라고 했는데, 이해가 가는 대목이었다.

조선시대 사화의 시대를 살았던 송인수를 통해 조선시대 중기, 송시열을 통해 조선후기의 역사, 사상, 철학 등을 함께 찾아봤다. 우리 집 주변 인물에서 시작하고 탐구하니 그토록 어렵게만 느껴지던 역사가 참 쉬웠다.

지명지를 통해 문동리 마을인 양지말, 안말, 가운데뜸, 건너말, 너멍굴, 검배, 부첫대, 용수말, 서당말을 찾아보고 직접 마을에 가서 확인했다. 그리고 몇 개의 지명지를 비교해보며 정리하고 있다. 뒤에 만들어진 지명지일수록 한 가지를 자세히 설명하기는 했는데 많은 땅이름이 빠져 있는 것을 확인했다. 당연히 최근 것은 없다. 지금은 여러 지명지와 실제 땅이름을 비교하고 빠진 곳을 채워 넣으며 문동리 땅이름을 정리하고 있다. 지금 여기서 사는 우리의 몫이라는 생각에.

송산에서 백두산까지, 남계천에서 서해까지

"우리가 사는 문동리 동쪽은 남일면 화당리, 남쪽은 문의면 등동리와 남계리, 서쪽은 남이면 척산리, 북쪽은 남일면 가중리네. 이제 문동리가 들어오기 시작하네."

요즘 세집메 사람들은 문동리 주변 마을과 산줄기와 물줄기를 알아가는 재미에 흠뻑 빠져 있다. 문동리의 동, 서, 남, 북에 어떤 마을이 있고, 문동리는 남이면에서 어디에 있는지, 남이면은 서원구에서 어느 위치, 서원구는 청주에서 어느 위치, 청주는 충북에서 어느 위치에 있는지 지도를 보며 확인한다. 그리고 차를 타고 다니며 살펴보고 꼭 필요한 곳은 걸으면서 확인하고 있다. 내가 어디에 서 있는지 분명한 좌표가 생긴 느낌이다. 공부를 시작할 때 왜 지리부터 하는지 이해되었다.

행정구역을 확인하고 주변 산줄기와 물줄기를 찾아보고 있다. 그전에 흐릿한 배경으로만 보이던 것이 이름을 알고 나니 또렷해지고 있다.

문동리 주변 산줄기의 시작은 백두대간인 속리산 천왕봉에서 시작하는 한남금북정맥이다. 한남금북정맥이 청주의 동쪽 산줄기를 만들고, 거기서 빠져나온 남쪽 산줄기가 피반령을 지나 문의 봉화산 그리고 우리 집 남쪽 삼봉산으로 이어진다. 삼봉산에서 다시 우리 집에서 해넘이를 보는 하늬뫼, 하늬뫼에서 마을 뒷산인 송산으로 이어진다. 이 송산에서 뻗어나간 산줄기가 청주 시내의 모든 산을 이룬다. 우리 마을 뒷산이 청주 시내 모든 산의 시작이라 하니 송산이 새롭게 보였다.

세집메 남쪽 경계와 3m 남짓 떨어진 곳에 작은 도랑이 있다. 지도에는 나와 있지 않다. 〈청주시 소하천 현황〉이라는 자료를 보면 '남계천'이라고 나와 있다. 문의면 남계리 앞을 지나기 때문에 붙여진 이름이다. 남계천 물은 청주 시내를 관통하는 무심천으로 흘러 들어가고, 무심천은 미호천을 만나고, 미호천은 금강을 거쳐 서해로 들어간다. 그리고 우리 집 옆 남계천이 문동리와 등동리, 남이면과 문의면, 서원구와 상당구, 조선시대에는 청주목과 문의현의 경계라는 사실은 신기했다.

"모재고개 넘기 전에 오른쪽으로 보이는 산이 을성산이지. 갑오농민전쟁 때 김개남 부대가 진을 쳤던 곳이라고 하네."

"배고개 넘어서 만드는 하천이 등동천이지. 배고개가 남계천과 등동천을 나누는 고개네."

문동리에서 시작하는 산줄기와 물줄기를 알고부터 세집메 사람들의 대화가 바뀌고 있다. 가는 곳마다 만나는 산은 뭐고 어디로 연결되는지 서로 묻는다.

지금은 고장의 산줄기와 물줄기를 공부하기 위해 청주에서 조망하기 좋은 산들을 찾고 조망도를 그리며 산을 오르고 있다. 청주 남쪽 '양성산', 서쪽 '은적산', 서북쪽 '부모산'과 동쪽인 '상당산성'을 다녀왔다. 상당산성 남문에서 남암문으로 오르는 길에 펼쳐진 속리산과 백두대간을 본 환희와 감동이 새롭다. 이런 감동을 청주시민과 나누기 위해 조망할 수 있는 시설과 조망 사진들을 설치하는 것을 청주시와 지역사회에 제안하려고 한다. 마을에서 시작할 때 진정으로 넓고 깊어진다는 것을 깨닫는다. 내가 마을에 주목하는 까닭이다.

일터 마을 이야기

양평동 할아버지라는 꿈

조휘연(서울 당산초)

살았던 마을을 지도로 그려 보자는 말을 들었을 때, 내가 그려야 할 곳은 당산초등학교가 있던 양평동이겠구나 싶었다. 그곳이야말로 내가 많은 정을 준 '우리 동네'였다. 여기 풀어놓으려는 얘기는 원룸 따라 흘러 다니던 깐깐한 좌파 청년이 한 마을에 완전히 뿌리내리고 싶었던 이야기다. 같은 마을에 사는 아이들과 관계가 깊어지고, 매일 다니는 길목들을 사랑하게 되면서 나는 거기에 아주 눌러앉고 싶었다. 마을을 떠나면서 오래 슬펐고 언젠가 꼭 돌아갈 것만 같다고 생각했다. 지금도 나는 그 마을에서 나이들 내 모습을 꿈꾼다.

도시, 원룸, 청년

사실 처음부터 이 동네에 기쁘게 들어온 건 아니었다. 병역 휴직을 했다가 복직할 때 자리가 없다고(5일 뒤에 자리가 나는데) 근무하던 학교에 돌아가

지 못했다. 밀려난 학교 근처에 어렵사리 원룸을 구한 게 여기였다. 떠밀리듯 들어온 낯선 동네. 옛날에 여자가 시댁에 들어오는 느낌이 이랬겠구나 싶었다. 집 앞 버스정류장을 거쳐 홍대 입구와 합정역 일대만 뻔질나게 다녔지, 동네에서 보내는 시간은 거의 없었다.

도시, 원룸, 청년. 세 낱말만 들어도 '마을'과는 거리가 멀다. 원룸은 지하철역과 가까우면 그만이고, 버스나 지하철에 실려 직장이나 약속 장소, 핫플레이스로 돌다가 밤에야 '쉬러' 오는 장소다.

게다가 원룸은 계약기간이 끝나면 나가는 일이 잦다. 계약은 2년이 기본이지만 방에 문제가 있으면 서둘러 다른 방을 찾아야 하고, 방이 좋아서 눌러앉으려 해도 주인과 계약 조건이 안 맞으면 떠나야 할 수도 있다. 원룸 건물에 들어온 사람들 사정이 다 비슷하니, 내가 정붙여 오래 살아도 이웃은 계속 바뀐다. 그러니 원룸 살면서 이웃 누구하고도 얼굴을 튼 적이 없었다.

첫 학교 옆 원룸에서는 주변에 학생들이 살아서 마을에 조금씩 정을 붙이려고도 했었다. 그런데 군 입대 때문에 겨우 15개월 만에 떠나야 했다. 나는 복직과 함께 이렇게 또 다음 원룸으로 옮기게 됐다.

길어야 4년, 짧으면 1년. 도시의 원룸에 사는 청년에게 마을은 잡히지 않는 것이었다.

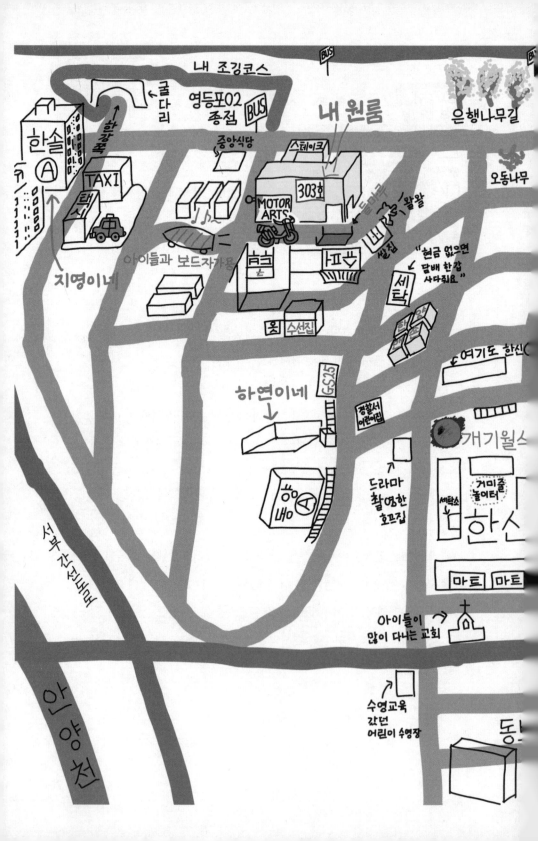

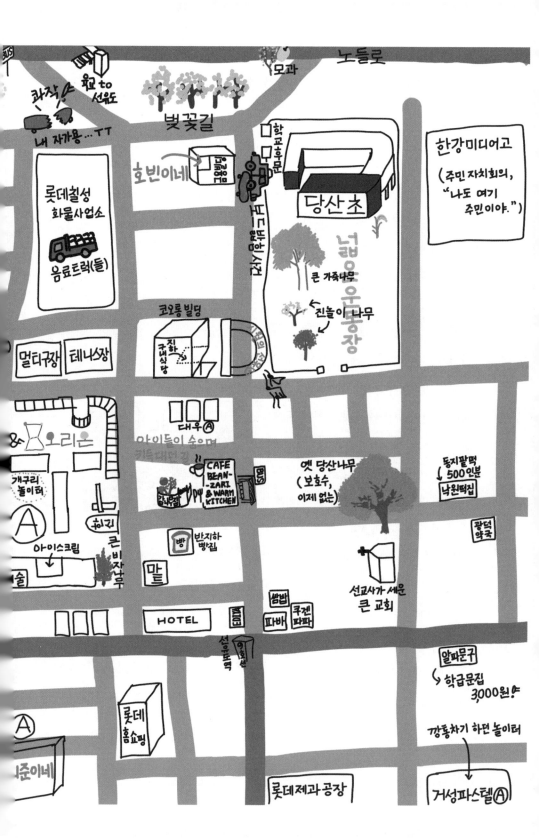

아이들과 동네에서 노는 것이 그저 좋았다

붙박인 내 집 없이 살겠다던 나였는데, 어쩌다 보니 이 동네에 계속 살고 싶다는 꿈이 생겼다. 그 꿈은 아이들로부터 피어났다. 첫 담임을 여기서 하게 되었는데, 처음 만난 사랑스러운 3학년 아이들은 나를 무척 따랐다. 그 아이들을 5학년까지 따라가며 가르쳤다. 담임을 두 번 한 학생도 있었다. 첫 담임을 한 학생들 중심으로 이듬해에 결성한 아카펠라 동아리 학생들과는 특히 각별했다.

가끔 노래 한 곡을 완성하거나 공연을 마치면 회식을 했다. 예산 없이 일곱 명의 아이들을 내 돈으로 먹이려다 보니 회식이라고 해야 짜장면을 먹이거나, 내 원룸에서 피자를 시켜 먹었다. 양이 모자라 라면을 끓여 먹기도 했다. 그럴 때면 다섯 평이 안 되는 원룸에 정말이지 발 디딜 곳도 없었다.

그렇게 회식을 한 날은 동네를 누비며 해가 질 때까지 놀았다. 밝을 땐 한참 떨어진 다른 동네 놀이터까지 가서 깡통차기를 하기도 했고, 어둑어둑해지면 그냥 여럿이 동네를 어슬렁거리기만 해도 재밌었다. 예닐곱이나 되는 애들이 앞서거니 뒤서거니 하며 가다 보면 뒤에서 한 명씩 없어지는 거다. 어디 갔나 해서 보면 골목에 숨어서 킬킬대거나 차 뒤에 숨어 있곤 했다.

원룸에서 서쪽 한솔아파트 쪽으로 가는 구불구불한 길에선 아이들이 내 스케이트보드를 썰매처럼 깔고 앉아서 놀았다. 특히 보경이가 '자기 자

가용'이라면서 잘 탔다. 정말 별 것 없었는데도 어스름에 서로 밀어주고 넘어지며 깔깔대면 동네가 다 우리 마당인 양 좋았다. 이때부터 '동네에서 애들이 계속 크는 걸 보고 싶다.', '여기서 늙어가면서 또 다른 아이들이 자라나는 걸 또 보고 싶다.'는 생각을 했다. 양평동 할아버지라는 꿈이 구체적으로 싹트기 시작할 때였다.

그 길 따라가면 있는 한솔 아파트는 학교에서 가장 먼 아파트였다. 지영이만 이곳에 살아서, 해가 지면 다 같이 거기까지 데려다주곤 했다. 발랄하고 당당한 아이지만, 혼자 가는 건 무섭고 선생님이랑 단둘이 가는 건 또 어색하다며 친구들을 죄다 끌고 가곤 했다.

그렇게 다 같이 데려다주는 날에는 한솔 아파트 다음에 어김없이 근처 동양 아파트로 갔다. 하연이가 여기 살았다. 그 앞은 나도 평소 자주 지나는 길이라 하연이 어머님과도 자주 마주쳤다. 하연이네는 밝고 친화력이 넘치는 가족이었다. 하연이가 알려줬는데, 가족들끼리 있을 때 어머님께서 "내가 한 번 조휘쌤 따라해 볼까?" 하면서 큰 삼선 슬리퍼에 발가락이 앞으로 나오게 발을 쭉 집어넣고 흉내 냈다고 해서 나도 엄청 웃었다.

동양 아파트에 하연이가 들어가고 난 다음엔 한신 아파트 앞에서 민수와 보경이가 들어갔고, 마지막이 희준이네 동보 아파트였다. 아쉬운 소리를 못 하는 한없이 착한 성격이어서 다른 친구들 먼저 다 보내고 마지막으로 나와 둘이서 아파트까지 갔다. 그 근처에는 오래 된 큰 롯데제과 공장이 있어서 껌 냄새 같은 것이 동네 한가득 퍼져오기도 했다. 그쪽 동네를 떠올릴 때면 껌 냄새의 기억과 함께 희준이의 멋쩍은 웃음이 떠오른다.

참, 이런 한밤의 귀갓길에 호빈이는 없었다. 호빈이는 학교 후문 앞 금룡빌딩 꼭대기 층에 살았는데, 3형제의 막내로 워낙 내놓고 키우는 아이라 수시로 동네를 '싸돌아다녔고', 같이 놀자고 해도 늦게 오고 먼저 가고 워낙 개인플레이였다. 방과 후 자율 동아리는 의무가 아니다 보니 아예 동아리를 땡땡이칠 때도 많았다. 그럴 때마다 나는 체포 팀을 보냈고, 친구들은 집에서 게임하고 있던 호빈이를 잡아오곤 했다. 이런저런 일로 매일같이 나무랐지만, 호빈이는 내게도 늘 아픈 손가락이었다.

애들도 나도 같은 동네에 살다 보니 학교 끝나고 일단 집에 가방들 놓고 원룸으로 오라고 해서 모인 적도 있고, 예정에 없이 갑자기 기분이 나서 단체 카톡으로 불러 모아 논 적도 있다. 그렇게 때로 나는 나이에 맞지 않는 골목대장이었다. 그때쯤 내게 필요했던 게 바로 요즘 청주 평화샘 선생님들이 벌이고 있는 '마을 놀이터'였던 것 같다. 아이들은 자라서 날아가겠지만 나는 거기서 나이 들면서 또 다른 아이들이 골목에서 재잘대는 모습을 보고 싶었다.

메마른 내 몸속에는 아직도 무수히 많은 길들이 산다 [13)]

걸어서 출퇴근하다 보니 퇴근길 동네 마트에서 장을 보고, 동네에서 저녁 먹고 카페에서 공부하다 걸어서 집에 오는 날들이 많았다. 발걸음 닿는 거리에서 산다는 건 길목에 추억들이 쌓이고 내 마음을 매어둘 수 있는 말뚝 같은 걸 곳곳에 갖게 되는 거였다.

....
13) 현담, 〈하마단〉의 일부를 변용함.

　내 출근길은 가을엔 노란 낙엽비가 내리고 봄이면 눈물 나게 벚꽃이 피는 일방통행로였다. 인도가 없어 갓길로 스케이트보드를 타고 출근하다 보니 스케이트보드가 학원 차에 깔려 동강이 난 적도 있다. 내 스케이트보드를 곧잘 타던 보경이가 "내 자가용! 왜 남의 자가용을 부러뜨리고 그래요!" 하고 짐짓 화난 척 장난으로 웃음을 주기도 했다. 아이들과의 추억 때문에 보드를 버리지 않고 상판을 사서 고쳤다(부러진 상판도 버리지 못하고 갖고 있다.).

　학교 정문 쪽 골목은 예전 마을 중심지여서, 오래된 상점들이 있었다. 낙원떡집은 내가 절기 교육과 벼농사 교육을 하면서 매년 11월 11일엔 가래떡을, 동지엔 팥떡을 전교생 먹을 만큼 맞추던 집이었다. 학교에서 하는 거라고 하면 더 푸짐하게 해주시고, 어려운 시간 조건도 맞춰주시곤 했다. 내가 없어도 학교에선 매년 떡을 해 먹이고 있을까?

　광덕약국과 집현전 문구는 정문 앞 동네 애들이라면 다 아는 곳이었다. 애들이 액체 괴물 같은 걸 꾸준히 사긴 하지만 작은 문방구가 여태 살아남은 게 신기하다. 광덕약국은 낡은 건물에 있었는데 그 자릴 오래 지켰다고 했다. 2018년에 반 학생들과 나들이 왔을 때, 약국이 문 닫은 걸 보고 다같이 아쉬워했다.

　양평동 교회의 큰 당산나무도 없어져 버려서 아쉬운 것들 중 하나다.

마을에 들어오던 해에 그 나무를 보고 푸근함을 느꼈는데, 학생들과 보러 왔을 때는 둥치만 남아있었다. 나무가 말라 죽었다는 걸 전해 듣고 학생들 모두 예전 늠름한 모습을 그리워했다. 수백 년 된 보호수였지만 이제 더 이상 당산나무가 아니게 되었고, 나무 주변을 콘크리트와 아스팔트로 덮었으니 당연한 일이었는지도 모른다.

그 밖에도 일일이 언급하려면 한도 없을 길들, 드라마 촬영지였던 동네 호프라든가, 보드 타고 지나가면 개가 짖으며 뛰어나오던 길, 동네에서 제일 맛있는 반지하 빵집과 학부모가 운영하는 분식집이 숨어 있던 골목, 아이들과 수시로 마주치던 버스정류장, 정류장 뒤편으로는 저경력 교사들끼리 텃밭 일을 마치고 저녁 먹으며 설움을 나누던 식당…. 내 안에는 아직도 무수히 많은 길이 산다.

함께 보는 달

민수와 보경이가 사는 곳이라고 짧게 언급하고 지나간 한신 아파트는 우리 학교 학생 대부분이 사는 곳이었다. 나도 아파트 상가의 세탁소를 이용했기에 심심찮게 들렀다. 집에서 심부름으로 옷을 찾으러 온 학생들과 마주친 적도 있다. 동네에서 선생님을 보고 놀란 학생들에게 자랑스럽게 "나도 이 동네 살아(아파트에 사는 건 아니지만^^;)."라고 하기도 했다.

한신에서의 가장 큰 추억은 학생들, 가족들과 월식을 본 일이다. 2018

년 1월 31일 개기월식이 있었다. 수퍼문이자 블루문이라며 뉴스에도 크게 나왔고, 천문과 기상을 주제로 학생들과 많은 활동을 하던 때라 월식을 보고 오라고 숙제를 냈다. 그래놓고 나는 깜박 잊고 9시까지 야근을 했다(뭣이 중헌디!). 늦은 밤 터덜터덜 집에 가는 길에 달을 보다가 '모양이 좀 이상ㅎ…, 아 맞다!' 하고 생각이 난 나는 그 길로 한신으로 향했다.

한쪽에서는 대영이네 가족이 천체 망원경을 놓고 하늘을 보고 있었고, 다른 쪽에서는 정인이네, 가연이네, 지우네 가족이 다 나와 있다가 나를 보고 환대해 주었다. 별과 달을 지붕 삼아 두런두런 이야기 나누며 기다리다 10시경 개기월식이 완성되는 모습을 함께 보았다. 즐거웠지만 너무 추워서 오들오들 떨다가, 일단 집에 들어가 몸을 녹이고 밤 11시쯤 개기월식이 풀릴 때 다시 나와 보기로 하고는 각자 집으로 흩어졌다. 추위에 시달리다 밤 중에 집에 들어갔으니 그대로 쉬고 싶을 만도 한데, 11시경 두 가족이 다시 나와서 만났다. 그날 밤 학생들과 올려다본 오리온자리의 붉은 베텔게우스와 희고 푸른 리겔의 빛을 잊지 못한다. 여럿이 함께 보는 달…. 깊은 밤 원룸으로 돌아가면서 '같은 동네에 살긴 사는구나.' 하는 생각이 들었다.

청년들에게 마을을

집, 차, 결혼 없이 살겠다던 스물셋의 내가 그리던 삶은 주변에 피해 주지 않고 덕도 보지 않는 모습이었다. 주변을 챙기고 때론 의지하면서 끈끈한 관계를 만들자니 감당이 안 돼서 이번 생에는 포기했었다. 게다가 양심이나 인간애를 따르면 바보 취급받기 쉽고, 직급이나 경제력 같은 걸로 인간관계가 어그러지는 현실은 나처럼 예민하면서도 도리를 따져대는 사람이 살기에는 거칠었다. 세상이 그런 것이려니 하고 가족을 챙기며 나름의 해결책을 찾을 만큼 무던하지 못하다 보니 어느새 나는 반자본주의 운동을 하고 혁명을 꿈꾸는 청년이 되어 있었다.

그러다 보니 따뜻하고 끈끈한 삶은 혁명이 오기 전까지 오늘의 삶에는 없었다. '나 다음 누군가는 사람다운 사회에서 살겠지.' 하며 미뤄둔 채 학교에서 아이들에게 헌신하고 학교 밖에서 노동자 운동으로 혁명에 기여하면 그뿐이었다. 애들한테는 잘해 주지만, 매사 비판적이고 거리감이 느껴지는 내 분위기는 이런 태도 때문이었을 거다.

나와 모습은 다르겠지만 많은 청년이 자기 삶을 유예한 채 살아간다. '삼포', '오포'나 '이번 생은 망했어' 같은 말이 비춰주는 현실은 취업난이나 소득 불평등이 전부가 아니다. 취업 못 하고 돈 없어서 포기해야 하는 것의 핵심에는 '관계'가 있다. 넉넉히 '소유'하지 못하면 관계조차 누릴 수 없으니 청년들은 억울한 마음으로 포기하거나, 원래부터 필요가 없었던 것처럼 편안한 익명성 속에서 넷○릭스 같은 구독 서비스를 벗 삼고 가끔 친구들을 만나며 '소확행'으로 살아간다.

물 위에 뜬 풀 같던 우리에게 '소유하지 않아도 누릴 수 있는 관계와 사회적 인정'을 줄 수 있는 곳이 마을이 아니었을까? 양평동이 정말로 마을이 살아있는 곳이었다면 어땠을지 상상해 본다. 저녁마다 혼밥 하면서 SNS를 보는 대신 동네 공동 식당에서 여럿이 밥을 해 먹었다면 나는 어떤 이야기들을 나눴을까? 학교 이야기도 늘어놓고, 학생들과 동네에서 배우고 싶은 것들을 상의했을지도 모른다. 마을 어른들이 나서서 도와주셨다면, 학교 울타리 안에서 내 힘만으로 좋은 교육을 하겠다고 끙끙댈 필요가 없었을지도 모른다.

가까이 사는 사람들은 내가 대단한 일을 하지 않아도 기대어 살 수 있는 사람들이다. 게다가 공동의 문제를 해결하는 데 내가 동참할 수 있다면 이만큼 자존감을 높여줄 곳도 없다. 노인정에만 머무는 분들에게 마을 사람으로서의 역할이 주어져야 하듯이, 청년들도 일상을 함께하면서 자기 역할을 할 곳이 필요하다.

마을에서 나만 한 청년들은 뭘 할 수 있었을까? 나같이 아이 낳고 키우지 않겠다는 청년들의 선언을 이기적이라며 나무랄 게 아니라, 가까이 사는 '우리 마을 아이들'에게 기여하게 하면 어땠을까. 같이 보드 타고 놀던 애들이 "결혼해라", "애 낳아라" 잔소리할 때 나는 "늬들이 내 자식이야."라며 웃었다. 미래는 불투명한데 책임질 것을 늘릴 엄두가 안 난다는 것이지, 사회적으로 기여하지 않겠다는 게 아니었다. 그런 마을에서 내 역할은 학교에선 선생님, 동네에선 놀이터 삼촌이었을 것 같다.

미래의 혁명과 오늘의 삶이 만나는 곳, 마을

오늘날 같은 사회에서 마을 사람들이 하나로 모일 고리는 뭘까. 아무리 삶이 다양해지고 관심사가 달라져도 발길 닿는 거리에서 합심해야 할 일이 하나 있다. 아이들을 키워내는 일이다. 내가 꿈꾸던 마을 놀이터만 해도, 동네 어른들 모두의 마음이 모여야 한다. 할아버지 할머니들이 아기들과 놀아주고, 어른들은 물심양면 지원하고, 청년들이 몸으로 뛰고, 청소년은 동생을 돌보고…. 온 동네가 아이들을 신경 써 준다면 청소년과 어린이들은 얼마나 건강하게 자랄까. 그 아이들이 자라서 만들 마을은 어디까지 깊고 넓어질 수 있을까.

내 이야기가 몽상처럼 들릴 수도 있지만, 나는 사람들이 먼저 공동체를 꿈꾸며 기다리고 있다고 느낀다. 양평동엔 오래된 가게와 골목 풍경처럼 옛날부터 사는 사람들이 많다. 당산초는 졸업식 때마다 3대가 학교를 졸업한 가족들에게 상을 준다. 한신 아파트에 살면서 당산초에서 5년 넘게 근무하시는 선생님도 계셨다. 마을을 좋아하고 학생들도 대부분 알고 계셨다. 그 모습이 매우 인상적이었다. 그래서 주민 총회가 열렸을 때, 축하 공연을 하러 온 학생들이 "선생님 여기 왜 왔어요?" 할 때 "응, 나도 여기 주민이야."라고 자랑스레 말했다. 사람들은 서로 모른 채 살고 싶어 하지 않는다. 가까운 데 사는 우리가 서로 연결될 수 있다면 삶은 달라질 수 있다.

물론 나는 여전히 혁명을 바란다. 마을이라는 꿈이 현실이 되려면 내겐 혁명이 필요하다. 대학교가 평준화돼야 집 가까운 학교를 다닐 수 있다. 입시가 없어져야 아이들도 학원에 치이지 않고 내가 상상한 '마을 놀이터'에 놀러 나올 수 있다. 나같이 원룸을 전전하는 청년들에게 집이 생기고 여유가 생겨야 마을에서 뭘 할 수 있다. 아이들이 뛰놀고 청년들이 돌아갈 마을이 거기 있으려면 노동자의 삶도 되찾아야 한다. 일터와 집이 가까워지고, 노동시간이 줄어야 마을에서 시간을 보낼 수 있다. 하지만 그런 날은 아직 오지 않았다.

마을을 되찾는다는 게 이토록 원대한 꿈이기에 동네 할아버지로 늙고 싶다는 낭만은 혁명 이후의 먼 일이었다. 그렇지만 마을에서 아이들과 놀고 골목에서 사람들을 마주치는 삶은 언제나 오늘이었다. 혁명의 그날이 오기 전이지만, 양평동에서 튼 희망의 싹들 사이에서 내 삶은 더 살 만했다. 청년으로서 한 번도 가진 적 없던 마을을 꿈꿀 수 있었다.

학교와 마을이 만나고, 멀리서 내 역할을 찾지 않아도 사회에 기여할 수 있는 세상. 스케이트보드 타고, 아이들과 놀고, 함께 달을 보면서, 나는 우리 마을에서 살고 싶었다.

톡톡대화방

두환 휘연샘 그린 지도와 글을 손에 들고 이야기의 장소들을 가보고 싶은 마음이 들었어요. 글 읽는 내내 설레었어요. 고마워요^^

남숙 휘연샘~ 재밌어요~ 소설이라는 게 이렇게 써지겠구나~ 싶어요. 제 목은 '양평동 할아버지의 꿈'—사랑이 뚝뚝 묻어나요~^^

미숙 휘연샘 이야기를 읽으면서 역시 교사는 학교 근처 마을에 사는 것이 가장 좋구나 싶어요. 당산초에 불과 4년 정도 근무한 것 같은데 이렇게 많은 이야기가 담긴 것을 보면요. 영등포 하면 복잡한 영등포역 주변만 떠올리게 되는데, 양평동처럼 마음을 줄 수 있는 동네도 있다는 걸 알게 됐어요.

명신 나들이하다가 길가에 주저앉아 휘연샘 글을 읽었어요. 소소한 이야기를 담담히 풀어내는 휘연샘 이야기의 여운이 참 진하게 다가와요. 눈을 감으면 저도 휘연샘처럼 동네 모습이 그려질 듯합니다. 양평동 할아버지가 되는 꿈. ^^ 멋집니다~

명순 4년을 살았는데 그곳에 다시 가고 싶은 마음…. 낙원떡집, 광덕약국…. 그리움이 아련하게 다가오네요. 양평동, 당산에 가면 꼭 내려서 걸어 보고 싶습니다~^^

마을 교사로 살아가려면
교사도 마을을 알아야지

정은주(서울 어울초)

마을 나들이 준비

2018년 마포구 상암동에서 은평구 녹번동으로 학교를 옮겼다. 서울
평화샘에서 우리 학교 주변 나들이를 했다. 낯선 지역에 왔으니 학교 주변
과 은평구의 전체적인 모습을 살피고 새로운 마을에서 교사로서 살아가게
끔 도움을 주기 위함이었다. 학교에서 아이들과 마을에 대한 것을 가르쳐
야 하는데 은평구에 대해 아는 게 없으니 마을 공부는 필요했다.

먼저 마을 나들이를 위해서는 준비를 해야 했다. 청주 마을배움길연구
소에서 은평구 지형도와 지질도 및 예전 지도들, 땅이름 유래 등 많은 자료
를 파일로 내게 보내주었다. 자료들을 보면서 산과 하천을 살피며 가볼 만
한 곳들을 찾아보았다. 땅이름이 바뀌어온 역사, 지금과 다른 옛 지형 등 익
숙하지 않은 자료들을 읽고 이해하려니 끈기와 열심, 탐구심이 필요했다.

자료를 얻으려면 구청에 가보는 것이 좋겠다는 마을배움길연구소 김

수동 연구원의 도움 말씀을 듣고 은평구청에 들러 자료를 구할 수 있는지 알아보았다. 구청으로 마을 자료를 구하러 가기는 처음이었다. 『은평구지』가 좋은 자료가 되겠다는 김수동 연구원의 말을 듣고 구지를 받을 수 있는지 알아보았는데 여유분이 없어서 받지 못하고 구청에서 발행한 은평 여행지 등 안내 책자들을 받았다. 구지(區誌)는 예전부터 내려오는 고장의 역사와 현황 등을 총망라하여 기록한 책으로, 확인해보니 책등이 20센티미터가 넘는 자료집이었다. 처음에 구지라는 말을 잘못 알아들어 구에서 발행하는 잡지 정도로 생각했던 걸 생각하면 지금도 웃음이 난다. 은평문화예술회관에도 들러보고 자료가 있을 만한 기관들을 찾아다녔다. 그리고 자료를 찾다가 구산동 도서관마을에 은평에 대한 자료가 많이 보관되어있는 것도 알았다. 연립주택가에 자리 잡은 구산동 도서관마을은 서가나 앉아서 책 읽는 여러 공간이 소박함이 묻어나고 따뜻했다. 도서관 한편에는 은평 이야기를 한곳에 모아둔 공간도 있어서 역사, 사회 문화 등 여러 자료를 열람할 수 있었다. 은평의 옛이야기들이 많았다. 그중 『재미있는 은평이야기』 책을 빌렸다. 도서관을 나오면서 이곳에 대한 주민들의 애틋한 마음을 느끼고는 행복해졌다.

사방이 보이는 곳을 찾아서

나들이는 보통 아침 10시부터 시작해서 점심 먹고 오후 3~4시까지 이어지는데, 어떻게 코스를 잡아야 하고 무엇을 봐야 할지 미리 계획해야 했다. 자료 말고도 중요한 한 가지가 조망이었다. 산줄기와 물줄기를 살펴보면 좋겠다 싶어서 어디를 가면 은평구의 사방을 훤히 볼 수 있을지 학교 주

변 산세를 살폈다. 10월이라 산행하기 딱 좋은 때였기에 오랜만의 산행은 매우 즐거웠다.

학교 뒷산에도 가보고, 진관사 쪽에서 향로봉으로도 올라 보았다. 조망이 마땅치 않아 주말을 이용하여 학교 근처 불광역 2번 출구에서 갈 수 있는 족두리봉에 가보았다. 사방이 훤히 보이고 한강 너머까지 보이는 게 조망하기 참 좋았다. 조망할 곳을 찾아다니며 이리저리 산을 오르다 보니 은평구의 산줄기를 어느 정도 익히게 되었다.

마을 나들이를 위해 미리 준비하다 보니 나도 모르게 은평구를 좀 더 알게 되는 것이 좋은 공부가 되었다. 교사가 외부인의 눈으로 마을 아이들을 가르치는 것이 온전하지 않다는 게 마을배움길 모임의 생각이다. 이 점을 알기 전에는 교사가 학교 주변을 모르는 것이 당연하고 알 필요도 없다고 생각했다. 그런데 나들이를 위해 자료를 보고, 주변 산들을 올라보면서 나의 그런 태도를 돌아보게 했다. 서울평화샘과 함께하는 학교 주변 나들이다 보니 은평구에 초대하는 주인장이 된 셈이었다. 보이는 것들이 다르게 느껴지고, 나와는 멀게만 느껴졌던 은평구가 내 안에 들어왔다. 은평에 대한 것들이 살갑게 다가왔다. '아이들이 사는 곳을 잘 모르면서 나는 마을을 어떻게 가르쳤던가?' 하고 반성하게 되면서 마을을 가르치는 방법에 대해 좀 더 고민하게 되었다.

서울평화샘과 함께하는 나들이

은평구 나들이 당일에는 문재현 소장님, 나와 우리 학교 선생님 한 명, 세 명의 서울평화샘과 녹번역에서 만났다. 통일로를 따라 녹번이고개 쪽으로 이동하여 산골 마을을 둘러보았다. 녹번이고개 길가에서 옛날 이야기보따리가 풀어졌다. 8촌 형을 따라 건륭황제 칠순 잔치 축하사절단 비서 자격으로 가는 박지원 이야기부터 의주로와 관련된 옛이야기들이 줄줄이 이어졌다. 예전에는 이 길이 중국으로 가는 대로(大路)였다는 것이다. 역사 시간에 의주로 이야기가 많이 나오지만 통일로가 바로 그 길이라는 것을 생각도 못 했다. 중국으로 떠나는 무리의 모습이 상상되면서 통일로가 다른 의미로 가깝게 느껴졌다. 통일로라 해서 북쪽으로 이어져 나라의 통일을 염원하던 길이겠지 했는데 역사적인 장소였다는 사실이 새롭게 다가왔다.

"박지원이 사절단의 자격이 있었을까?"

문 소장님이 질문을 던졌다. 이런 질문들은 역사 속 이야기들을 더욱 생생하게 해주었다. 경복궁에서 이 길을 따라 의주로 피난 가는 선조 이야기에서는 추적추적 내리는 비를 맞은 선조의 모습이 떠오르기도 했다. 드라마나 책에서만 보던 것들을 현장에서 상상하면서 들으니 생생한 느낌이 더없이 좋았다.

산골 마을을 가볍게 둘러보고 통일로를 따라 불광역 쪽으로 걸었다. 양천리 비석이 있었다. 북으로 신의주, 남으로 부산까지 양쪽으로 천 리라 하여 양천리라는 이름이 붙은 비석이 떡하니 서 있는데 매일 지나면서도 몰랐다. 알고 나서야 비로소 의미를 갖게 되고 소중하게 생각하는 마음이 생기는 순간이었다.

불광역 쪽으로 이동하여 족두리봉을 향해 출발했다. 바위산을 깎아 터를 다지고 입주한 학교 주변 아파트들이 눈에 보였다. 불광역 뒷산이 족두리봉으로 올라가는 길인데, 인조반정을 모의했던 원두표 이야기가 그곳 독바위골에서 있었다. 불광사를 지나 족두리봉에 오르기 시작했다. 올라가는 내내 바위가 대부분이고 경사가 급해서 오르기 쉽지 않았지만 한눈에 보이는 은평구 모습이 푸른 하늘 아래 드러나 있어 산 아래 경치를 보면서 쉬엄쉬엄 정상까지 올라갔다.

정상에 오르니 산바람이 세게 불었다. 몸을 한껏 웅크리고 일어나지도 못할 지경이었지만, 선 채 사방을 둘러보았다. 가을하늘이 높고 푸르니 멀리 훤히 보였다. 내가 사는 상암동의 하늘공원과 노을공원이 보였다. 멀리 한강이 보이고 더 멀리 관악산, 그 뒤로 계양산이 보였다. 가까이는 산으로 둘러싸인 은평구의 모습이 한눈에 보였다. 힘들게 올라온 보람이 있었다. 산 위에서 보이는 은평구는 북동쪽으로는 북한산이, 서쪽으로 앵봉산과 봉산이, 남쪽으로 백련산이 둘러싸고 있다. 멀리 봉산을 보며 '봉화랑 관계가 있을까?' 서로 질문과 대답을 주고받으며 북쪽에서 봉화로 올리는 소식과 한양에서 봉화로 소식을 전하는 모습을 상상했다. 눈으로 현장에서 봐야 비로소 보이는 것들이 있다. 질문도 그런 것 같아서 봐야 궁금증이 일어나며, 질문하고 이야기 끝에 생각을 열어 가는 것이 배움인가 싶었다.

정상에서 쭈그리고 앉은 채 지층과 바위 이야기를 한창 했는데, 지질 이야기는 집중하여 들어도 어려운 용어들이 머리에 잘 들어오지 않았다. 바위에 패인 구멍들이 비로 인해 패였다는 것과, 바위의 작은 알갱이들이

떨어져서 산길 바닥에 모래가 가득한 정도가 기억에 남는데, 지금 생각하니 그때 들은 이야기를 기록하지 못한 점이 아쉽다.

조망하고 내려오면서 싸온 김밥을 먹고 진관사에 들러 수국제를 잠시 구경한 다음 내친김에 흥국사까지 들렀다. 원래 나들이는 3시까지 할 예정이었다. 하지만 진관사와 수국제 이야기, 임진왜란 때 오씨 밥할머니, 연신내 이서 이야기, 인조별서유기비 등 많은 이야기가 이어져 7시가 넘어 저녁까지 먹고 헤어졌다.

서울평화샘과 함께한 나들이는 은평구에 대한 생각을 바꾸어 놓았다. 새 학교에 가면 학교 주변이 낯설고 적응하는 데 시간이 오래 걸리는데, 나들이하고 나서는 가깝게 느껴졌다. 자세히 알고 나니 외부인이 아니고 내가 아주 오랫동안 여기서 지낸 것처럼 친숙해졌다. 또한 앞으로 이곳에 다니면서도 관심을 갖게 될 이야기들이 많다는 것을 알게 된 하루였다. 덕분에 그 후로 아이들과 산골 마을, 녹번이고개, 조망대, 혁신파크는 부담 없이 우리 마을 다니듯 즐거운 마음으로 다녀왔다.

학교 옆 산이 참 좋다

코로나19 상황이 좋지 않아 주 2회 등교와 3회 원격수업으로 답답하던 때, 두 모둠으로 나누어 조망대를 다녀왔다. 3월 말이라 진달래가 한두 송이 피어 있었는데, 산속에서 빛나는 아이들의 웃는 모습 하나하나가 내게는 모두 활짝 핀 꽃송이 같았다.

"무궁화꽃이다!"

진달래를 보고 무궁화꽃이라고 하는 아이도 있었다. 분홍빛이 같으니 무궁화로 보였나 보다.

　따스하고 화창한 날씨에 아이들의 와자지껄 즐거운 소란은 찬란하기까지 하였다. 조망하러 가는 길은 모두가 행복했다. 그 산길에는 동네 사람이 개구리알이 있다고 알려 주어서 가져왔던 약수터도 있었다. 생수병에 담겠다고 먹던 물을 버리던 시우, 한 덩어리로 된 개구리알 미끄덩거리는 것을 끊어내느라 한참 실랑이하던 모습. 그 장면을 바라보던 아이들의 빛나는 눈빛들. 그 작은 약수터는 그 길을 지나갈 때마다 잠시 눈이 가는 곳이다.

　특히 그 산은 지호랑 나들이할 때 불볕더위를 피하게 해준 곳이기도 하다. 지호랑 나들이하기로 한 날은 무척 덥고 폭염주의보가 내려졌다. 나들이 약속시간이 12시라 걱정되었지만, 약속을 바꾸기도 어렵고 고민이 많았다. 그런데 지호는 응암 산골마을도, 산에도 가고 싶은데, 너무 더우니 산으로 가자고 했다. 지호의 마음 씀씀이가 느껴졌다. 지호가 이끄는 대로 1시간 동안 2km 정도를 걷는 동안 지호는 바닥에, 숲에, 나무에, 하늘에 있는 움직이는 동물을 찾으면서 좋아했다. 걸음걸음마다 보이는 거미, 나비에 환호하는 지호 모습에 여태 지호가 학교에서 한 행동들이 이해되었다. 텃밭에 있는 나비 애벌레, 무당벌레 애벌레, 민달팽이 등을 보면 바로 잡아서 자기 손에 놓아야 하고, 수업 중에도 책상 위에 놓고 살펴보거나 교실에 가지고 와 기르고 싶어 했던 아이다. 교실에서 기르지 못하면 집에 가져가도 되느냐 묻는 아이였다.

　1:1 나들이는 처음에는 아이들에게 말 거는 것이 어색하고 무슨 말을 어떻게 해야 할지 걱정이 참 많았다. 그런데 몇몇 아이들과 나들이 다녀온 후 걱정이 사라졌다. 아이들 반응이 매우 좋았다. 답답할 때 다녀오는 학교

옆 산은 나를 숨 쉬게 한다.

산골(山谷)이 아니라 산골(山骨)마을

녹번이고개와 녹번동 응암동 산골마을은 대형 아파트가 우후죽순 들어서는 도시에서 향수를 불러일으키는 곳이다. 산골마을 입구에는 마을에 대한 소개가 있고 낮은 주택들 담벼락에 그림이 그려져 있다. 좁은 골목 사이로 화분에 심고 가꾸는 예쁜 꽃이나 고추, 상추들이 눈길을 끌었다. 소소하게 아기자기한 모습들이 정겨웠다. 마을 사람들은 그런 산골마을을 보존하고 싶어서 지원을 받아 좀더 살기 좋게 만들어 가고 있었다. 내가 이 마을에 산다면 어떨까 생각해 보았다. 담장 낮은 소박한 곳이 그리워서 살고 싶었다. 그러나 주차장 문제가 고민을 멈추게 했다.

마을에 다녀오면서 산골판매소에서 얻어 온 녹반을 아이들에게 보여주었더니 정말 흙에서 나온 거냐며 눈을 동그랗게 뜨며 신기해했다. 녹반을 갈아 물에 타 먹으면 뼈가 잘 붙는다고 하니, 더러워서 어떻게 먹을 수 있냐며 눈이 더욱 커졌다. 북한산성을 지을 때 많은 사람이 뼈를 다쳐 이 녹반을 물에 타서 많이 먹었다고 한다. 녹반은 푸른 빛 광물로, 녹번이라고도 하고 산골이라고도 한다. 그래서 이곳이 녹번동, 산골마을 두 가지 이름으로 불리게 된 것이다. 산골이라는 지명이 산골(山骨)에서 유래됐을 거란 생각은 하지 못했다. 산골짜기에 있는 마을이라 산골(山谷)이라 생각했다. 산골판매소 사장님 말로는 예전에는 산골을 파는 곳이 매우 많았는데 지금은 이곳 하나만 남아 있다고 했다. 판매소 바로 1미터 앞이 길이었고, 사람들이 지나다녔다고 했다. 시끌벅적 사람들 지나가는 모습이 그대로 머릿속에 펼쳐졌다. 지금은 고개를 깎아 도로를 내서 산골판매소는 계단을 올라가 굴속에 있다. 아이들은 오르는 길 오른쪽 붉은 흙 속에서 반짝반짝 빛나는 산골을 찾아내며 신기해했다.

교사가 마을을 다니고 미리 공부하는 일은 매우 중요했다. 나들이를 하고 나니 자신감이 붙고, 사회 시간에 마을에 대해 공부하는 시간이 즐거웠다. 산과 길을 알게 되고 이미 가본 곳이기에 아이들과 함께 다니는 일이 두렵지 않고 자신이 있었다. 아이들은 교실에서 책 속 사진 자료로 공부하다가 마을을 걸어 다니며 직접 보고 배울 수 있으니 이보다 더한 공부가 있을까 싶다. 이렇듯 마을의 한 구성원인 교사로 살고 싶은 마음은 앞서지만, 방법도 잘 모르고 현장에서 실행으로 옮기는 일이 맘처럼 쉽지 않고 참 더디기만 하다. 아이들과 학교 밖으로 나가면 마을 사람들이 지나가며 아이들에게 따뜻하게 한마디씩 건네는데, 그런 격려가 마을에서 배움길을 열어가는 데 힘이 된다. 아직 지도에 그리지 못한 곳들도 많다. 욕심만큼 학교 주변을 걸어다니지 못하지만, 점차 그곳들도 알아가고 싶다.

아이들이 사는 마을을 지도에 담으며

최진숙(용인 보라초)

아이들이 사는 마을을 지도로 그려보자 했을 때 조금 막막했다. 그 넓은 학구를 어떻게 그릴지도 문제였지만 골목마다 아파트 단지마다 아이들과 쌓은 그 많은 추억을 어떻게 표시할지도 고민이었다. 그래서 가장 기억에 남는 장소, 내가 좋아하는 장소를 표시하다보니 내가 아파트 단지나 주택가보다는 마을 바깥쪽 산이나 하천을 훨씬 좋아한다는 걸 깨달았다. 자연이 주는 생명력과 편안함도 있지만, 익숙한 곳을 벗어나 마을을 새롭게 발견하는 기쁨을 느낀 곳이라 더 그런 건지도 모르겠다.

도심 속 물놀이터 신갈천

내가 가장 좋아하는 나들이 장소는 지도 맨 위쪽, 학교에서 20분 거리에 있는 신갈천이다. 고가도로가 머리 위로 나 있고 빌딩과 아파트가 즐비한 곳 사이로 잉어 떼가 몰려다니고 수풀이 우거져 있는 모습이 묘하게 대비되는 곳이다. 얼마 전만 해도 하천 주차장이 있었는데 지금은 다 걷어내고, 수초를 심고 산책로를 만들었다. 누구나 나들이하기 좋게 바뀌어서 우리 반 아이들하고도 자주 나들이를 간다.

신갈천 나들이에서 가장 기억에 남는 일은 물놀이다. 올여름은 유난히 더웠는데 6월 말이 되자 찌는 듯한 더위 때문에 매주 하던 마을 나들이를 더 이상 진행할 수 없었다. 아이들에게 1학기 마지막 나들이로 신갈천에 물고기 잡으러 가자고 했다. 물고기잡이를 핑계로 물놀이를 할 생각이었는데 나들이 당일 아이들이 가져온 준비물을 보고 깜짝 놀랐다. 페트병에 구멍 뚫어 통발을 만들어 오고, 물고기 떡밥으로 찬밥이랑 된장까지 준비한 아이도 있었다. 저마다 뜰채에 잠자리채까지 들고 물고기 잡을 생각에 잔뜩 흥분해 있었다. 나는 진짜 물고기를 잡을 수 있을 거라고 기대하지 않았다. 그런데 밀어라는 작은 물고기가 얼마나 많은지 다리 밑 빠르게 흐르는 물에 잠자리채를 담갔다 건지기만 해도 물고기가 잡혔다. 모험심 넘친 아이들이 큰 잉어를 잡겠다고 족대로 풀섶을 헤치고 다녔다. 그러다 한 아이가 "잉어다!" 하고 소리를 질렀다. 놀란 잉어 떼가 거대한 물살을 일으키며 도망쳤는데 하필 내가 서 있는 곳으로 왔다. 어른 팔뚝만 한 잉어들이 떼를 지어 달려드는데, 순간 너무 무서워서 몸이 얼어붙는 것 같았다. 가까이 있던 아이들도 놀라서 소리치고, 난리도 아니었다. 잉어가 자기 다리

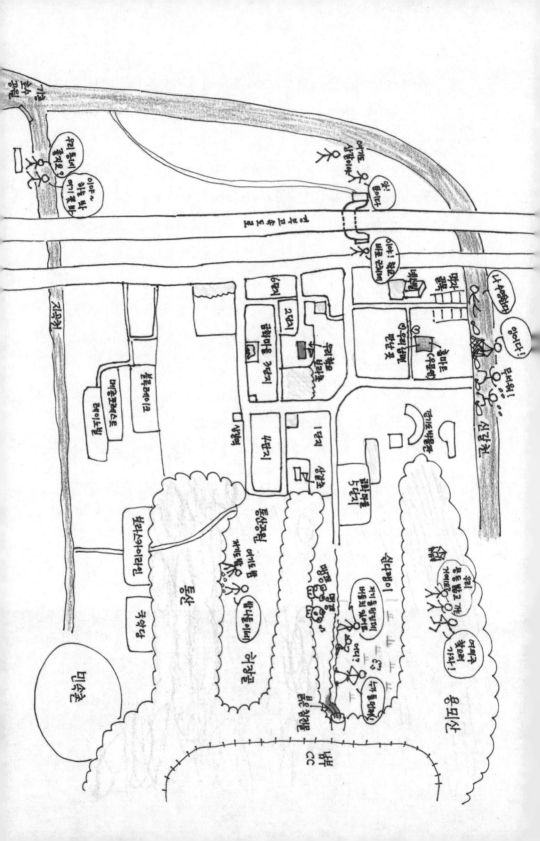

를 스쳐 갔다면서 거의 울듯이 말하는 아이도 있었다. 옷이 물에 젖을까 조심조심하던 모습은 사라지고 어느새 아이들은 물놀이하기에 바빴다. 어찌나 신나게 노는지, 나들이 시간이 다 되었다고 해도 물에서 나오려 하지 않아서 애먹었다.

얼마 전 마을에서 마음에 드는 장소를 사진 찍어 설명하는 시간이 있었다. 한 아이가 신갈천 사진을 보여주자마자 물놀이하던 장소라며 다들 한마디씩 하기 시작했다.

"그때 너무 신났어요. 내년에 또 가고 싶어요."

"잉어 잡을 수 있었는데 아까워요."

"한마디로 겁나 신나고, 겁나 비린내 나요."

10여 년 전만 해도 신갈천은 하수도 냄새가 나는 아주 더러운 물이었다. 마을배움길 모임을 같이 하는 신 선생은 그 모습을 잘 알기에 우리 반 아이들이 물놀이하는 사진을 보며 눈을 의심할 정도로 놀랍다고 했다. 하지만 우리 반 아이들은 신났던 물놀이 장면과 함께 비린내를 기억하고 있었다. 물놀이할 때는 몰랐는데 옷이 마르면서 비린내가 심하게 났기 때문이다. 난 도시 하천이 이 정도면 깨끗한 거로 생각했고 아이들은 물놀이할 때의 신났던 기억만 있을 거로 생각했는데 물비린내가 같이 떠오른다는 아이들 말에 미안한 마음이 들었다. 아이들이 안심하고 마을 하천에서 물놀이할 수 있으려면 지금보다 더 물이 깨끗해야 한다. 아이들과 함께 시청에 신갈천을 더 깨끗하게 만들어 달라고 요구해야겠다. 내가 사는 마을 하천에서 아이들이 신나게 물놀이하는 모습. 나 뿐만 아니라 누구라도 이런 장면을 꿈꾸지 않을까?

용뫼산 전설

지도 오른쪽 위, 경기도 박물관 뒷산이 용뫼산이다. 이곳은 삼짇날 진 달래를 따러 오는 곳이기도 하고, 여름에 꾀꼬리와 휘파람새 소리를 들을 수 있는 곳이기도 하다. 2학년 아이들과 나들이하면서 용뫼산 전설을 얘기 해준 적이 있다.

"도를 닦은 이무기가 여의주를 물고 하늘로 오르는 순간 임신한 여인 과 눈이 딱 마주쳤대. 용으로 승천하는 순간은 정말 조용하고 경건해야 하 는데 임신한 여인을 놀래켰으니 용이 땅에 떨어진 거지. 용은 그대로 굳어 서 지금 용뫼산이 된 거야. 그때 용이 입에 물고 있던 여의주는 아직 아무도 못 찾았다고 하네."

이 이야기를 듣자마자 쌍둥이 형제가 여의주를 찾겠다며 눈에 불을 켜 고 주위를 살피는데 그 모습이 어찌나 귀여웠는지 모른다.

"선생님, 그럼 지금 우리는 용의 등을 밟고 가는 거네요."

규민이 말에 아이들은 용이 아프다고 소리치는 것 같다는 둥, 등이 아니 라 꼬리를 밟고 있다는 둥, 상상의 나래를 펼치며 걷는데, 정말 재미있었다.

용뫼산 능선에 오르면 등산로를 따라 골프장 철조망이 쭉 늘어서 있 어 답답한 느낌이 든다. 용인에는 29개 골프장이 산마다 한두 개씩 들어앉 아 있는데, 용뫼산 역시 남서쪽 산자락을 골프장이 차지하고 있다. 내가 어 려서 상하동 살 때 용뫼산을 넘어서 보라동 지곡천에서 물놀이를 했는데, 지금은 골프장과 고가도로에 가로막혀 산을 넘어 다니는 게 불가능하다. 골프장만 아니면 아이들과 더 많은 곳을 누비고 다녔을 텐데 너무 아쉬울 따름이다. 용이 살아있다면 능선 따라 박힌 철조망 때문에 등이 아프고, 8

부 능선 옆구리를 따라 난 고가도로 때문에 꽤 시끄럽다고 할 거다.

쉰다랭이 맹꽁이

용뫼산 안쪽 쉰다랭이는 예전에 다락논이 쉰 개가 넘게 있을 때 붙여진 이름이다. 도시 한가운데 아직도 논과 밭이 있어서 개구리와 우렁이, 흰뺨검둥오리와 쇠백로, 왜가리도 볼 수 있는 곳이다. 사막의 오아시스 같은 존재랄까. 작년, 아이들과 나들이 갔다가 쉰다랭이에서 생전 처음 맹꽁이 울음소리를 들었다. 산에서 흘러나온 물이 고여 습지를 이룬 곳인데, 맹꽁이 한 마리가 '맹' 하면 다른 녀석이 '꽁' 하고 박자를 맞추며 수십 마리가 떼창을 했다. 맹꽁이가 어떻게 생겼는지 보고 싶어서 수풀을 헤쳐보았지만, 온통 흥건한 물웅덩이라 찾으러 갈 수 없었다. 우거진 수풀 때문에 맹꽁이 모습은 보이지 않았다. 아쉬운 마음에 인터넷으로 맹꽁이를 찾아보고 어쩜 생긴 것도 이리 맹꽁하게 생겼을까 하고 한참을 웃었다.

안타깝게도 내년부터 쉰다랭이의 이런 모습은 볼 수 없게 된다. 이곳에 공공지원 민간임대주택이 지어지고 용뫼산 일부는 잘려서 도로가 난다고 했다. 대부분 땅이 매입되었다고 들었다. 올해 초, 아이들과 쉰다랭이에 갔을 때 이미 텃밭이 있던 곳과 맹꽁이 울던 습지 아래까지 불도저로 다 밀어서 흙바닥이 훤하게 드러나 있었다. 작년에 만났던 논 주인 어르신이 땅을 안 팔겠다고 해서 그나마 골짜기 안쪽은 개발이 안 되리라 생각했는데 얼마 전 벼 익은 것을 보러 논에 갔다가 그 논마저 팔렸다는 소식을 들었다. 여기 사는 버들치, 고라니, 우렁이, 개구리, 맹꽁이들은 어떻게 될지 정말 걱정이다.

둘로 나뉜 마을

지도 왼쪽 위, 경부고속도로 너머는 도로와 신갈천에 막혀 접근하기가 어렵다. 대부분 야적장이나 공장 부지로 사용되는 곳이어서 별 관심이 없었는데 얼마전 그곳도 상갈동이라는 걸 알았다. 고속도로 너머 땅을 멀리 돌아가지 않고 바로 질러갈 수 있는 지하도가 있다는 이야기를 들어서 늘 그곳이 궁금했는데 신 선생과 신갈천 나들잇길에 가볼 기회가 생겼다. 야적장과 공장 사이를 지나면 고속도로를 따라 난 인도가 있는데, 그 길을 걷다 보면 정말 뜬금없이 지하로 들어가는 입구가 나왔다. 계단을 통해 지하로 내려가니 형광등이 환하게 켜져 있는데도 왠지 으스스했다. 지하도 건너 밖으로 나왔을 때 깜짝 놀랐다. 너무나 눈에 익숙한, 학교 근처 삼거리가 나타났기 때문이다. 시공간을 뛰어넘는 터널을 지나온 느낌이었다. 아이들과 신갈천 따라 나들이 갔다 돌아올 때 일부러 지하도를 지나왔는데 아이들도 바로 학교 근처 삼거리가 나오자 너무나 신기해했다. 상갈동에서 태어난 아이도 이 지하도가 있는 걸 처음 알았다고 했다.

길은 마을과 마을을 연결해 주기도 하지만 한 마을을 없애기도 하고 둘로 나누기도 한다. 고속도로를 만들면서 중갈이라는 마을이 없어졌고, 현재 도로 너머가 학교 행정구역과 같은 상갈동이라는 생각도 들지 않는다. 내가 지하도 이야기를 하자 마을배움길 모임 하 선생이 자기가 사는 포곡읍에도 마을을 가로지르는 고속도로가 생겨서 상갈동처럼 둘로 나뉠 거라며 걱정을 했다. 다리처럼 교각으로 만들면 마을 사람들이 오가기도 쉽고 시각적으로도 연결되어 주민들이 교각식으로 지어달라고 했지만, 비용이 많이 든다는 이유로 흙을 쌓아 만드는 성토식으로 결정되었다고 한다.

내가 자동차로 편하게 다니는 길이 그곳에 있는 마을을 가르고 파괴하면서 만들어졌다는 걸 새삼 깨닫게 되었다.

호민이네 마을

그림지도 왼쪽 구석에 있는 하갈동 지곡천 역시 내가 좋아하는 곳이다. 어른 걸음으로 30~40분 걸리는 곳인데, 재작년 1학년 담임을 할 때 호민이가 하갈동에 살았다. 아이들과 돌아가며 하굣길 나들이를 했는데, 호민이는 자기는 한 번도 걸어서 집에 간 적이 없다며 흥분을 감추지 못했다. 지곡천을 만날 때까지는 고속도로 방음벽을 따라 걸어야 했지만 고속도로 너머 하갈동에 접어들자 탁 트인 하늘과 깨끗한 지곡천, 그리고 물가에 예쁘게 피어난 꽃들까지 너무나 아름다운 광경이 펼쳐졌다. 내 눈이 커지고 마음이 상쾌해졌다.

"호민아, 네네 마을 정말 예쁘다."

"여기 물고기도 많고 오리도 많아요. 우리 동네 정말 좋지요?"

호민이의 표정에서 자기 동네가 최고라는 자부심이 흘러넘쳤다.

"이 길은 수원으로 갈 수 있어요. 저건 경부고속도로고요, 그리고 저 앞 도로는 용인서울고속도로예요."

"선생님 사는 마을에도 용인서울고속도가 지나가는데, 이 길 따라가면 우리 마을 나오는 거네."

1학년 아이가 마을 건물뿐 아니라 도로 이름과 그 길이 어디로 연결되는지도 척척 설명하는데 그저 놀라울 따름이었다. 어떻게 아느냐고 물었더니 수원 사는 이모네 갈 때 가는 길이기도 하고, 지도를 보고 알았다고도

했다. 어찌 보면 집 밖에만 나오면 보이는 길에 대해 궁금해하고 탐색하는
건 당연한 일인데, 우리는 방 안에서 가만히 책만 들여다보는 걸 공부라고
생각하는 게 아닐까. 눈앞에 보이는 도로가 내가 사는 마을과도 연결되어
있다고 생각하니 호민이가 사는 마을이 더 가깝게 여겨졌다. 그 뒤로 하갈
동 지곡천은 반 아이들과 꼭 들르는 나들이 장소가 되었다.

우리 마을 상갈동

생각해 보면 상갈동과의 인연은 아주 오래되었다. 지도에 주황색으로
칠한 건물 지하에 우리문화연구회라는 풍물 동아리가 있었는데, 그곳에
서 남편을 만났고 약혼식도 올렸다. 하지만 그때는 버스정류장과 동아리
방 두 지점만 왔다 갔다 했기 때문에 주변에 무엇이 있고 어떤 사람들이 살
고 있는지 관심도 없었다. 아이들과 함께 친구 마을을 찾아가고, 산에 오르
고, 가보지 않은 골목길을 누비면서 점으로 존재하던 공간이 서로 연결되
고 마음에 담기는 장소가 되었다.

도시 개발 문제를 고스란히 우리 마을도 안고 있다는 것을 알게 되었
다. 예전에는 아이들과 우리 고장의 문제점을 찾아보는 활동을 할 때면 인
터넷 기사를 검색해 문제를 찾고 토론을 했다. 우리 마을 문제는 기사에 잘
나오지도 않을뿐더러 설령 나온다 한들 나와는 관계없는 일이었다. 마을
길을 걸을수록 애정이 생기고 마을이 어떻게 변하는지, 어떤 문제가 있는
지 눈에 보이기 시작한다. 그리고 우리 마을을 지키고 싶다는 마음이 점점
간절해진다.

'내 마음속 우리 마을' 그리기가
우리에게 준 선물

비봉초등학교 정문에서 마주 보이는 작고 아담한 도서관 건물 앞 정원에는 우람하고 기품 있는 백일홍 나무가 여섯 그루나 있다. 정원은 처음 만든 그대로겠지만 나무는 해마다 자라나니 여름이 되면 그 작은 정원이 온통 분홍빛 백일홍꽃으로 가득해지는데, 마치 공중에 분홍카펫이 일렁이는 듯하다. 감탄이 절로 나온다. 백일홍꽃이 피는 계절에 푸른 잔디 위에서 뛰어노는 아이들을 바라볼 때면 내가 있는 그 장소가 좋다는 느낌을 넘어 아이들과 함께 지내는 교사라는 직업에 대한 감사함까지 느껴진다. 아이들 마음속에도 이렇게 행복하고 감사한 장면을 하나씩 가지게 하고 싶은 마음으로 나는 해마다 아이들과 나들이를 나간다.

마을 나들잇길의 세 가지 코스

우리 나들잇길은 크게 세 코스다. 북쪽으로 가면 소농 마을 안으로 들

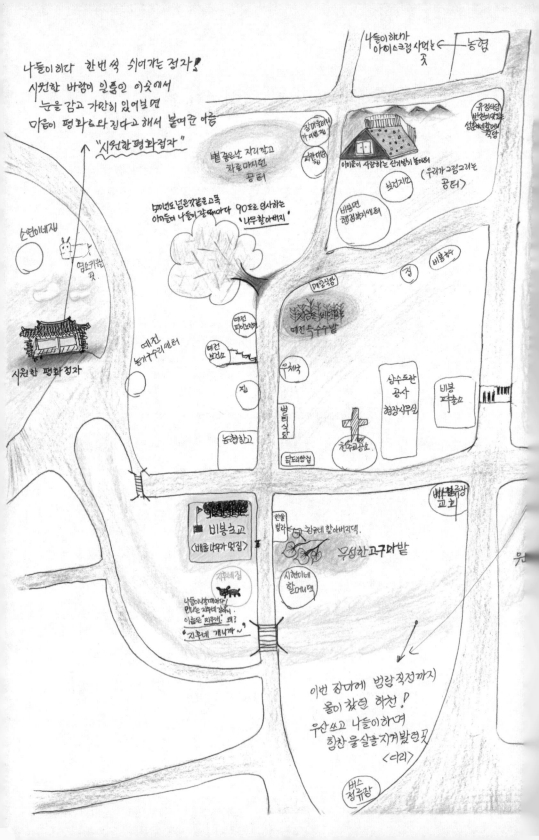

이가게 되고, 남쪽으로는 행복센터와 보건소, 우체국, 농협 등 공공기관이 있다. 서쪽엔 새로 생긴 오투그란데 아파트가 있다.

북쪽에 자리 잡은 마을 안으로 가면 가장 먼저 학교와 담장을 같이 쓰는 지후네 집이 나온다. 방앗간 들러가는 참새처럼 아이들은 지후네 집 마당에 있는 강아지 앞에서 잠깐이라도 걸음을 멈춰야 지나온다. 그 개 이름이 뭔지는 모르나 우리끼리는 '지우개'로 통한다. 지후네 개니까.

지후네 집 맞은편은 우리 반 시현이의 할머니 댁이다. 현관에 늘 고양이가 팔자 좋게 드러누워 있다. 시현이는 학교에서 차로 10분쯤 떨어져 있는 아파트에 사는데, 일주일에 한 번 정도 할머니 댁에 온다고 한다. 우리가 나들이를 나서면 시현이는 늘 할머니가 집에 있나 확인을 하는데, 대부분 일 나가고 안 계실 때가 많다. 작은 개천을 지나 마을 안쪽으로 들어가면 새로 지은 집들과 함께 50~60년은 족히 되어 보이는 오래된 건물들도 있다. 빨간 벽돌에 지붕이 높아 창고로 쓰였을 듯한 그 건물에는 네모나고 흰 양철 바탕에 파랑 페인트로 '농기구 수리 센터'라는 고딕체 간판이 아직까지 붙어있다. 아이들은 그 앞을 지날 때마다 굳게 닫힌 건물 안을 들여다보는 시늉을 한다. 안 보이는 걸 알면서도….

그 창고 옆에는 널찍한 정자가 있다. 처음엔 자주 사용되지 않아 방치되어 있었지만 아이들과 함께 쓸고 닦은 다음 돗자리를 까니 앉기도 하고 누울 수도 있는 공간이 되었다. 어느 날 지현이가 이렇게 좋은 정자에 이름을 붙여 주면 어떻겠냐고 제안했다. 즉석에서 스무 개도 넘는 이름들이 후보로 나왔다. 투표를 거쳐 정자 이름은 '시원한 평화 정자'가 되었다. 그 이름을 생각해 낸 하준이에게 이유를 물어봤다. 여기서 눈 감고 앉아 있으면 바람이 시원하게 불고 마음이 평화로워지기 때문이란다. 우리는 모두 공감했다. 그 평화로운 느낌을….

시원한 평화 정자 뒤쪽으로는 소연이네 집이다. 소연이는 1학년 때 툭하면 아빠가 보고 싶다며 집에 가야겠다고 울던 친구였다. 물론 지금은 집에 가겠다고 하지 않는다. 친구들과도 익숙해졌겠지만 나와도 아주 친해졌기 때문이다. 소연이와 내가 이렇게 친해질 수 있었던 건 바로 하교 나들이 덕분이다. 집이 가까워 학교 버스를 타지 않는 소연이와 하교를 함께한 날, 소연이는 나와 헤어지며 "선생님, 우리 집에 자주 놀러 오세요"라고 작별 인사를 했다. 자주 놀러 오라니…. 그땐 웃으며 들었는데 코로나19로 등교를 하지 못하던 올봄에 정말 소연이네 집에 자주 가게 되었다. 부모님이 생계로 바빠 아이의 학업을 돌봐주실 수 없는 상황에서 소연이가 어떻게 지내는지 가보기도 하고, 소연이도 모르는 수학 문제가 있으면 네 발 자전거 바구니에 수학책을 싣고 학교로 찾아왔다. 한번은 카메라를 보며 수업 영상을 찍을 때 유일한 학생이 되어 나의 어색함을 날려주기도 했다.

남쪽으로 가면 공공기관들과 함께 몇 안 되는 음식점들이 있다. 우리가 나들이 갈 때마다 점심 장사를 준비하며 맛있는 냄새를 솔솔 풍기는 벌티식당, 이름처럼 신기한 놀이 공간이 많은 신기방기 놀이터, 우체국, 행정복지센터, 보건지소, 농협, 그리고 성훈이 할머니께서 직접 기르신 재료들로 백반을 만들어 주시는 유정식당 등이다. 이 길엔 수령이 200년 정도 된 커다란 느티나무가 있는데, 아이들은 이 나무 앞을 지날 때마다 "나무 할아버지, 안녕하세요~" 하며 90도 배꼽 인사를 올린다. 세 가지 나들이 코스 중에 이 남쪽 코스가 아이들에게 가장 인기가 많다. 신나는 신기방기 놀이터와 아이스크림을 사 먹을 수 있는 농협 매장이 있기 때문이다. 놀이터 앞마당에서는 보건소, 행정복지센터, 농협, 유정식당 등이 한눈에 보인다. 아이들은 한바탕 놀고 나서 놀이터 정자에 엎드려 자기가 그리고 싶은 건물이나 자연의 모습들을 그렸다. 그러면 나는 아이들이 주문한 각각의 아이스크림을 사 와 아이들에게 나눠주곤 했다.

서쪽으로 가면 우리 학교 학생의 80% 정도가 사는 오투그란데 아파트가 있다. 북쪽이나 남쪽 코스보다 더 긴 데다가 오르막길이어서 가려면 큰 맘 먹어야 한다. 그래서 전체 나들이보다는 주로 하교 나들이 때 1:1로 가는 편이다. 이전엔 인도가 없어 이쪽으로 나들이는 시도하지 못했는데, 아파트가 들어서면서 차선 하나가 인도로 바뀌어 어느 길보다 안전한 나들잇길이 되었다. 안전 가드도 설치되어 있는 이 길에 들어서면 나도 마음이 편해져서 아이들과 놀면서 걸을 수 있다.

아이들을 더 깊이 이해하게 된 기회

마을배움길 선생님들과 '내 마음속 마을 지도'를 그리기 시작했을 때 좋은(?) 아이디어가 떠올랐다. 나들이를 통해 아이들마다 마을 한 부분 부분을 그리게 하고 그것을 한데 모으면 '아이들 그림으로 만든 동네 지도'가 나오지 않을까 하는 생각이었다. 사랑스런 아이들 그림으로 동네 지도를 만들 생각에 가슴이 설레었다. 아이들에게 이 생각을 나누니 좋다고 했다. 그렇게 우리 마을 지도 그리기 작업이 시작되었다. 나들이 때 인상 깊은 장소를 각자 패드에 담아 학교에 돌아오면 아이들은 그것을 자세히 그림으로 그리고 글로 썼다. 그런데 기대했던 만큼 재미있는 이야기들이 나오지 않았다. 아이들과 이야기를 나눠보니, 아이들 그림에 '우리 동네에 있어서' 선택된 곳이 많기 때문이었다. 이 친구는 여기 그리고, 저 친구는 저기를 그린다고 하니 그럼 여기는 내가 그릴까? 하는 식으로 말이다. 그래서 아이들에게 물었다.

"그럼 그려야 하는 곳 말고 너희들이 좋아하는 곳은 어디야?"

자기가 좋아하는 장소를 찾자고 하니 아이들은 앞다투어 자기 이야기를 꺼내놓기 시작했다. 아이들에게 가장 인기 있는 공간은 '구름사다리'였다. 구름사다리에 대한 사랑은 하루이틀 사이에 생긴 게 아니라 아이들이 비봉초등학교에 입학하면서부터 시작되었다. 아이들의 역사가 담겨 있는 구름사다리에는 아이들의 도전과 좌절, 성취, 희열 등 많은 사연이 묻어 있었다.

"처음에는 구름사다리 올라가는 것도 어려웠어요."

"처음에는 매달려 있지도 못했어요."

"처음엔 가다가 떨어지고 가다가 떨어지고 했는데 이제 끝까지 갈 수 있어요."

"저는 1년 만에 성공했어요."

"저는 여섯 살 때부터 연습했어요."

구름사다리에 얽힌 수많은 도전담을 들으며 아이들 손을 봤다. 보드라운 아이 손에 어울리지 않는 굳은살이 박여 있었다. 자기 이야기를 하는 아이들의 눈빛이 어느 때보다 초롱초롱 빛났다.

"오! 그래, 그럼 너희들은 구름사다리를 그리면 되겠다."

그렇게 동네 지도에는 서로 다른 이야기를 품은 구름사다리가 예닐곱 개나 나오게 되었다. 구름사다리 덕분에 아이들은 남에게 들려주고 싶은 자기 이야기를 할 수 있게 되었고, 나는 그렇게도 중요한 '아이들의 구름사다리'를 놓치지 않을 수 있었다.

구름이며 노을 사진을 내게 자주 보내오던 소연이를 더 깊이 알게 된 것도 마을 지도를 그리면서였다. 소연이는 유난히 집을 좋아했다. 할아버지, 아버지, 어머니, 형제들이 모두 힘을 합해 지었다는 것을 매우 자랑스럽게 여기고 있었다. 생계로 바쁜 부모님이 계시지 않을 때 자기 집 데크에 앉아 하늘을 바라보는 것, 특히 비 오는 날 내리는 비를 바라보는 것을 좋아한다고 했다. 붉게 물든 하늘, 특이한 구름, 비 내리는 어두운 하늘 등, 자기 눈에 비친 멋진 모습들을 누군가와 나누고 싶을 때 내게 문자를 보내 온 것이다. 평소 혼자 있는 것을 좋아하고, 학교 정자에 앉아 있다가 수업 시간에 늦기 일쑤였던 소연이를 학교에 적응하지 못하는 것으로 여겨 지나치게 걱정하기도 했고, 다른 친구들이 소연이를 따돌리는 건 아닌지 신경을 곤두세우기도 했는데, 마을지도를 그리며 이야기를 나눈 뒤로는 오히려 혼자 있는 시간을 방해하지 않으려 노력했다. 소연이는 비에서 차가운 공기 냄새, 나무 냄새가 난다고 했다. 그 말을 듣는데 내 어린 시절 비에 섞여 있던 흙냄새가 나는 것 같았다.

성훈이에겐 그리기에 자신감을 갖게 된 기회

간혹 그리기를 너무 힘들어하는 친구들이 있다. 하지만 나들이를 통해 실제 모습을 자주 보고 또 오랫동안 시간을 들여 관찰하면 상상해서 그리는 것보다 훨씬 수월하게 그릴 수 있었다. 보건소 옆 음식점 집 손자 성

훈이가 그런 친구였다. 성훈이는 도통
그리는 것을 시도하지 않으려 했는데
자주 나들이 가고 그림에 대해 이야기
를 나누며 큰 변화가 있었다.

"성훈이는 우리 동네에서 특별히 좋
아하는 곳 있어?"

"별로 없는데요~"

"아~ 그래? 음…. 그럼…. 그려 보고 싶은 곳은 있어?"

"없는데요~"

"그렇구나~ 성훈이네 집은 어때? 유정식당 그리는 친구 없는데, 성훈
이가 그리면 좋겠다~"

"싫은데요."

"왜?"

"어려울 것 같아서요."

"어디가 어려울 것 같은데?"

"벽돌이 많아서요"

"아~ 벽돌이 많아서 그렇구나~ 그런데 잘 살펴보면 벽돌이 반듯반듯
해서 그리기가 더 쉽다? 여기 지붕만 선생님이랑 같이 그려볼까?"

　나와 지붕을 함께 그린 성훈이가 꽤 진지하게 그림에 집중하더니 내게
물었다.

"선생님~ 저 이거 집에 가져가도 돼요?"

"왜?"

"숙제로 해 오려고요."

"안 그래도 돼. 내일 학교 와서 또 그려"

"집에서 더 그리고 싶어요"

그날 밤 성훈이는 그림을 완성했다며 카톡으로 그림 사진을 보내왔다. 그리고 그 그림을 고모에게 선물한다고 했다.

나와 아이들에게 오래 기억될 소중한 추억들

나들이 다녀온 횟수가 거듭될수록 아이들 그림의 선은 점점 더 세밀해졌고 색감은 더 풍성해졌다. 아이들의 관심은 참으로 다양했다. 맨홀 뚜껑, 전봇대, 빈집, 각종 표지판 등등, 다양한 관심만큼 재미있는 일화가 탄생했다.

맨홀 뚜껑만 관찰하던 친구는 맨홀 뚜껑마다 'KT', '완주군', '퇴수변' 등 다른 글자가 새겨져 있다는 걸 알아냈고, 전봇대를 관찰하던 친구는 전봇대와 전봇대가 선들로 끝없이 연결되어있다는 사실에 놀라워했다. 지금은 폐업한 학교 앞 음식점 건물을 보고는 그 옛날, 이 음식점을 운영했을 주인을 궁금해했다. 그 주인에게 다시 장사해보시지 않겠냐고 꼭 물어보고 싶다는 간청에 못 이겨 음식점 창문에 있는 번호로 전화해 보기도 했다. 스피커폰에서 '이 번호는 없는 번호입니다'라는 멘트가 나오기까지 기대와 설렘으로 쫀쫀했던 그 날의 분위기를 지금도 잊을 수 없다.

이 밖에도 동생과 무작정 할머니 댁을 찾아 길을 떠난 동일이 이야기, 윤도가 엄마랑 본 아름다운 노을 이야기, 하준이의 그림자 이야기, 엄마가 아파 병원에 계실 때 혼자 놀던 놀이터를 슬픈 마음으로 그린 시현이 이야기 등, 아이들의 그림을 보며 나눈 이야기들을 녹취했다가 그림과 함께 책에 담았다. 엮어 놓으니 우리 모두의 더 진한 추억이 되었다.

교사와 학생을 함께 성장하게 하는 나들이

나들이를 나가면 아이들은 끊임없이 말한다. 실시간으로 눈에 들어온 것, 귀에 들리는 것, 코로 맡아지는 것을 중계하듯 말한다. 세상과 소통하는 것이다. 자연과 만나고, 마을 어른들과 만나고, 지역의 역사와 만나는 이 시간을 통해 아이들은 자기만의 방법으로 자기 안의 새 세상을 구성해 가고 있으리라. 교사인 나 또한 나들이를 통해 마을을 배워가고, 아이들을 새롭게 만나고 이해한다. 학생도 교사도 만남으로부터 시작된 진정한 배움을 시작하는 것이다.

아이들과 직접 마을로 나간다는 쉽지 않은 길에 용기 내어 한 발을 내디딘 것은 같이 걷는 길동무들이 있기에 가능한 일이었다. 함께 고민하고 조언하며 응원해 준 마을배움길 선생님들께 고마움을 전한다.

군산수송초 마을지도 이야기 – 스물두 개의 봄

송윤희(군산 수송초)

마을지도는 걸으며 그린다

2020년 가을, 남편과 아들을 데리고 집에서 도보로 15분 거리에 있는 군산수송초로 길을 나섰다.

"이 주변은 온통 감나무투성이야. 거의 집집마다 있다니까. 진짜야."

수송초 후문이 가까워지자 머릿속은 온통 주홍빛 감으로 가득 찼다. 2019년 10월에 1학년 친구들과 동네를 돌면서 가장 많이 본 것은 쏟아질 것처럼 주렁주렁 열린 감이다. 자연스레 그 이야기를 하며 앞장서 나갔는데, 막상 걸어보니 상황이 달랐다.

"어라? 감나무가 별로 안 보이네?"

내 시선을 잡은 것은 오히려 작년에는 보이지 않던 무화과나무였다. 잘 익어가는 무화과의 연둣빛과 자줏빛 그라데이션에 절로 눈길이 갔다. '이게 어떻게 된 거지?' 나는 주홍빛을 찾아 이 골목 저 골목 닥치는 대로 헤

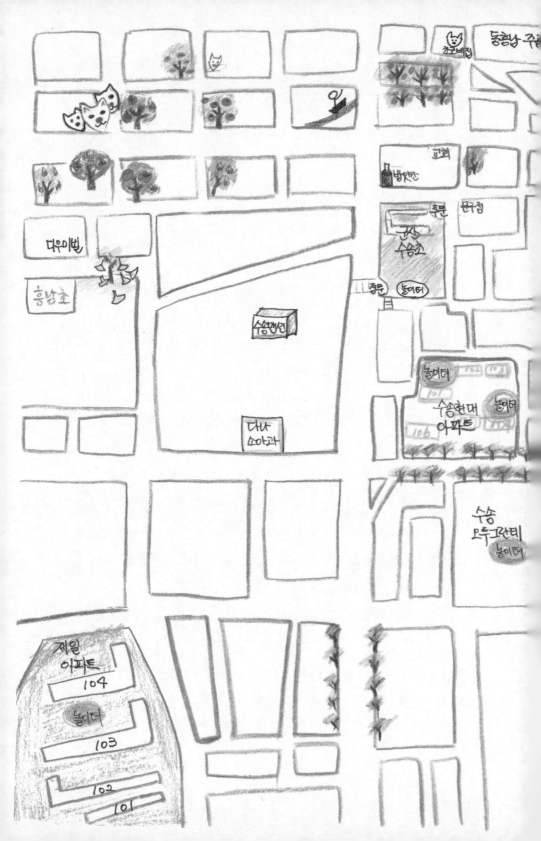

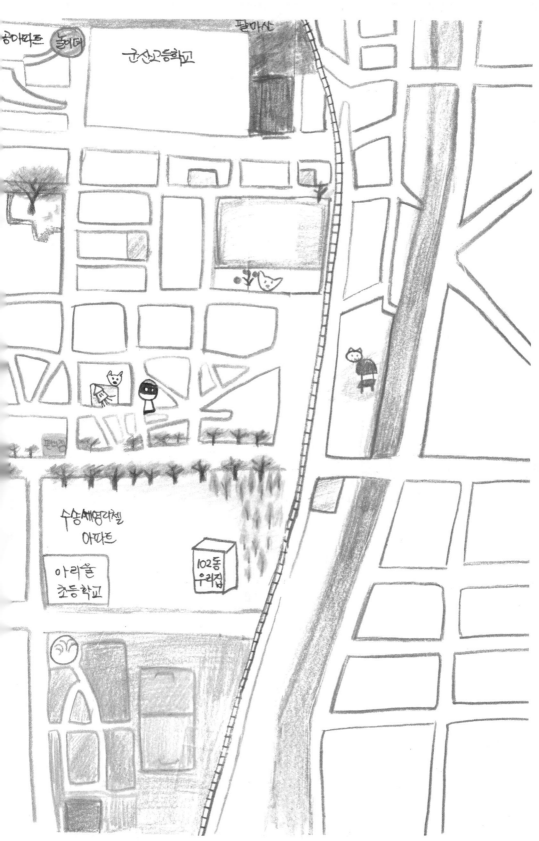

매고 다녔다. 감나무가 있긴 있었다. 작년 기억대로 한 집 건너 한 그루씩 있는 편이었고, 어떤 집 감나무는 하도 커서 가지를 받치는 구조물이 설치되어 있었다. 그런데 작년처럼 '우와' 하는 감흥이 없었다.

이유는 두 가지였다. 학교 주변을 같이 돌던 그 아이들이 없었다. 신명나는 얼굴로 여기저기를 가리키며 즐겁게 소리치던 희정이와 은미, 긴장한 얼굴로 건널목을 건넌 뒤 아이스크림 하나 들고 춤을 추던 진수, 냄새 주의하라며 코 막고 이끼 잔뜩 낀 골목길로 안내하던 예찬이, 버려진 냉장고를 보고도 까르르 웃던 수진이와 준희, 흰색 진돗개 세 마리가 담장 밖으로 얼굴을 내밀고 짖어대서 깜짝 놀라 소리 지르며 함께 도망갔던 그 동네 아이들이 없었다.

그리고 그때와 계절이 미묘하게 어긋나 있었다. 2019년에는 10월 중순에서 11월 초에 나들이 가서 잘 익어가는 주홍빛 감이 눈에 들어왔고, 무화과 열매는 이미 사라진 때였다. 그런데 이번에는 9월에 걷다 보니 아직 익지 않은 푸른 감이 눈에 들어올 리 없었다. 은행나무도 마찬가지였다. 11월쯤 홍남초 근처에 사는 아이 집에 갔을 때, 길에는 노란 은행 나뭇잎이 바닥이 보이지 않을 정도로 쌓여 있었는데 9월의 은행나무는 싱싱한 초록빛이 돌아 눈에 잘 들어오지 않았다.

기대한 모습은 없었지만, 우리 가족과의 나들이는 그 자체로 새로운 경험의 덧칠이었다. 동홍남주공아파트 올라가는 길에 본 댕강나무꽃의 달콤한 향과 꼬리박각시나방의 분주한 움직임은 그날 가지 않았으면 공유하지 못했을 경험이었다.

"어? 저기로 가면 도서관 가는 길이네."

"저기로 가면 삼학동 고모네 집 나오겠다."

골목골목 누비고 다니며 알던 길과 연결하는 것도 즐거웠다. 의미 없는 산책은 없다. 마을지도는 누구와 함께하고 무엇을 하는가에 따라 새로운 그림이 그려진다.

산책 후 지도에 무화과나무를 그려 넣었다. 처음 갔을 때 진돗개 나오는 집은 하나만 그렸는데 다른 진돗개들이 출현한 곳을 추가로 표시했다. 원래부터 있었지만 잘 몰랐던, 사실 관심 없던 학교 주변 모습이 함께 걷는 사람들 때문에 하나씩 하나씩 특별한 의미로 덧그려졌다. 다른 아이들, 다른 선생님과 걷는다면 어떤 지도가 그려질까? 마음 속 마을지도는 아직 끝나지 않았다.

스물두 개의 봄을 만나다

2021년에는 3~4월에 동네 나들이를 갔다. 코로나19로 2019년처럼 3~4명씩 나가지 않고 아이 한 명하고만 가다 보니, 많은 부분 달라졌다. 여럿이 갈 때는 각자 의미 있는 장소를 돌아보고 어느 지점에서 놀다 오는 게 주요 활동이라 나는 판을 깔고 한 발 뒤로 물러서 있었다. 그런데 일대일 나들이는 서로의 존재에 좀더 집중했다. 민정이는 말이 거의 없어서 세상 얌전하게 봤는데 주사 맞는 것도 무섭지 않고 친구의 짓궂은 장난도 대수롭지 않게 넘기는 여학생이었고, 학교에선 자주 피곤해 보이던 유림이는 대로변에서 왕벚꽃잎을 뿌리며 춤추는 걸 좋아하는 끼 넘치는 아이였다. 석훈이는 자기 집은 물론 할아버지 집까지 소개하는 적극적인 아이라 나도 함께 신이 나서 떠들었지만, 아영이는 나들이 내내 한마디도 안 하고 사진 찍기도 거부해서 나도 따라 조용히 걸어야 했다.

나들이 장소도 범위가 더 넓어지고 자세해졌다. 현대아파트에 여러 아이와 갈 때는 단지 내 놀이터 두 군데에서 놀다 오는 거라 놀이터 위치만 알았는데, 이번에는 101동이 어디고 102동이 어딘지, 어디에 라일락이 피었고 목련이 피었는지가 선명하게 눈에 들어왔다. 우리 반 아이들은 대부분 현대아파트와 제일아파트에서 살아서 그곳만 관심 있었는데, 주택에 살거나 여러 이유로 좀더 먼 곳에서 사는 아이들의 집을 찾아다니면서 학교 주변 지리에 좀더 밝아졌다.

나들이 횟수도 확 늘었다. 2019년에는 일곱 번 갔는데, 2021년에는 스물두 명의 아이와 나들이하다 보니 스물두 번의 봄을 만났다. 나들이 기간이 길어지다 보니 누구와는 목련이 한창일 때, 누구와는 벚꽃 잎이 흩날릴 때, 누구와는 벚꽃 지고 라일락 피었을 때 걸었다. 아이들에겐 단 하루의 나들이지만 나는 거의 매일 걸으며 봄이 흘러가는 걸 볼 수 있었다.

이 나들이를 마을지도에 표시하자 계절이 가을에 봄까지 덧칠됐다. 전에는 같이 간 아이들과 함께 본 것이나 경험이 중요했다. 하지만 이번 마을지도에는 수진이네 집, 석훈이랑 건넌 건널목, 민정이랑 사진 찍은 개나리, 하준이와 본 까치들의 요란한 싸움 등등 한 명 한 명과 함께한 개별적 경험이 표현되었다. 그리고 영역도 확장했다. 원래 지도에 없던 지역에 사는 아이들이 있어서 종이를 덧붙여 기찻길 너머에 사는 소영이네 집과 동네 원두막, 그리고 남쪽 끝에 있는 제일아파트도 추가했다. 지도는 한번 그리고 끝이라고 생각했는데 나들이하면서 그 내용을 바꾸어가는 게 너무 재미있었다.

'날 내버려 둬요'—텃밭 이야기

아이들과 일대일 나들이는 올해 처음이지만 작년부터 마을배움길 선생님 경험을 많이 들었고, 아이들과 여럿이 마을을 방문해온 지는 꽤 되었기 때문에 어떻게 흘러갈지 알 수 있었다. 그런데 텃밭은 예상과 달랐다.

물론 농사가 쉬울 거라고 생각하진 않았다. 1학년과 함께하니까 농사일은 대부분 내가 해야 하고 그 밖에 병충해나 퇴비에 대해서도 잘 몰랐기 때문이다. 하지만 혼자 공부해도 되는 거라 괜찮았다. 아이들과 농사에 대해 이야기 나누기 위한 그림책이나 활동 고민도 어렵지 않았다.

그런데 예상치 못한 어려움이 있었다. 바로 사람들이다. 아침에 잠깐 물 주러 나가는데도 여러 사람의 관심이 쏟아졌다. '텃밭에 뭘 심었어요?'부터 시작해서, '물은 그렇게 자주 주는 거 아니에요.', '물은 오후에 주면 안 돼요. 아침 일찍 줘야 해요.', '토마토는 곁가지만 잘 따주면 되니 별거 없어요.' 등등…. 학교 선생님들뿐만 아니라 체온 측정하는 할머니, 소독하러 다니는 아저씨, 학교 경비 아저씨, 다른 학년 아이들까지 와서 각자 하고 싶은 말을 하는 것이 듣기 힘들었다. 한번은 경비 아저씨가 갑자기 충고한 적이 있다.

"송 선생, 농사 지어보니 얼마나 힘든지 알겠지? 시장에서 천 원, 이천 원 깎지 말어."

"저는 대형마트 다녀요."

나는 억울한 마음에 샐쭉하게 대답했다.

내게 텃밭은 그저 우리 반 교육을 위한 공간이었다. 예전에 문재현 소장님이 도시 사람들은 자기 집의 개념을 개인 소유지까지만 한정 짓고 토지 실측부터 한다고 하셨는데, 나는 학교 안에 있는 텃밭을 딱 그런 개념으로 생각했다. 칼로 자른 듯 정해놓은 우리 반 땅. 그러나 그곳은 다양한 학년 아이들과 교사, 학교 관련 수많은 이들이 오가는 곳이었다. 오직 땅만 본 나로서는 그 공간의 의미를 몰랐다. 그래서 햇볕과 모기를 견디듯 사람들도 조금만 견디면 되겠지 생각했다.

다행히 토마토가 자랄수록 사람들의 태도가 달라져 갔다. 먼저 우리 반 아이들은 자기 키보다 커진 토마토를 보러 텃밭에 가는 횟수가 늘었다. 덩달아 관심이 커진 학부모들이 지주대 세우기와 곁가지 따기를 도와주었다. 잡초 뽑기에도 도움의 손길을 내밀었고, 주말에 아이가 토마토를 걱정해서 학교에 나와 물을 줬다는 문자가 오기도 했다. 애정 어린 관심은 우리 반에서 그치지 않았다.

토마토가 빨갛게 영글어가는 것을 기뻐하는 사람들이 많아졌다. 한번은 소독하러 다니는 아저씨가 말했다.

"어떻게 그렇게 잘 키웠어요? 학교에서도 토마토가 이렇게 잘 자라다니 신기해서 내가 사진 찍어서 와이프 보여주면서 자랑했어요."

또 놀랍게도, 내가 먼저 말을 거는 일도 생겼다.

"더운데 애들 체온 재느라 너무 애쓰시죠?"

"매일 물 주는 선생님이 더 애쓰시죠. 토마토 너무 잘 키우셨어요."

후관 입구에서 체온 재는 할머니께서 무척 더워 보여 말을 걸었는데 오히려 격려를 받았다. 몰랐다. 평소엔 그냥 스쳐 지나가던 분들과 나도 이런 대화를 나눌 수 있다는 걸.

학교에서 전혀 경험해보지 못한 갑작스러운 관심이 어색하고 불편했지만, 그런 경험이 매일 매일 반복되다 보니까 어느덧 익숙해지고 일상처럼 받아들여졌다. 마스크에 불만스러운 표정을 숨기고 '날 좀 내버려 둬.'라며 구시렁거리던 것도 어느 순간 하지 않게 되었다.

구시렁쟁이, 한 걸음 또 내딛다

마을지도를 그리기 위해 우리 집 근처와 학교 근처, 산과 하천을 따라 걸을 때 나는 혼자일 때가 많았다. 혼자 지도를 찾고 내용을 검색하는 게 편했다. 그런데 그것만으로는 지도를 그리기 어려웠고, 인터넷 지도보다 못한 지도를 굳이 그릴 필요를 못 느꼈다.

그런 내 시야를 넓혀준 것은 함께 걷거나 만난 사람들이다. 아이들과 더운 날 걷다가 잠시 쉬던 느티나무는 어디에나 있는 느티나무와 달랐다. 아이들이 장기 두는 할아버지들께 소리 높여 인사드리고 나도 따라 인사하며 그제야 비로소 '동네에 왔구나.' 실감이 났다. 텃밭에서도 사람들 덕분에 어떤 책에도 안 나오는 찐 경험을 했다. '우리 반 텃밭이니 내버려 둬요'라고 생각했을 때는 독박 노동에 가까웠지만, 사람들과 소통을 시작하고 나니 좀더 편안하고 함께 가꾸는 즐거운 장소가 되었기 때문이다.

마을배움길 선생님과 함께하는 마을지도는 물리적인 공간에 대한 시야를 넓히는 것뿐 아니라 내 마음의 공간도 넓혀준 것 같다. 나의 소중함도 느끼고, 핸드폰을 내려놓고 주변에 있는 '사람'도 보게 되었다. 그래도 나는 아직 구시렁쟁이(?)다. 다음 농사와 다음 나들이 때 나는 또 불편해지고 혼자 구시렁거릴 거다. 그래도 기꺼이 한 걸음 내디딜 것이다. 어쨌든 즐거우니까.

두환 '호기심 많은 아이와 걸었던 기억들', 이런 부분들이 기억에 남네요.

명순 '마을지도는 누구와 함께하고 무엇을 하는가에 따라서 새로운 그림
이 그려진단 생각', 마음에 울림을 줍니다.

미숙 '맞아! 언제 걷느냐에 따라 다른 나무가 들어오지~' 하며 읽었네요.
나도 써야 하는데…ㅠㅠ

마을배움길반, 원내동 경계 걷기

김두환(대전 진잠중)

1학년 2학기 자유학기제 마을배움길반 학생들과 처음 만나던 날, 우리 학교가 속해 있는 원내동이 어디서부터 어디까지인지 알아보고, 원내동과 교촌동의 경계를 걸었어요. 원내동의 동쪽은 봉우산을 경계로 관저1동과 접해 있고, 서쪽은 라이온스 동산을 경계로 방동과 접해 있어요. 교촌동과는 진잠로를 경계로 서로 마주 보고 있죠.

교실에서 내가 미리 만든 동영상을 본 후, 교문 앞에 다시 모였어요. 출발 전에 방위는 알아야겠죠?

"어느 쪽이 동쪽일까?"

제각기 대답하는 가운데, 한 아이가 동쪽을 정확히 가리킵니다.

"맞아, 그러니까 산장산은 서쪽에 있는 거야. 그럼 학교가 바라보는 곳은?"

"남쪽이요."

"맞아, 그럼 우리가 가려는 곳은?"

"북쪽이요."

"좋아, 출발!"

교문을 나서자마자 재잘거리는 아이들의 소리가 정겹습니다.

"너희들, 학교 밖으로 나오니까 기분 좋지?"

"예."

"나도 그래."

제 목소리도 어느새 높아져 있네요. 길가에 핀 분꽃을 보고는 물었습니다.

"예쁜 이 꽃의 이름은?"

"진달래요."

"진달래는 3월에 피잖아."

"아…."

"이 꽃은 오후에 피었다가 아침에 시드는 꽃이야. 조금 더 있으면 피겠다."

힌트를 주었는데 반응이 없습니다.

조금 더 가자 수세미가 보입니다. 뭔지 물었더니 호박이라고 하네요. 수세미라고 고쳐주었습니다.

"아, 맞다. 초등학교 때 수세미로 실험했는데."

"무슨 실험이었니?"

"세로로 잘라서 물이 이동하는 것을 확인하는 실험이요."

수세미로 실험까지 했지만, 넝쿨에 열린 수세미는 알아보지 못하네요. 마을을 걸어야 하는 이유입니다.

견우와 직녀 걷기

드디어 원내동과 교촌동이 나뉘는 지점에 도착했습니다. 학생 중 반은 마을활동가 김동순 선생님과 교촌동 쪽을, 나머지 반은 나와 원내동 쪽을 걸을 겁니다. 진잠로를 중심으로 서로 나란히 걷는 거죠. 바라볼 수는 있지만 가까이할 수는 없습니다. 견우와 직녀가 된 셈이죠. 길가에 핀 패랭이꽃 사이로 반가운 풀꽃이 보입니다.

"애들아, 이게 잎에 주름이 졌잖아. 그래서 주름잎이라고 불러."

"와, 예쁘다."

가로수 이팝나무가 줄지어 있습니다.

"이 나무가 뭘까?"

엉뚱한 대답들이 난무합니다.

"그럼, 이 나무에 피는 꽃 색깔은?"

또 온갖 색깔이 다 나옵니다.

"흰색이야."

"제가 아까 하얀색이라고 했잖아요."

"아, 그랬나? 미안. 6월에 꽃이 만발하면, 큰 밥그릇에 흰 쌀밥이 수북이 담긴 것처럼 보여. 옛날 가난한 사람들 눈에는 그게 하얀 쌀밥으로 보였지. 그래서 '이밥'에서 '이팝'이라고 불리게 됐대."

"히팝이요?"

"아니, 이팝."

조금 더 가니 고구마 잎이 무성한 밭이 보입니다.

"애들아, 이게 고구마인 건 알지?"

안다고 하는 학생도 있고, 멍하니 나를 쳐다보는 학생도 있습니다.

"여기서 무슨 소리 들리지 않아?"

"귀뚜라미 소리요."

"맞아. 선생님이 요즈음 귀뚜라미 소리에 푹 빠졌거든. 우리나라에 귀뚜라미가 30여 종 있다는데, 10여 종 이상은 구별할 수 있어. 이 소리는 무슨 소리인지 아니?"

신이 나서 한 나의 질문에, 아이들은 이래저래 이름을 지어 마구 말합니다.

"극동귀뚜라미야."

"아…."

처음 들어보는 이름인가 봅니다.

희수의 집

교촌동 제이파크 아파트가 보이는 곳까지 왔습니다.

"선생님, 제가 사는 곳이에요. 저기 6층에 흰 커튼 보이죠?"

조금 전 벌레를 싫어한다고 한 희수입니다.

"와, 맨 앞 동이라 전망이 끝내주겠는데."

"소리에 민감한 엄마가 차 소리 때문에 잠을 못 잘 때가 있어요."

희수 어머니는 피아노 선생님입니다. 아이들과 걷다 보니 자연스럽게 어디에 사는지도 알게 되네요.

당랑거철과 장두로미

이제 돌아갈 시간입니다. 서로 자리를 바꾸었습니다. 교촌동 쪽에서 걷던 학생들을 제가 맞았습니다. 이제 새로운 학생들과 원내동 길을 거슬러 갑니다. 귀뚜라미 이야기, 이팝나무 이야기를 했습니다. 그런데 갑자기 연주가 '엄마야' 소리를 지릅니다. 다른 여학생들도 '악' 비명을 지릅니다. 가로수 아래에 뭐가 있나 봅니다. 가서 보니 갈색 좀사마귀입니다. 사마귀를 보고 다들 놀란 거죠. 요즈음 곤충과도 친해진 터라 보란 듯이 사마귀를 손으로 잡았습니다. 그런데 죽어 있네요. 학교에서도 말라 죽어 있는 곤충들을 많이 보았는데, 이 사마귀도 그렇습니다. '당랑거철(螳螂拒轍)'이라는 고사성어가 생각나서 이야기해 주었습니다. 무모하게 맞서는 사마귀 이야기를 듣더니 유미가 말합니다.

"꿩은 무서우면 머리만 숨긴데요."

이 글을 쓰다가 인터넷으로 찾아보니 '장두로미(藏頭露尾, 머리는 숨기고 꼬리만 보이다; 진상을 분명히 밝히지 않다)'라는 사자성어가 있네요. 그러니까 우리는 사자성어로 이야기를 주고받은 셈입니다.

학교 안에서는 들을 수 없는 생생한 이야기

학교에 거의 다다랐을 무렵, 새로운 수족관이 눈에 띄어 아이들과 함께 보았습니다. 물고기 종류도 많고 부레옥잠도 보이고 제대로 갖춘 멋진 수족관이었습니다. 건물 주인이 누구인지 궁금합니다. 아이들과 마을을 걸으니 볼 것이 참 많습니다. 드디어 학교에 도착! 아이들에게 소감을 한마디씩 해달라고 했습니다. 생각보다 교촌동이 가깝다는 학생이 있었고, 여기저기 다니는 것이 재미있었다고 하는 학생도 있었습니다. 물론 '더워요, 목말라요, 힘들어요.' 하는 학생도 있었습니다.

글을 쓰며 돌아보니, 아이들과 마을을 걸으며 참 많은 이야기를 나누었네요. 학교 안에서는 들을 수 없는 생생한 이야기지요. 몇몇 아이들의 집도 알게 되었고요. 앞으로 점점 아이들과 마을에 대해 더 알아갈 수 있으리라 기대합니다. 오늘은 마을의 경계를 걸었으니 다음에는 마을 안으로 들어가야겠죠? 그곳에서, 아이들이 이야기보따리를 잔뜩 풀어놓으면 좋겠습니다. 이야기보따리에는 그 아이뿐 아니라 우리도 좋아하는 배움의 주제들이 가득 담겨있을 겁니다.

톡톡대화방

아이들과 걸었던 길을 중심으로 그린 우리 학교의 마을(마음) 지도입니다.^^ **두환**

재화 "극동귀뚜라미야. ㅎㅎㅎ"에서 샘이 환하게 웃는 모습이 보이네요~ 정말 재밌게 동행했어요~~

휘연 즐겁습니다. 저도 애들이랑 돌아다니고 싶네요. 마음에 들어 있지 않은 길은 이어지다 없어지는 게 인상적이네요. ㅎ

미숙 아! 이팝나무 가로수길~~

긴 에필로그가 이어집니다~

마을 안으로 들어가는 생생한 경험

글을 쓴 지 1년이 지났네요. 그때 경계 걷기를 한 후 원내동과 교촌동 그리고 또 다른 마을을 걸었어요. 학생들과 산장산을 오르며 단풍과 새소리를 즐겼고, 추석에는 강강술래도 했습니다. 복개된 진잠천 길과 아름다운 교촌동 길을 걸었고, 칠성댕이 고인돌, 향교, 옛 마을 모습을 간직한 대정동, 송정동 선창마을을 다니며 마을의 역사와 유래를 알아보았어요. 함께 다녔지만 중간중간 한 아이와만 걸을 기회가 생겼고, 그때는 그 아이만의 이야기를 들을 수 있었죠. 어릴 때 즐겨 놀던 놀이터, 어린이집과 초등학교, 가족과 즐겨 가는 맛집, 좋아하는 노래, 친한 친구, 좋아하는 과목과 싫어하는 과목 등 일상의 이야기를 나누었어요. 때때로 먹는 간식도 우리의 즐거움을 더해주었죠. 함께 걸으며 서로의 관계가 깊어졌고, 학생들의 눈빛에서 나를 신뢰하고 있음을 보았어요. 교사로서 보람을 느낀 순간이었죠.

그리고 최근에 마을 안으로 들어가는 생생한 경험을 했어요. 1년이라는 시차가 있긴 하지만 이어지는 글로 적절하다 싶어 소개합니다.

성북동 쌍둥이

성북동은 최근 저의 관심을 끄는 곳이에요. 자연환경이 아름답고 옛 마을의 모습이 많이 남아있는 곳이거든요. 그곳에 사는 아이로부터 마을 이야기를 들으면 좋겠다고 생각하던 중에 성현이와 성호를 알게 되었어요. 1학년 음악 시간에 성현이가 새와 곤충에 대해 생생하게 이야기하는 것을 들었죠. 어디 사느냐고 물었더니 성북동에 산다는 거예요. 반가운 마음에 놀러 가도 되냐고 물었죠. 그리고는 그날 퇴근하자마자 성북동으로 향했습니다.

그런데 전화로 성현이와 만날 장소를 정하는 것부터 만만치가 않았습니다. 어디서 만나자고 해야 하는데 구체적인 장소를 말할 수 없었거든요. '아, 내가 학생들이 사는 마을에 대해 제대로 모르는구나' 하고 느낀 순간이었어요. 그나마 알고 있는 성북 2통 버스정류장에서 만나기로 했다가 다시 마을회관 앞으로 바꿨습니다. 택시를 믿었던 거죠. 그런데 큰 도로에서 좁다란 마을 길로 들어선 택시 기사는 목적지를 제대로 찾지 못했고 이내 싫은 표정을 지었습니다. 불편한 마음에 나머지 목적지까지는 내가 찾아가기로 하고 내렸습니다. 이후 성현이와 몇 번이나 통화하고, 지나가는 마을 사람에게 묻기도 하여 드디어 약속 장소에 도착했습니다. 저를 보고는 쌍둥이가 얼마나 기뻐하던지, 환영받는 저도 몹시 뿌듯했습니다.

놀이, 환대, 배움의 장소인 마을

1시간 30여 분 동안 동네를 다녔는데, 이 수다쟁이들의 재미있는 이야기 덕분에 지루할 틈이 없었습니다. 담장에 앵두나무가 여러 그루 있는 집을 지날 때였어요.

"이 앵두 그냥 따 먹어도 돼요. 이 집 할머니가 그래도 된다고 했어요."

마침 담장 안에 할머니가 계십니다. 쌍둥이는 할머니에게 큰소리로 인사합니다. 할머니는 아이들의 인사를 반갑게 받으시며 저를 보시고는 "앵두 먹어도 돼요." 하십니다. 쌍둥이는 앵두를 입속에 넣는 나를 보며, 씨를 뱉지 말고 모았다가 한꺼번에 뱉으면 따발총처럼 되니 해보라고 합니다. 쌍둥이 말대로 하진 않았지만 대신 총 쏘듯 앵두 씨를 내뱉는 쌍둥이 모습을 상상해 보았습니다. 쌍둥이에게 마을은 즐거운 놀이 장소입니다.

아이들은 중간중간 만나는 어른들에게 큰소리로 살갑게 인사합니다. 인사를 잘한다는 나의 칭찬에 이렇게 말합니다.

"인사 잘하면 좋아요."

어른들도 정겨운 표정과 목소리로 답합니다.

"아, 너희들이구나."

"그래, 많이 컸네."

어떤 집 앞에 멈춰 서서 '번개 할아버지네 집'이라고 소개합니다. 할아버지 집에 번개가 치는 것을 보아서 이렇게 별명을 지었다고 합니다. 할아버지도 그렇게 부르는 것을 좋아한답니다. 쌍둥이와 번개 할아버지의 관계가 정겹습니다. 쌍둥이에게 마을은 언제나 자신들을 반기는 환대의 장소입니다.

아이들은 길을 걸으며 보이는 나무의 이름도 다 압니다. 학기 초 학교 나들이를 할 때 학생들이 모과나무를 군대나무라고 한다고 말해준 적이 있었습니다. 군복과 비슷한 줄기의 무늬 때문이죠. 그것을 기억하고는 자기 집 앞에도 군대나무가 있다고 재치 있게 말합니다. 토끼도 보았습니다. 우리가 가까이 지나가는 것을 토끼가 알아차리고는 푸드덕 급하게 피했는데, 멀리 가지는 않고 근처에 가만히 숨어 있습니다. 나도 쌍둥이도 걸음을 멈추고 그 장면을 핸드폰으로 찍었습니다. 쌍둥이에게 마을은 호기심을 자극하는 배움의 장소입니다.

가장 인상 깊었던 곳은 소를 키우는 축사입니다. 쌍둥이가 마지막으로 내게 소개해 준 장소인데요. 나에게 소먹이를 줘보라고 하고는 이렇게 설명합니다.

"짚을 손에 잡고 내밀면 처음에는 소가 무서워서 뒤로 물러설 거예요. 그러면 여기다 짚을 이렇게 두세요. 그럼 곧 앞으로 다가와서 먹을 거예요. 선생님께 이렇게 가르쳐 드리니 제가 선생님이 된 것 같아요."

선생님이 된 것 같다는 그 말을 놓칠 수 없었습니다. 가장 잘 배우는 방법은 곧 가르치는 것이기 때문입니다. 스스로 배움의 주체가 되는 것이 가장 좋은 배움의 방법입니다. 쌍둥이에게 마을은 배움의 주체가 되는 장소입니다.

왜 마을에서 배워야 하는가?

쌍둥이와 마을을 걸으며 '왜 마을에서 배워야 하는가?'를 다시금 깨달았습니다. 놀이 장소, 환대의 장소, 주체적인 배움의 장소인 마을에서 쌍둥이의 빛나는 모습들을 발견했기 때문입니다. 마을 나들이는 쌍둥이뿐 아니라 교사인 저에게도 의미 있는 시간이었습니다. 사실, 쌍둥이와 걸은 길은 이전에도 걷던 길입니다. 하지만 쌍둥이와 함께 걸은 후 비로소 저의 마음 가운데 소중하게 자리 잡았습니다. 이것이 교사도 마을에서 배워야 하는 이유이지 않을까 생각합니다.

추석을 앞두고 '추석 잘 지내세요.', '추석 건강하게 보내세요.'라는 쌍둥이의 메시지를 받았습니다. 쌍둥이도 저와 함께 걸은 마을 길을 마음에 소중하게 담은 것이리라 생각해 보았습니다. 쌍둥이와의 관계, 그리고 마을에서 시작한 우리의 배움이 앞으로 어떻게 무르익을지 사뭇 기대됩니다.

내 마음이 가는 곳, 아이들이 사는 마을

서영자(영동 학산초)

1997년 학산초등학교 봉산분교에 첫 발령이 났다. 당시 분교에는 전교생이 32명, 우리반은 4·5학년 복식학급으로 10명이었다. 나는 교문을 들어서면 왼쪽에 바로 붙어있는 사택에서 살다가 2년 반 만에 폐교되는 바람에 영동읍으로 갔다. 몇 년 후 영동을 떠나 주로 청주에서 근무했지만 고향인 김천을 갈 때마다 생각났다. 오가는 길에 영동을 지나야 했기 때문이고, 그때마다 첫 발령지인 학산면, 대밭말이 아련하게 떠오르고 그리웠다. 청주지역 근무 만기가 되어 타 시·군으로 옮길 때 주저 없이 영동으로 냈고, 2020년에 학산초등학교로 설렘과 기대를 안고 다시 오게 되었다.

20여 년 만에 와서 본 학교는 많은 것이 달라져 있었다. 우선 학생 수가 너무나 적었다. 전교생이 40명이 갓 넘었다. 학산면에 그 많던 학교가 폐교되고 이 학교 하나 남았는데, 학산면에 있는 학생 수가 고작 40여 명이었다. 인구 절벽이니 농촌 붕괴니 하는 말들이 피부에 와닿았다. 몇 년 더 지나면 우리 학교는 과연 어떻게 되어있을까? 코로나19와 함께 이곳 생활

마을, 그 깊은 이야기 샘

을 시작해서인지 아이들도 생기가 없어 보였다. 어떻게 하면 아이들에게 생기를 불어넣을 수 있을까? 이런저런 고민을 하며 1년 반 정도 시간을 보내고, 내 마음 속 학구 마을 지도를 그리게 되었다.

길

지도를 그리고 다시 자세히 보았다. 내 마음 간 곳이 어디지?

온통 길이 보였다. 두 발로 뚜벅뚜벅 걷던 길. 20여 년 전 봉산분교 사택에 살 때는 학교 안에 살면서 주변을 걸어 다녔고, 영동읍에서 출퇴근하는 지금은 버스나 다른 선생님 차를 타지만, 학산면에서 다닐 때는 거의 걸어 다녔다. 그래서일까? 길 하나하나에 그때 만난 사람과 많은 곤충과 새, 하늘, 바람, 빛깔, 냄새, 소리가 같이 쫓아왔다.

2020년, 코로나19로 아이들은 학교에 오지 못했다. 아이들이 오지 않아서 내가 아이들이 사는 마을로 걸어 들어갔다. 등교하고 나서는 아이들과 함께 학교에서 가까운 마을인 호미실과 노루목까지 자주 다니게 되었다. 같은 길도 갈 때마다 다른 것을 보게 되니 날마다 새로웠고, 여러 번 걷게 되니 조금씩 다른 길도 찾아 나서게 되었다.

가장 많이 다니던 호미실 가는 길에서는 뱀이 먼저 떠올랐다. 그 길에서 아기뱀도 보고, 로드킬로 죽은 뱀도 봤다. 뱀을 볼 때마다 내가 놀라서 줄행랑을 치니 아이들은 나를 놀리는 재미로 뱀을 기다렸다. 길에서 만나던 강아지도 생각났다. 호미실 마을회관쯤 가면 어김없이 나타나 우리를 반겨주었다. 우리가 가면 같이 놀다가 학교까지 바래다주던 귀엽고 날쌘 강아지였는데, 어느 날부터 보이지 않게 되어 궁금하기도 하고 서운해했

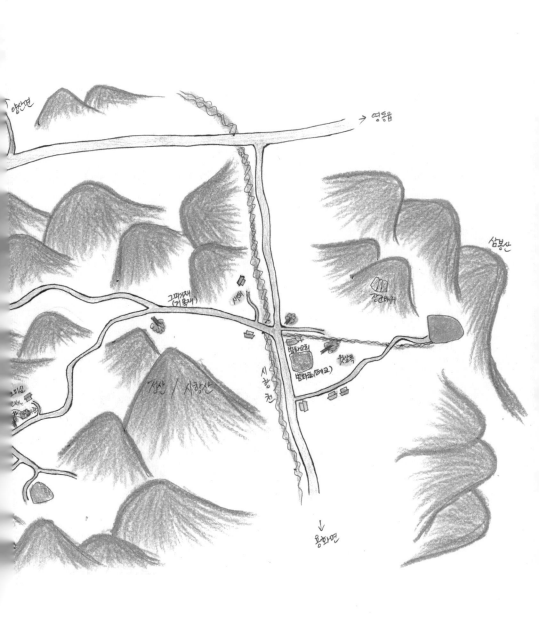

던 기억이 난다.

아이들이 가장 좋아하는 길은 도랑을 따라 걷는 길이었다. 학산에 산이 많으니 골짜기마다 도랑도 많다. 물길은 작은 도랑일수록 꼬불꼬불 변화가 심하고 그만큼 재미도 더하다. 호미실의 도랑이 그랬다. 도랑 옆으로 난 길이 끊어져 되돌아오기도 하고, 물가에 바로 내려갈 수도 있고, 낮은 다리 밑으로 거의 기다시피 지나가기도 했다. 한편 노루목 가는 길의 도랑은 제법 넓어서 모래톱도 있고 백로나 왜가리, 흰뺨검둥오리도 자주 만날 수 있었다. 하루는 아이들이 도랑에서 바지를 걷어 올린 채 맨손으로 물고기를 잡고 있었는데, 내가 바위 위에서 수달 똥을 발견했다. 수달을 직접 본 건 아니지만 천연기념물 수달이 이곳 학산천에 산다니 무척 반가웠다. 아이들도 수달 똥만 봤을 뿐인데 마치 수달을 본 것처럼 자랑스러워하며 두고두고 이야기했다.

가을이 깊어가는 어느 날이었다.

"선생님, 우리 집까지 같이 걸어가 봐요."

등교 개학을 했을 때 귀찮다며 학교 운동장조차 나가기 싫다고 했던 준영이가 한 말이다. 반가운 마음에 바로 좋다고 했다. 수업을 마치고 웃살목 마을에 사는 준영이, 민수와 출발했다. 다른 아이들도 같이 가겠다며 나섰다가, 가려면 한 시간 넘게 걸리고 내가 각자 집으로 데려다줄 수 없다고 하자 아쉬워하며 돌아섰다. 그렇게 우리 셋은 선돌 마을을 지나 웃살목까지 4km가 넘는 길을 걸었다. 휴대폰 지도앱을 확인하며 걸어갔다. 차로 갈 때는 잘 몰랐는데 걸어서 가니 계속 오르막이었다. 숨을 몰아쉬며 오르다가 길 끝에 하늘이 보이는 고갯마루에 다다르자 어찌나 반갑던지. 이제야 거의 다 왔구나 싶은 안도감과 함께 시원스럽게 탁 트인 풍경이 가슴을

뻥 뚫리게 했다. 다른 교통수단 없이 온전히 걸어서 이 마을 저 마을 다녔을 옛날 사람들에게 이 고개가 얼마나 반가웠을까? 처음으로 고개의 의미들이 내게 다가왔다. 그렇게 웃살목에 도착할 무렵 학교 버스를 만났다. 두 아이는 학교 버스보다 먼저 도착했다며 무척 좋아했다. 아이들을 집으로 데려다주며 부모님들도 만났는데, 자신들도 그 길을 걸어본 적이 없다며 대견해하셨다. 부모님들의 칭찬에 아이들은 힘들었던 것도 잊은 듯했다.

그 일은 아이들의 영웅담이 되었다. 다른 학년 아이들도 웃살목까지 걷기에 도전하겠다며 방과 후에 가방을 메고 모였다. 여럿이 가게 된 상황이라 지난번에 갔던 길로 가기가 부담스러웠다. 차가 많이 다니지는 않아도 제법 차들이 다니는, 보도도 없는 2차선 도로였기 때문이다. 사람들이 걷는 길 어디에나 보도가 있어서 안심하고 걸을 수 있으면 좋겠다고 생각하며 다른 길을 찾아보았다. 마침 호미실에서 그미기재(거목재)로 넘어가는 길이 어떻게 연결될지 궁금하던 차에 아이들에게 그 길로 가보자고 했다. 지도앱의 도움을 받으면 되려니 쉽게 생각했다. 하지만 산길이라 지도앱에 다 나오지도 않았고, 갈림길도 많았다. 한번 길을 잘못 들어 다같이 되돌아오는 일을 겪고 나서는 어쩔 수 없이 갈림길이 나올 때마다 발이 날랜 아이들이 나서서 선발대가 되어 길을 확인하며 갔다. 덕분에 쉬엄쉬엄 땀을 식히며 갈 수 있었다. 그렇게 걸어서 큰 소나무 몇 그루가 서 있는 거목재를 넘어 웃살목에 도착했다. 힘들었지만 새로운 길을, 그것도 산길을 걸어온 것이 뿌듯했다. 서로를 보며 환하게 웃는 아이들 표정에서 같은 마음자리가 느껴졌다. 그 날의 경험으로 학교에서 호미실, 그미기재, 웃살목으로 이어진 산길이 드디어 내 마음 속에서 연결되었다.

그 외에도 길마다 그때의 사연이 고스란히 떠오르는 것은 온전히 두

발로, 온몸으로 걸었기 때문인 것 같다. 가까운 곳에 편안한 마음으로 걸을 수 있는 길이 있다는 것이 얼마나 소중한지 새삼 느껴졌다. 내가 어렸을 때 집에서 학교 가던 신작로에는 연초록 버드나무가 양쪽에 쭉 늘어서 있었다. 버스는 하루에 세 차례만 오갈 뿐, 자동차들도 거의 없을 때였다. 이른 봄부터 버드나무에 물이 오르는 것을 보고 있으면 기분이 참 좋았다. 여름엔 시원한 그늘과 바람을 주었고, 겨울철 북쪽에서 불어오는 매서운 칼바람도 흩날리는 수양버들 옆에서는 한결 부드러워져서 바람을 맞서며 걷는 것도 좋아했다. 내가 걷기 좋아하고, 걸으며 주변의 자연을 관찰하고 즐길 수 있었던 것은 어린 시절 우리 마을로 가던 한적한 시골길 덕분인 것 같다. 학산에서 함께 걷던 아이들 마음에는 어떤 추억이 새겨질지 문득 궁금해진다.

산

어릴 때 우리 마을 뒷산에서 본 경관은 아주 인상적이었다. 뒷산에서 놀다가 우리 집과 친구네 집을 찾아본 적이 있는데, 늘 보던 집과 골목이 다른 세상 같았다. 멀리 보이는 다른 마을과 경계가 분명했고, 길에서 본 것과는 느낌이 너무 달랐다. 그래서 아이들에게 산에 올라가 자기가 사는 마을을 본 적이 있는지 물었는데 없다고 했다. 우리 아이들에게도 나처럼 뒷산에 올라 주변을 보는 경험을 갖게 해주고 싶었다.

여러 산 가운데 용소봉과 대왕산의 기억이 가장 강렬하다. 어느 산으로 갈까 살펴보다가 우리 학교 교가에 나오는 용소봉을 골랐다. 마침 용소봉 자락에 사는 아이들도 있었고, 학교에서 아주 잘 보였기에 제격이었다. 게다가 몇 년 전까지 학산면에서 기우제를 지냈고, 산의 정상은 용이 살던 곳이라 움푹 패어있다는 전설도 있어서 궁금했다. 하지만 길을 몰라 선뜻 나서지 못하다가 학산마을공동체 어른들과 처음으로 다녀오게 되었다.

그날은 마을 어른들도 아이들과는 처음 가는 길이라 서로 산행 속도를 맞추는 일부터, 코스 정하며 앞으로 가기까지 손발을 맞추기 힘들었다. 더구나 산행이 처음인 아이들은 몹시 힘들어했고 체력도 받쳐주지 않아서 어른 다섯이 아이 일곱을 거의 일대일로 챙기며 가야 했다. 한창 뛰어다닐 나이에 걷는 것조차 힘에 부쳐하는 아이들의 모습에 놀란 어른들은 아이들에게 도움이 된다면 무슨 일이든 하고 싶어 하셨다. 어쨌든 2시간이면 다녀올 코스를 4시간 동안 이리저리 산을 헤매며 하도 힘들게 다녀와서 아주 인상적으로 남아 있다.

대왕산에는 우리 반 아이들뿐 아니라 다른 학년 아이들도 함께 갔던 곳이다. 용소봉에 갔을 때처럼 함께 가신 마을 어른들에게 아이들이 어느 마을에 사는지 일일이 알려드렸다. 산을 오르며 경사가 급한 곳에서는 어른들이 손을 잡아주시기도 하고, 오솔길에서는 어른들과 아이들이 앞서거니 뒤서거니하며 도란도란 이야기도 나누며 걸었다.

"순양 산다고? 집이 어디여?"

아이가 설명하기 어려워해서 내가 대신 알려드렸더니 아이에게 물으셨다.

"너 아버지가 ○○○냐?"

아이는 놀란 듯 마을 어른을 돌아보며 맞다고 고개를 끄덕였다. 그러자 아저씨는 환하게 웃으며 말씀하셨다.

"내가 니 아버지 친구여."

정상에서 마을이 보이자 어릴 때 나처럼 저마다 자기 집과 친구네 집을 찾고 환호하기 바빴다. 그렇게 삼삼오오 둘러보다가 마을 아저씨가 주변의 산과 마을 이름을 알려주실 때였다. 한 아이가 삼정 마을에 산다고 하니 물어보셨다.

"니 외삼촌이 △△냐?"

아이는 눈이 동그래지며 어떻게 아냐고 했다. 아이의 말투와 눈빛이 갑자기 달라졌다. 목소리가 통통 튀며 생기가 돌았다. 산에 같이 오른 어른들이 그냥 마을 사람이 아니라 아빠 친구고, 외삼촌을 아는 사람인 것이다. 아는 사람들이 서로 이어지며 세대와 이웃이 씨줄 날줄처럼 촘촘해지는 느낌이 들었다. 내려올 때는 오가는 눈빛과 말이 훨씬 살가워졌다. 아이들과 산에 오르기를 정말 잘했다 싶었다. 마을 어른들도 무척 좋아했다.

이런 경험 덕분에 작년에 이어 올해도 여러 번 산을 오르게 되었다. 올해는 아이들과 오르기 위해 마을 사람들과 미리 오르고, 함께 오르고, 또 올랐다. 산에 갈 때마다 같이 갔던 아이들과 마을 사람들의 이야기가 보태져 학산에 있는 산들이 점점 좋아졌다. 처음엔 힘들어하기만 하던 아이들도 함께 산에 오르는 것을 좋아하게 되었다.

보고 싶은 사람들

마을로 이어진 길 끝에는 집이 나타났다. 마을지도에는 아이들이 사는 집을 노란색으로 칠했다. 여러 번 다니면서 아는 사람들이 생기고 이야기도 생겨났다. 마을에 가서 사귄 사람들 집은 보고 싶고 반가운 마음에 분홍색으로 칠했다.

가장 먼저 눈길이 가는 곳은 역시 대밭말이다. 첫 발령지인 데다가 살았던 마을이라 사람들 생각이 많이 났다. 대밭말은 순식간에 나를 20년 전으로 데려갔다. 우리 반 아이들 얼굴이 하나하나 떠올랐다. 아이들과 걷고 함께 놀던 추억도 떠오르고, 지금은 어디서 무엇을 하며 살고 있을까 궁금했다. 지금쯤 아이 낳고 잘살고 있겠지? 보고 싶다. 6·25 때 인민군이 마을에 들어와서 했던 일을 들려주시던 전 이장님, 집 짓는 이야기를 해주시던 목수 할아버지, 자장가부터 곤충, 새, 별 전래동요를 불러주시던 초롱이 할머니와 이웃 할머니들.

갑자기 그때 그 방안이 눈앞에 펼쳐졌다. 불을 켜기는 애매한 해거름이라 조금 어두컴컴했다. 좁은 방안에 나와 할머니 세 분이 녹음기를 가운데 두고 이야기를 나누고 있었다.

"마당에서 놀 적에는 이렇게 손을 막 잡고 '너리기 펀데기' 하면서 막 뛰었지."

"지금은 학교 운동회를 갔더니 모두 강강술래로만 돌더라고. 우리 옛날에 한 거는 너리기 펀지기여."

그때는 너리기 펀지기가 뭔지도 몰랐지만, 대단히 중요한 이야기라는 느낌이 들었다. 다시는 만날 수 없고 내 마음에만 남은 그분들이 더없이 보고 싶어진다.

순양 마을도 눈길이 갔다. 작년에 우리 반 아이 집에 다녀오던 길에서 만난 할머니들이 떠오른다. 금줄이 둘러쳐진 느티나무 아래서 나물을 손질하며 두런두런 이야기를 나누고 계셨다. 옛날에는 느티나무 앞에서 거리제를 지냈지만, 지금은 따로 하는 것이 없다고 하셨다. 이 나무를 기준으로 윗말과 아랫말로 나눈다고도 알려주셨다. 근처에는 순양역이 있던 자리도 있고, 마을 사람들이 세워둔 투박한 장승도 있었다. 그 가운데 인상적인 것은 독립군나무. 이 마을은 옥천에서 금산, 무주, 영동으로 오가는 길목이라 일제 헌병대의 감시가 심했다고 한다. 헌병대가 없으면 마을 사람들, 특히 아이들이 나무에 올라 흰 천을 묶어서 산속으로 다니던 독립군들에게 알려 주던 나무라 붙은 이름이다.

옛날에는 주변이 모두 논이었다는데 지금은 세 집이 들어서 있다. 그 가운데 두 집과 인연이 생겼다. 어느 날 혼자 주변을 둘러보며 사진을 찍고 있었는데, 할아버지가 타고 가던 자전거에서 내려 말을 걸어오셨다. 이런저런 이야기를 나누다 할아버지 댁으로 같이 가 할머니가 끓여주신 커피를 마시며 오랫동안 이야기를 나눴다. 도시로 간 자식들과 사람을 그리워하는 어르신들의 마음이 고향에 계신 부모님 같아 선뜻 집을 나서기 어려웠다. 또 한 집은 작년에 영동읍으로 전학 간 우리 반 아이들의 친구네 집이다. 올해 아이들과 나들이 가던 날엔 마침 우리 반 아이의 어머니가 마실 와 계셔서 반갑게 맞아 주셨다. 더운 날이라 시원한 얼음물과 수박을 얻어 먹었는데 그렇게 꿀맛일 수 없었다.

물리적 공간이 이야기가 있는 장소가 되는 순간

문득 올해 지영이가 사는 철동까지 함께 걷던 날이 떠오른다. 나는 학교 버스를 타고 마을 입구에서 내려 마을 길을 구석구석 함께 걷고 싶었는데 지영이는 생각이 달랐다.

"학교에서부터 집까지 다 걸어갈 거예요. 오빠는 했는데, 저는 못 해봤다고요. 저도 해보고 싶다고요."

그러나 출발이 쉽지 않았다. 작년 우리 반이었던 지영이 오빠도 같이 가겠다고 따라나섰는데, 떼어놓으려는 동생과 같이 가겠다는 오빠가 한바탕 전쟁을 치르고 나서 결국은 셋이 함께 가게 되었다.

철동까지는 여러 번 걸었는데, 그때마다 노루목에서 굴우를 거쳐 갔다. 그런데 그날은 지영이 오빠가 아빠 차를 타고 가본 길로 가보고 싶다고 해서 처음으로 굴우를 거치지 않고 노루목에서 도랑을 따라 올라갔다. 낯선 길인데도 함께 걸으니 아무런 걱정이 되지 않았다. 빨갛게 익은 보리수며 탐스러운 오디가 발길을 붙잡았다. 그때마다 나는 열매를 따서 먹어보라고 권했지만 지영이는 먹을 것에는 도통 관심이 없었다. 지영이의 시선은 아주 멀리 가 있었다.

"아, 이 길이 이렇게 연결되는구나."

지영이는 자기가 알던 장소들이 길로 이어지는 것이 신기했던 것 같다. 나는 지도앱을 켜서 주변 지리를 확인하며 말해주었다.

"이 길을 계속 가다 고개를 넘으면 용화면 여의리가 나온대. 그래서 그 고개 이름이 여의티래."

"아, 이 길을 계속 가면 용화면이 나오는 거구나."

그렇게 우리는 주변을 둘러보며 지영이네 집까지 갔다. 어머니와 인사 나누고, 처마에 있는 제비집도 보고, 텃밭도 둘러보았다. 시간이 늦어서 가겠다고 하니 지영이는 동생 킥보드를 타고 바래다주겠다며 따라나섰다. 혼자 갈 길이 멀기도 하고, 지영이가 아쉬워하니 마을 앞 주차장까지만 같이 가기로 했다. 내려오는 길에 물었다.

"지영이는 마을에서 좋아하는 장소가 어디야?"

"마을 앞에 있는 도랑이요."

"왜 거기를 좋아해?"

"진철이, 경민이랑 놀던 데라서요."

'아하! 친구들과 놀았던 곳을 좋아하게 되는구나!'

그렇게 둘이서 이야기하며 걷다 보니 어느새 버스정류장이 있는 굴우까지 오게 되었다. 늦었으니 그만 들어가라는 내 말에 지영이는 해맑게 웃으며 답했다.

"선생님 버스 타는 거 보고 갈게요. 저는 킥보드 있어서 금방 가요."

그 순간 어두워지기 시작하는 굴우 마을 앞 버스정류장은 나에게 어떤 곳보다 따뜻한 장소가 되었다.

마을지도를 그리고 마음에 담긴 장소를 더듬어 가다 보니 시간 여행하는 기분이 들었다. 20여 년 전이 바로 어제 일처럼 떠오르기도 하고, 작년과 올해 이야기가 마구 넘나들었다.

작년에 학산에 다시 와서 아이들은 거의 없고 어르신들만 많은 농촌 상황을 보며 우리 아이들이 자기가 사는 마을과 고장을 사랑하는 청년들로 자랐으면 하는 바람이 어느 때보다 간절했다. 그런 마음에서 아이들과 마을 길을 걷고, 산에도 올랐다. 마을 길을 걷고 산에 오를 때마다 학산면이 내 마음에 더 새롭게 들어왔다. 기쁘고 고맙게도 아이들은 나와 친구들, 그리고 마을 어른들과 함께 걷는 것을 좋아했다. 떠올려보니 20년 전에는 주로 혼자 다녔다. 그때도 지금처럼 아이들과 함께 마을 길을 걷고 산에 올랐더라면 어땠을까 자꾸만 곱씹어보게 된다.

같은 공간 다른 이야기 수/곡/동

김명신, 이명순, 김미자, 김수동

김명신 거의 반나절을 꼬박 집중해서 그렸어요. 혼잣말을 하며 얼마나 재미나게 그렸는지 몰라요. 저는 수곡동에서 대학을 다녔기 때문이에요. 기숙사 계단을 매일 뛰어 올라가던 기억이 나서 혼자 키득거리면서 웃고, 그 기억을 떠올리니 그때처럼 숨이 차더라고요. 벌점 누적으로 기숙사에서 쫓겨나서 살던 자취집들도 떠오르고요. 대학생 때 다녔던 맛집들도 떠올라서 아쉬웠고요. 다시는 맛볼 수 없다고 생각하니….

그런데 신기하게도 아이들과 나들이하고, 아이들이 사는 집들이 있는 곳이 선명히 떠올랐어요…. 시간이 많이 지났지만 아이들이 사는 집들이 기억에 선명히 살아나는 것을 느끼면서 '장소성'이라는 것은 이런 것이려나 하는 느낌이!!^^

예전에 연서초에서는 학구가 너무 넓어서 아이들이 학교 버스를 타고 등하교했어요. 그래서 부모님들의 도움을 받아 석 달에 걸쳐

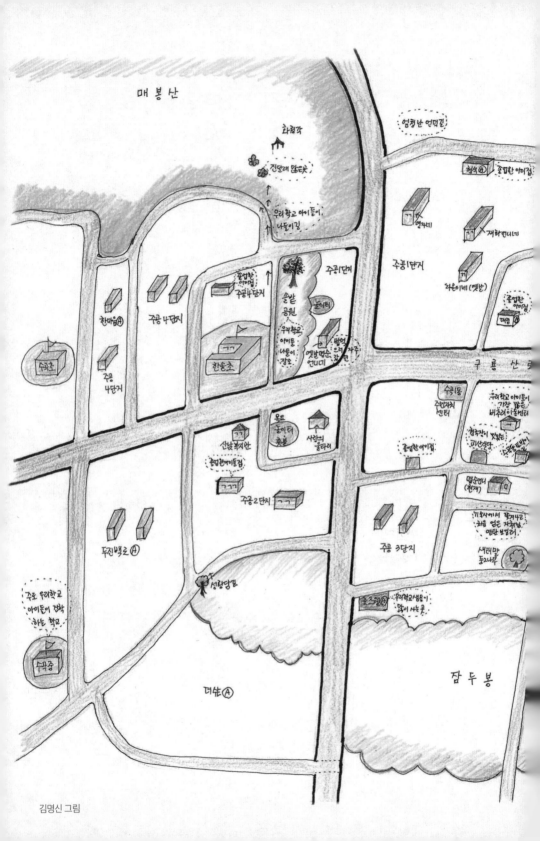

매봉산

엄청난 언덕길

화정각
진달래 많더랏

우리 학교 아이들이
나들이길

혁석ⓐ 훌륭한 아이들

엄마아비

재학언니네

주공1단지

주공1단지

솔밭
공원

놀이터

훌륭한
아이방
구공4단지

하늘아비 (옛날)

훌륭한
아이방

여름

한마음ⓐ

주공4단지

주공
4단지

한울초

우리학교
아이들
나들이
장소

옛날떡순
언니네

밥먹고
가잔
가잔

구룡산로

수곡초

수곡1동

수민자치
센터

우리학교아이들이
가장 많은
비추어아들센터

경자가 빛나는
가산석유

성기공 빛남

떡순언니
(현재)

물놀이터
초불

사수의
울타리

훌륭한 아이방

마

산날봉지란

중직천개를걸

주공2단지

주공3단지

기차사거서 특계4로
처음 없는 저귀겅,
영단 빌려러

세려말
동자나무

두진백로ⓐ

성랑당길

수곡중

죽요 우리학교
아이들이 거의
하는 학교

초ⓐ

우리학교생들이
많이 사는 곳

잠두봉

더뷰ⓐ

김명신 그림

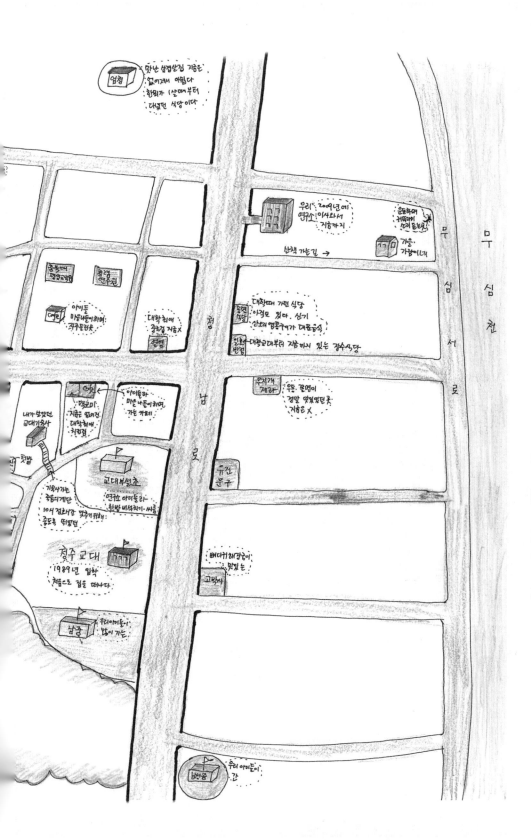

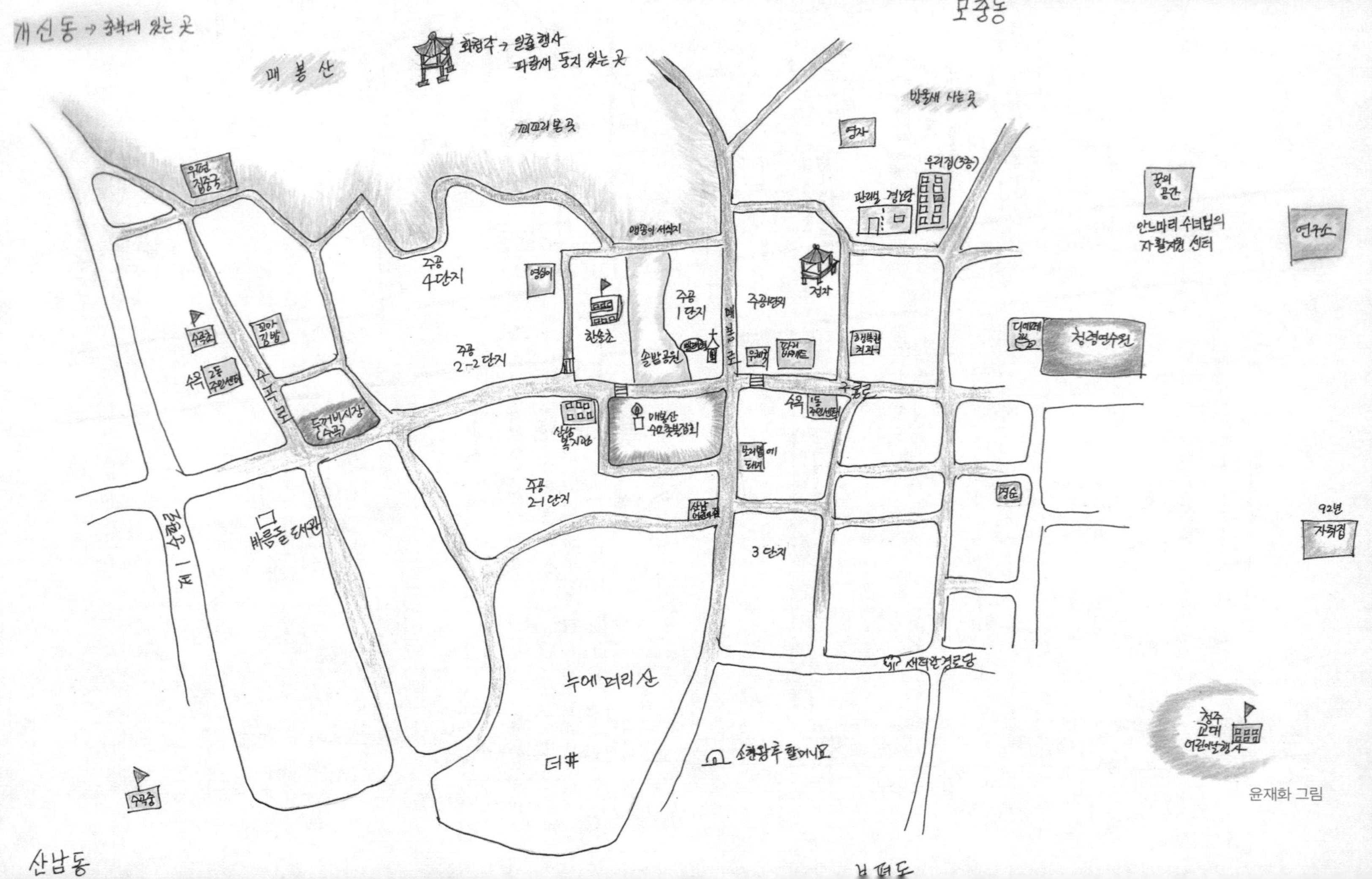
개신동 → 충북대 있는 곳
모충동
매 봉 산
방울새 사는 곳
영자
우리집(3층)
연구소
주공 4단지
영심이
한솔초
주공 1단지
솔밭공원
주공 2-2 단지
주공 2-1 단지
3 단지
수곡초
꼬마 김밥
두꺼비시장 (수곡)
수곡로
매봉로
영순
92년 자취집
누에머리산
수곡중
산남동
청주 교대 어린이날 행사

윤재화 그림

반 아이들 마을로 나들이를 다녔어요.

그때 아이들이 한 말이 있어요. "예전에는 별 관심이 없었는데, 이제 친구들이 사는 마을을 지나가면 여기가 ○○이가 사는 마을이다!!!." 라고요. 마을 나들이처럼 장소성을 마음에 깊이 새겨주는 활동은 없는 것 같아요~

윤재화 저는 학교 주변에 살아서 '내가 사는 마을 그리기'가 '학교 주변 그리기'가 되었어요. 청주시 수곡 1동에 산 지 1년 반이 되었네요. 처음에 집 밖으로 한 걸음 내딛기도 자신감이 없다가 요즘은 '이곳이 내가 사는 동네구나!' 하고 생각하게 됐어요. 제가 그린 마을지도를 보니 세 가지 주제로 추려지네요. 매봉산 지키기와 지역 연계를 포함한 유·초 연계, 그리고 내가 좋아하는 우리 동네 맛집이에요. 점점 더 의미 있는 장소가 추가될 테니 기대해 주세요~^-^

김명신 정말 많은 곳이 추가되었네요.

윤재화 ㅋㅋ 처음엔 맛집만 그렸었는데….

이명순 수곡동은 저와 인연이 깊은 곳이죠. 1985년 청주교대에 오면서 처음 수곡동 땅을 밟았고, 결혼하고 돌 지난 아들과 다시 수곡동으로 와서 20년 동안 살며 한솔초와 수곡초에서 각각 두 번씩 근무하다 보니 고향보다 더 애틋합니다. 오랜 시간만큼 두텁게 겹쳐진 그 많은 이야기를 어디서부터 어떻게 그려야 할지 막막했어요.

하나의 지도가 아니라 여러 개의 마을지도를 그리면 되겠구나 싶어 이번에는 한솔초와 수곡초에 근무하면서 만났던 아이들 중심으로 그려봤어요.

지금 한솔초 아이들은 학교와 마을에서 다양하게 보살핌을 받고 있지만, 2005년 처음 한솔에 왔을 때는 학교 앞 복지관과 지역아동 센터인 울타리, 두 곳밖에 없었어요. 밤늦도록 어린아이들이 복지관 옆을 헤매고 다니는 것을 보며 마음 아팠어요. 우리 반 아이들이 다니는 복지관과 지역아동센터를 찾아가서 인사 나누던 일, 성탄절 날 꽃 들고 가던 일도 기억나구요. 복지관 옆 공터는 한솔초 목요놀이가 처음 시작된 곳이기도 해요. 2011년까지는 수곡초에 있으면서 학교폭력에 관심이 있어 일진 아이들이 물갈이하던 공원 등 일진 아이들이 모여 노는 곳을 찾아다니고, 학교 옆 산책길에서 아이들과 나들이를 많이 했어요. 2013년 다시 한솔초에 와서 샘들과 처음 마을에 나가 아이들이 방과 후에 다니는 피시방, 놀이터, 학원, 지역아동센터를 다니며 학교 밖에서 우리 아이들이 어떻게 지내는지 좀더 구체적으로 알게 되었어요. 무엇보다 2016년 처음 일대일 나들이를 나가 아이와 마음 찐하게 접속된 대림아파트 마당을 잊을 수 없네요. 지금도 수곡동 길을 걸으면 그때 아이들과 다니며 보던 꽃들과 친구 나무들을 한 번 더 쳐다보게 되고 그 아이들 생각이 나요.

윤재화 명순샘의 아이들 기억이 마음을 따뜻하게 하네요. 수곡동 아이들~

김미자 저도 수곡동 마을지도 그려봤어요~ 이번에 수곡동 지도를 그리려고 보니 제가 꽤 오랜 세월 수곡동과 인연을 맺고 있었더라고요. 1989년 청주교대에 입학해서 4년을 살았고, 2009년 마을배움길연구소가 수곡동으로 이사 오면서 지금까지 살고 있어요. 그리고 2017년 한솔초에 발령 나서 현재까지 근무하고 있죠. 따져보니 대략 15년을 수곡동 땅을 딛고 살았어요. 대학 시절, 연구소 생활, 그리고 한솔초에서의 삶까지, 다양한 빛깔의 추억들이 켜켜이 쌓여 있어요. 나만의 추억 지층이라고나 할까요?

대학 시절은 선배들 따라다니며 구호 외치고 집회에 참여하던 아가페 광장과, 친구들과 수다 떨며 그림 그리던 미술관이 떠올라요. 명신샘이 이야기한 기숙사 계단도 떠오르고요. 일제 잔재인 기숙사 점호시간을 맞추려고 그 긴 계단을 뛰어오르며 내 종아리가 굵어진 건 다 이거 때문이라고 친구들과 수다를 떨었네요.

연구소는 둘째 딸이 세 살 때 이사 와서 지금 열여덟 살이 되었으니 아이들과 가장 오랜 시간을 보낸 곳이기도 해요. 집에만 있었다면 아이들 키우느라 우리 부부가 쩔쩔맸을 텐데, 어려운 고비마다 연구소 식구들의 보살핌 덕분에 건강하게 잘 자란 것 같아요. 저도 그렇고요. 특히 교대 부설초등학교에는 연구소 식구들과 놀던 추억이 가득해요. 밤마다 비석치기에 열을 올리고, 단오에 이곳에서 씨름을 처음 해봤어요. 놀이를 하면서 제가 어렸을 때 놀았던 감각을 깨우고 놀아주는 것이 아니라 흠뻑 빠져 놀이하는 맛을 되찾게 되었어요. 지도를 그려놓고 보니 한솔초에서 쌓은 추억이 가장 많네요. 한정된 지면이라 다 표현하지도 못했어요. 연도별 그림지도도 그릴 수 있을 거예요. 교사로서의 정체성이 강해서 그런 것 같아 반성도 되었어요. 이번 지도에는 올해 코로나19 상황에서 마음에 담게 된 장소가 많아요. 여주 백석지기나 금천동 마을지도와 달리 수곡동 지도는 경계를 꼭 그리기로 마음먹었어요. 수곡동 경계길을 걸으며 아이들이 사는 집, 옛길, 맛집, 유·초 연계했던 어린이집과 유치원 등, 점들로 있던 장소가 선으로 이어지고 입체적으로 다가오는 느낌을 받았거든요. 뭔가 마음에 풍덩 담기는 느낌?

이명순 그림

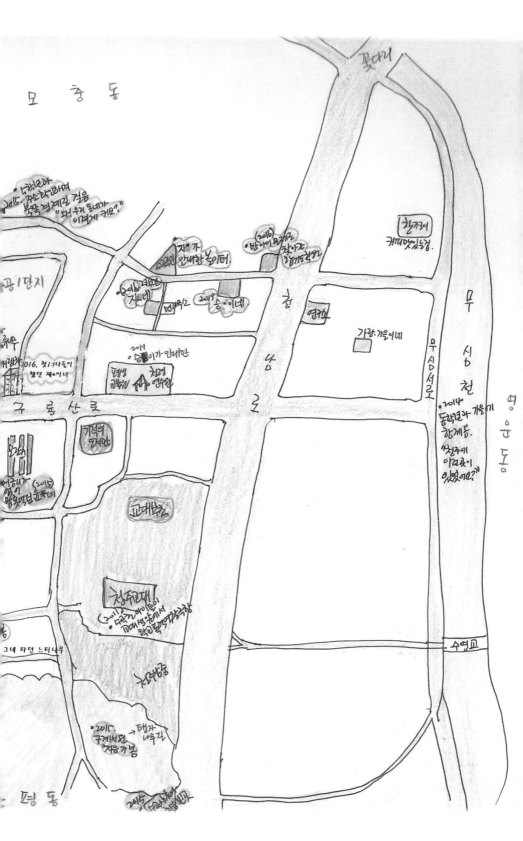

마을지도를 그리며 구석구석 아이들과 걷던 나들잇길, 그때 아이가 했던 말과 표정, 함께 본 해당화, 탱자나무, 회양목, 이팝나무가 생생하게 떠올라 저도 모르게 추억에 잠기는 계기가 되었어요.

윤재화 이번에 청주에서는 수곡동에 관한 여러 주제로 지도를 그려보자고 했어요. 저는 놀이터 지도를 그려보려고 해요. 연령별로 놀이터를 부르는 이름도 다르고, 놀이 장면도 달라, 직접 다니며 아이들 인터뷰도 해보면 재미있을 것 같아요. 우선 공부는 싫고 자전거 타는 것만 좋다는 아이한테 도와달라고 하니 아주 신이 났어요. 같이 다니며 수곡동 놀이터 지도를 한번 그려보려고요.

김수동 저와 수곡동의 인연은 2005년이에요. 수곡동 CBS 방송국 건물에 있는 전교조 충북지부에 자주 갔어요. 충북 학교급식, 무심천 수달 살리기 등의 연대 회의를 거기서 했거든요. 2009년, 드디어 마을배움길연구소가 수곡동에 자리를 잡았어요. 연구소와 가까운 곳에 있는 청주교대 부속초 운동장은 우리 놀이터였어요. 매주 연구소 아이들과 놀이, 축구 등을 했거든요. 그때 초등학생 아이들이 지금은 대학생이 되었으니 세월이 참 빠르죠. 그때 비석치기, 진놀이, 구슬치기 등을 하면서 내 몸의 놀이 감각을 다시 찾았어요. '지구를 살리는 청주 여성 모임' 회원들이랑 수곡동 토박이 어르신의 땅을 얻어 새텃말에서 텃밭 농사도 지었어요. 건달농사이긴 했지만, 처음으로 내가 씨 뿌리고 수확을 한 소중한 경험이었어요.

한솔초와 마을주민들이 함께한 쥐불놀이, 단오 등을 떠올리면 지금도 흥분돼요.

최근에 매봉 공원에 아파트를 짓는 민간개발반대 투쟁에 함께하

는 주민들과 대책위원회의 애환이 담긴 장소들도 눈에 들어와요. 한솔초 옆 솔밭공원, 새해 해돋이를 하는 화청각, 매봉산 살리기 촛불을 들었던 2단지 놀이터, 청주시청과 기만적인 시민단체들에게 시민들의 당당한 힘을 보여주었던 토론회가 열린 수곡1동, 수곡2동 주민센터. 그리고 1단지, 3단지, 4단지, 한마음 2차 아파트, 청주우편집중국 등 하나하나가 친숙한 공간들이에요.

수곡동에서 무심천도 빼놓을 수 없지요. 연구소에서 가까워 제가 늘 나들이를 하는 곳이에요.

11년을 수곡동에서 생활하고 있지만, 최근에서야 수곡동의 골목과 경계를 다녀봤어요. 마을은 걷는 만큼 다가오고 깊어진다는 것을 실감하고 있습니다.

나에게 수곡동은

김채희(청주 수곡동)

어릴 때의 수곡동

수곡동은 내 25년 인생에서 빼놓을 수 없는 곳입니다. 사는 곳은 금천동이었지만 초등학교 6학년이 될 무렵부터 부모님이 연구원으로 있는 마을배움길연구소를 뻔질나게 들락날락했어요. 자는 시간을 뺀 하루 일상을 연구소에서 보냈으니 자연스럽게 수곡동과 가까워질 수밖에 없었던 것 같아요.

수곡동을 생각하면 청주교대가 먼저 떠올라요. 5월 5일마다 청주교대 광장에서 어린이날 행사를 했는데, 연구소에서는 천성산 살리기 도롱뇽 종이접기, 원흥이방죽 살리기 그림 그리기 등 부스를 열었거든요. 어린이날이라 선물도 받고 맛있는 걸 먹을 수 있어서 마냥 좋기도 했지만, 행사가 끝나고 모든 사람이 광장에 모여 강강술래를 하던 기억이 유독 생생하게 남아있어서 그런 것 같아요.

청주교대 도서관 쪽으로 가면 수곡동 새텃말로 가는 길이 나오는데 아는 삼촌이 거기에 살고 계셨고, 삼촌 아버지께서 땅을 빌려주셔서 '지구를 살리는 청주 여성 모임' 사람들과 텃밭을 가꿨었어요. 텃밭 가꾸는 데 관심이 없던 저는 부모님을 따라온 동생들과 놀기 바빴던 것 같아요.

그곳에 오르락내리락할 수 있는 낮은 언덕들이 있었는데, 자전거 타고 돌아다니기만 해도 재밌었어요. 어린 동생들도 두발자전거를 타고 다녔는데, 초등학교 5학년이 될 때까지 두발자전거를 타지 못해서 킥보드나 보조바퀴 달린 자전거를 타는 게 괜히 민망했어요. 기회를 엿보다가 두발자전거를 타고 어린 동생들을 따라 낮은 언덕에서 발을 떼고 내려가면서 페달 밟기를 반복하다 결국 두발자전거 타기를 성공했거든요. 그날은 해냈다는 기분에 신나서 돌아다니다가 서행하는 차와 접촉사고를 내서 성공과 좌절 두 가지 기분을 한꺼번에 맛보기도 했어요.

두 번째로 떠오르는 건 택견과 관련된 장소들이에요. 택견 스승님은 자연과 놀이를 좋아하는 분이셔서 수련하기 전에 먼저 놀이를 하자고 하셨는데, 그러다 보니 자연스럽게 비석치기부터 강 건너기, 자치기 등 많은 놀이를 처음 해보게 되었어요. 그리고 수요일마다 '반말 쓰는 날', '노는 날', '간식 먹는 날'로 정해서 나가 놀게 해주셨어요. 보통 개신 배수지에 가서 놀곤 했는데 저는 매봉산 아래 있는 방방에 가는 걸 좋아했어요. 애들이랑 실컷 뛰어놀고 나면 스승님이 1,000원이 넘지 않는 간식을 사주셨는데 분식점에서 먹던 떡볶이, 라면땅, 피카츄 모양 돈가스가 생각나네요.

수곡동 걷기

2009년 마을배움길연구소가 수곡동으로 오고 나서는 도보로 5분 거

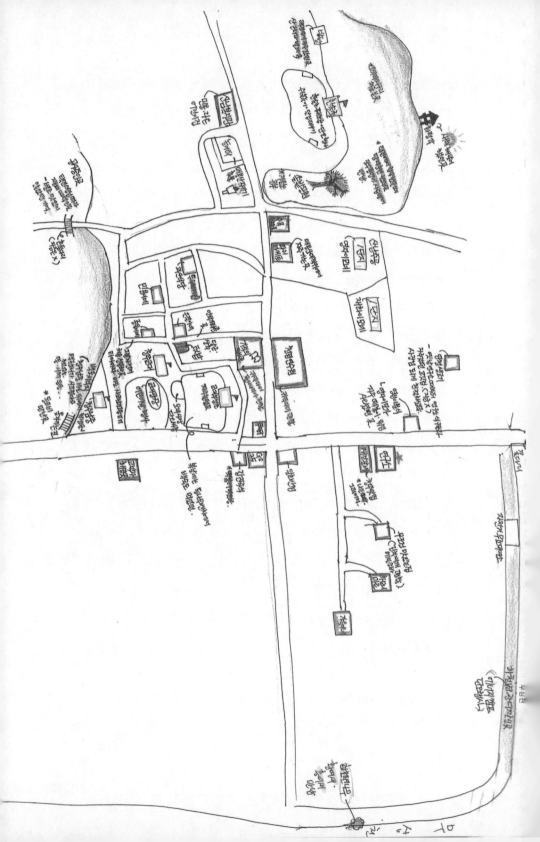

리에 있는 청주교대부설초등학교 운동장에서 놀았어요. 매주 금요일에는 아빠와 연구소 아이들과 함께 체력을 기른다고 축구와 캐치볼을 했어요. 연구소 어른들과 아이들이 다 모이면, 노을질 무렵에는 진놀이를 했고, 해가 지고 어두워지면 가로등 밑에서 비석치기를 했어요. 놀고 나서 어른들이 사주는 음료수와 간식을 먹는 것이 소소한 행복이었어요.

놀이 장소로만 여기던 수곡동이 더 가까워지게 된 것은 수곡동 곳곳을 걷기 시작하면서였어요. 2014년에 마을배움길연구소 청소년 연구원으로 상근하게 되었고, 마을배움길모임에서 마을을 걷는 경험들을 나누기 시작하면서 수곡동 경계와 골목골목을 산책하기 시작했어요. 처음엔 반강제로 이끌려서 다니던 산책길이 즐겁게 된 것은 새에 관한 관심이 생기고 나서부터인 것 같아요. 걷는 골목마다 새들이 먼저 눈에 보였거든요. 나무에 참새가 열려있다고 해도 좋을 정도로 참새가 많이 있는 집, 매년 봄마다 제비가 집 짓고 있는 집, 홍여새와 황여새를 한 번에 본 무심천변 나무까지. 내가 좋아하는 것이 더해지니 당연하게 걷던 길이 색다르게 느껴졌어요.

수곡동과 가까워지기

수곡동에 더 마음을 담게 된 것은 마을 사람들과 관계를 맺고 마을의 행사와 의제에 참여하면서부터였어요. 그 시작은 한솔초등학교 운동장에서 열린 정월 대보름 행사였어요. 영동 송호리에서 열린 놀이마을 캠프에서 쥐불놀이 경험이 있었지만, 마을 사람들이 모여 함께 만들어가는 쥐불놀이는 더 뜻깊게 다가왔어요. 학교 운동장에서 쥐불놀이한다는 것도 신기했지만, 마지막 피날레에서 달집 주위로 사람들이 손에 손을 맞잡고 강강술래를 하며 새해 소원을 빌 때는 모두가 하나된 느낌이었어요.

이를 계기로 마을에 있는 행사에 참여하기 시작했어요. 새해 첫날에는 매봉산 정상 화청각에서 해맞이를 하고 같이 떡국을 먹었어요. 한솔초등학교에서 있었던 단오 행사 때는 부채 꾸미기 진행자로도 참여했어요.

수곡동에는 마을 사람들 모두가 좋아하는 뒷산이 있어요. 할머니, 할아버지들에게는 효자산, 아이들에게는 친구산, 어른들에게는 쉼터가 되는 곳인데, 이 매봉산에 민간개발 아파트가 들어서려 하자 주민들이 대책위를 꾸려 매봉산 살리기에 나섰어요. 매봉산은 저에게도 오색딱따구리를 처음 만나게 해준 장소이기도 해서 소중한 산인데, 그런 산이 없어진다니 마음이 너무 아팠어요. 그래서 힘을 보태고자 매봉산 대책위 활동을 하기 시작했어요. 매주 수요일에 촛불 들고 여러 차례 기자회견을 하고, 거리 서명에도 참여했어요. 물론 청주시와 시행업자가 막무가내로 개발을 시도하고 있어 어려운 상황이지만, 매봉산 살리기 운동에 참여하면서 마을 사람들의 아픔과 어려움을 알게 되었고, 함께 해결하는 과정에서 '마을에서 마을 사람으로 살아간다는 게 이런 거구나' 하고 배우고 있습니다. ^^

마을 놀이터가 가슴에 들어오다

윤재화(청주 한솔초)

아이들 놀이터에 처음 가다

한솔초에 부임한 지 3년 차에 학교 주변 아파트 놀이터에 처음 갔다. 2021년 1학년 수업 지원으로 일주일에 한 번씩 마을 나들이를 하면서 학교를 둘러싼 주공아파트 4개 단지와 자연마을을 두루 돌아다니게 되었다. 처음 학교 후문 옆 4단지 아파트 놀이터에 갔을 때, 4단지에 사는 아이들은 나와 친구들이 자기가 사는 아파트에 온 것이 좋아서 신이 났다. 동에 번쩍 서에 번쩍 하도 잘 뛰어다녀서 친구들이 '쌀방개'라고 부르는 정규가 그네를 힘차게 구르며 외쳤다.

"교장샘, 나 이 그네 잘 타요."

보는 사람은 아이 몸이 뒤집힐까 봐 걱정되는데 아이는 자신감이 넘쳤다. 잠시 후 아파트 화단에 여기저기 노란 민들레가 피어 있는 모습을 보고 아이들이 '예쁘다'라고 하는데, 평소 말이 없던 진호는 이렇게 말했다.

"교장샘, 이 풀에 가면 안 돼요. 에이 더러워!"

"아니, 이렇게 예쁜 꽃이 왜 더러워?"

"고양이가 오줌 쌌어요."

"고양이가 오줌 싸는 거 누구랑 봤어?"

"할머니랑 봤어요."

조손가정인 진호는 할머니와 색다른 경험을 한 것이다. 어디를 가든 그곳에 사는 아이 손을 잡고 아이가 이끄는 대로 다니면 그대로 나들이가 되고 놀이가 되었다. 4단지부터 1단지, 2단지, 3단지 등 온 마을의 놀이터를 돌며 아이들이 사는 마을을 다녔다. 나들이를 시작할 때마다 아이들이 꼭 묻는 말이 있다.

"오늘은 어디 가요?"

그러면 이 말을 기다렸다는 듯 여기저기서 자기가 아는 곳에 가자고 한바탕 난리가 난다.

'코끼리 놀이터 가요', '그네 놀이터 가요', '토끼 놀이터 가요'

처음엔 아이들이 말하는 놀이터 이름을 알 수 없어서 당황스러웠다. 하지만 아이들과 한 학기를 마칠 때쯤엔 학교 주변 놀이터는 이름만 들어도 '아~ 거기!' 하는 장소가 되었다.

코로나19로 멈춘 목요놀이터가 마을에 살아나다

2021년 여름 방학을 앞두고 아이들이 마을에서 목요놀이터를 여는 꿈 같은 기회가 찾아왔다. 여름 방학식을 이틀 남겨 놓고 4학년 아이들이 제안을 했다.

"방학에는 친구들을 못 만나고 함께 놀지도 못해서 정말 싫어요, 방학

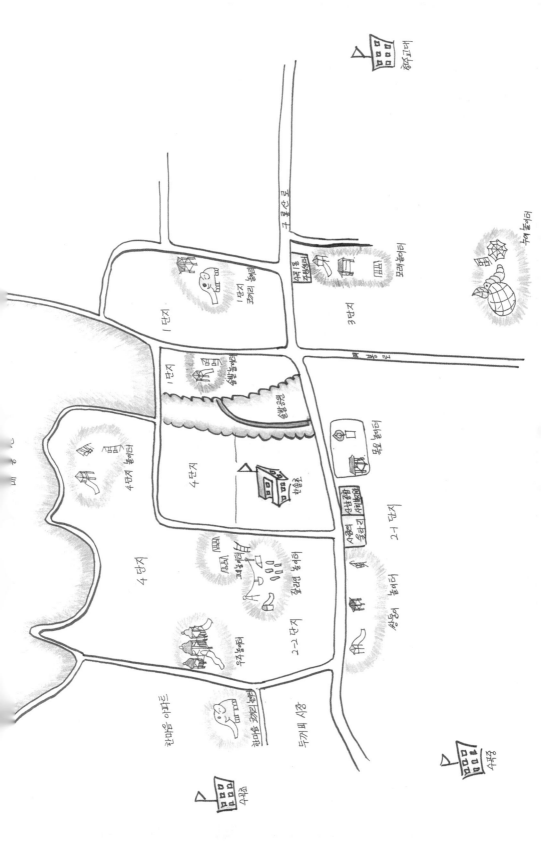

동안 학교에 목요놀이터를 열어주세요."

"얘들아, 코로나 상황 때문에 학교에서 모여 놀기는 어려운데 어쩌지?"

"그럼 우리 동네에서 목요놀이터를 열게요. 어차피 우리는 지금도 모여 놀아요."

"그럼 좋지!"

이 제안을 들은 선생님들도 무척 반겼다.

"아이들이 방학 동안 함께 놀다가 개학을 하면 정말 좋겠네요. 2학기가 화기애애할 거예요."

전교 어린이회장단도 적극 찬성하면서 놀이터 지킴이를 모집하면 좋겠다고 했다. 그래서 부랴부랴 4~6학년을 대상으로 '수곡동 놀이터 지킴이(수놀지)'를 모집했는데 단 하루 만에 25명의 아이가 지원했다. 수놀지 아이들에게 "내일은 우리가 방학 동안 놀 마을 놀이터를 미리 다녀 보자"고 했더니 이 소식이 퍼져서 무려 50여 명의 아이가 답사에 참여했다. 연일 35도를 넘는 무더위에 헉헉대면서도 학교는 흥분에 싸였다. 이렇게 단 이틀 만에 마을에서 목요놀이터를 열어 간 밑바탕에는 놀이로 마을공동체를 만들어 온 10년 내공이 숨어 있다.

첫 출발은 2012년, 서영자 선생이 꼭꼭 닫혀있던 교문을 나가 지역아동센터에서 아이들을 만나고 놀기 시작한 것이다. 그 뒤로 학교에서 3의 법칙을 만들어 온 이명순 선생이 자기 가족과 함께 마을에서 목요놀이터를 열면서 점점 학부모들도 참여하게 되었다. 어느새 10여 년이 된 목요놀이터가 2020년 코로나19가 터지면서 멈추었다. 목요놀이에 익숙했던 아이들은 목요일만 되면 '아! 목요놀이하고 싶어요.'라며 한탄하다가 올해는 스스로 마을에서 목요놀이터를 열겠다고 자처하니 더없이 반가웠다.

아이들이 생명을 불어넣은 놀이터

"이 놀이터는 '그네 놀이터'예요. 그네가 네 개나 있어서 좋아요."

"이 놀이터는 '우주 놀이터'예요. 미끄럼틀이 우주선처럼 생겼어요. '로켓 놀이터'라고 부르는 아이들도 있어요. 둘 다 통해요."

"이 놀이터는 미끄럼틀에 코끼리 그림이 그려져 있어서 '코끼리 놀이터'예요."

지난 2년 동안 '4단지 놀이터'라고 부르던 곳에는 무려 다섯 개의 놀이터가 있었다. 그리고 놀이터마다 아이들이 붙여 준 정말 기가 막히게 딱 맞는 이름이 있었다.

아이들은 놀이터에 갈 때마다 그 놀이터에 대해 많은 이야기를 해주었다. 그런데 간혹 아이들이 외면하는 놀이터도 몇 군데 있었다.

"이 놀이터는 '모기 놀이터'예요. 모기가 어찌나 많은지 아무도 안 와요."

"여기는 전에 '주사위 놀이터'라고 불렀어요. 그런데 주사위처럼 생긴 블록이 깨졌는데 고쳐 주지를 않아요. 그래서 지금은 아무도 안 놀아요."

어떤 작명가도 아이들만큼 놀이터 이름을 잘 짓지 못할 거다. 사용자가 자발적으로 지은 이름이기에.

놀이터의 정자

마을 놀이터를 사전답사하면서 문득 고민이 생겼다. 거의 모든 놀이터에 정자나 벤치가 있었다. 그런데 1단지 코끼리 놀이터 정자에는 드문드문 돌돌 말린 수건이 둥글게 놓여있었다. 야외 정자에서도 거리두기를 하며 모이기 위한 어르신들이 앉는 자리인 듯했다. 정자에 아무도 없었지만 남의 방인 듯해서 들어갈 수 없었다. 2단지 정자에 갔을 때는 정자에서 담배 냄새가 확 풍겼다. 평소 어른들이 앉아서 담배를 피운다고 했다. 다른 곳의 정자도 아이들이 안 간다고 했다.

"놀다가 힘들면 정자에서 쉬면 좋잖아?"

"거긴 할머니들이 계세요. 우린 거기 안 가요."

정자와 놀이터 간에 보이지 않는 벽이 있었다. 평소 친분이 없다 보니 어른들은 아이들이 시끄럽다고 생각하고, 아이들도 어른들을 잘 모르니 경계해야 할 낯선 대상으로 생각하는 경우가 많았을 것이다. 그래서 마을 목요놀이터를 시작할 때 가장 먼저 정자의 어른들께 인사드리는 것을 중요하게 생각했다. 처음 목요놀이터를 하러 1단지 코끼리 놀이터를 갔을 때 대여섯 분의 할머니들께서 정자에 앉아 계셨다. 그래서 아이들과 정자에 가서 어른들께 인사부터 드렸다.

"안녕하세요? 저는 한솔초 교장이고 이 아이들은 한솔초에 다니는 애들이에요."

"아이고, 교장 선생님이 어쩐 일이셔요?"

"우리 애들이 방학에는 친구도 못 만나고 함께 놀지도 못해서 심심하다고 해서요. 이번 방학부터 마을에서 목요일마다 만나서 놀기로 했어요. 어르신들께서 좀 시끄러워도 이해해 주세요."

"그럼 애들이 심심하지요. 재미있게 놀라고 하세요."

어른들이 웃으며 반겨 주셨다. 그 후로 아이들도 어른들을 만나면 인사드렸고, 아이스크림을 먹을 때도 먼저 어른들께 드리고 먹었다. 아이들은 어른들께 간식을 드리는 걸 서로 하려고 했다. 어른들이 따뜻하게 웃으며 반겨주시기 때문이다.

　놀이터에서 아이들이 노는 모습을 보며 '놀이터의 정자가 아이들에게 시원한 느티나무 그늘이라면 좋겠다.'라는 상상을 해보았다. 커다란 느티나무 아래 평상에서 마을 어른들이 쉬고 있고, 그 주변으로는 마을 아이들이 논다. 아이들이 뛰놀다가 지치면 그 평상에서 쉬기도 하고 수박도 얻어먹으면서 어른들의 보살핌을 받던 우리네 옛 마을이 그립다.

놀이터의 주인은 아이들

　아이들과 목요놀이터를 정하려고 4단지의 '그네 놀이터' 사전답사를 할 때였다.

　"이렇게 흔들면 전체가 흔들려요. 볼래요?"

　아이들이 미끄럼틀 계단 손잡이를 잡고 흔들자 미끄럼틀 전체가 심하게 흔들렸다. 그 모습을 보고 깜짝 놀라서 4단지 관리사무실에 가서 관리소장에게 말했다. 그랬더니 4단지 다섯 개 놀이터 가운데 두 개는 4단지가 관리하고 세 개는 시청에서 관리한다는 것을 알게 되었다. 우리가 고장 났다고 하는 놀이터는 시청이 관리하는 곳이었다. 함께 간 아이들도 우리 마을 놀이터가 시청에서 관리한다는 걸 처음 알았다고 했다.

　개학을 하자 아이들은 놀이터 이야기로 떠들썩했다. 4학년 1반은 놀이터 보고서를 만들었고, 4학년 2반은 놀이터 상황을 알리는 포스터를 만들어 전교어린이회에 참여했다. 4학년 각 반 대표가 놀이터의 문제에 대해 해결을 요구했다.

　"4단지 그네놀이터의 미끄럼틀은 시청에 연락해야 한대요. 연락해 주세요."

전교어린이회장이 그렇게 하겠다고 했다. 그런데 5학년 부회장이 말했다.

"우리가 연락했을 때 시청 직원이 장난 전화인 줄 알걸요. 그럴 땐 어떻게 하죠?"

다른 아이들도 고개를 끄덕이는 걸 보고 정당한 아이들의 권리가 무시받는 걸 함께 느낄 수 있었다. 무시하면 학교에서 공문으로 요구하겠다고 하자 아이들의 얼굴에 미소가 번졌다. 이 논의 후 놀이터마다 대표를 뽑아서 전교어린이회에 참여하게 하고, 스스로 찾을 수 있는 권리를 우리 마을에서 찾기로 했다. 아이들이 자기가 노는 놀이터에서 놀이기구나 시설 등이 고장 나면 어떻게 해결할 수 있는지를 아는 것이야말로 가장 훌륭한 핵심역량을 키우는 기회다.

마을에 정이 새록새록

학교 주변을 마을지도로 그려 보자고 했을 때 처음엔 막막했다. 마음에 둔 곳이 없으니 그릴 게 없었기 때문이다. 그동안 근무했던 학교를 찬찬히 생각해 보았다. 그나마 첫 발령지인 단양적성은 조금씩 생각나는데, 다른 학교들은 학교만 어렴풋이 기억나고 학교 주변에는 기껏해야 회식했던 식당 말고는 특별히 마음을 둔 곳이 없어서 더 기억이 나지 않았다. 대부분 교사들이 근무하는 학교 주변에서 살기를 꺼린다. 나도 평화샘을 하기 전에는 마을 목욕탕은 절대 가지 않았고, 마을을 다닐 때도 아는 사람과 마주칠까 봐 가능한 땅바닥을 보며 다녔다.

그런데 한솔초에서 아이들과 마을 나들이를 하고 마을 놀이터에서 놀다 보니 한솔초가 있는 수곡동 마을에 정이 들었다. 내년이면 4년을 채우고 수곡동을 떠나지만, 나중에 와서 걸으면 어디를 가도 반가운 장소가 될 듯하다. 함께 근무했던 사람들이 바뀌어 어색해진 한솔초는 못 들어갈지도 모른다. 하지만 아이들이 노는 놀이터에 가면 나를 아는 아이들이 있을 것이고, 마을 어르신들도 나를 반겨줄 것이다.

그동안 근무했던 학교 주변이 그리웠던 적이 거의 없었다. 하지만 한솔초에서는 어느 곳이나 정이 간다. 전국의 모든 교사가 아이들이 사는 마을을 걷고, 아이들의 놀이터를 함께 가보면 참 좋겠다.

삶의 행복을 꿈꾸는 교육은
어디에서 오는가?

미래 100년을 향한 새로운 교육

혁신교육을 실천하는 교사들의 **필독서**

● **교육혁명을 앞당기는 배움책 이야기** 혁신교육의 철학과 잉걸진 미래를 만나다!

한국교육연구네트워크 총서

 01 핀란드 교육혁명
한국교육연구네트워크 엮음 | 320쪽 | 값 15,000원

 02 일제고사를 넘어서
한국교육연구네트워크 엮음 | 284쪽 | 값 13,000원

 03 새로운 사회를 여는 교육혁명
한국교육연구네트워크 엮음 | 380쪽 | 값 17,000원

 04 교장제도 혁명
한국교육연구네트워크 엮음 | 268쪽 | 값 14,000원

 05 새로운 사회를 여는 교육자치 혁명
한국교육연구네트워크 엮음 | 312쪽 | 값 15,000원

 06 혁신학교에 대한 교육학적 성찰
한국교육연구네트워크 엮음 | 308쪽 | 값 15,000원

 07 진보주의 교육의 세계적 동향
한국교육연구네트워크 엮음 | 324쪽 | 값 17,000원
2018 세종도서 학술부문

 08 더 나은 세상을 위한 학교혁명
한국교육연구네트워크 엮음 | 404쪽 | 값 21,000원
2018 세종도서 교양부문

 09 비판적 실천을 위한 교육학
이윤미 외 지음 | 448쪽 | 값 23,000원
2019 세종도서 학술부문

 10 마을교육공동체운동:
세계적 동향과 전망
심성보 외 지음 | 376쪽 | 값 18,000원

 11 학교 민주시민교육의
세계적 동향과 과제
심성보 외 지음 | 308쪽 | 값 16,000원

 12 학교를 민주주의의 정원으로
가꿀 수 있을까?
성열관 외 지음 | 272쪽 | 값 16,000원

한국교육연구네트워크 번역 총서

 01 프레이리와 교육
존 엘리아스 지음 | 한국교육연구네트워크 옮김
276쪽 | 값 14,000원

 02 교육은 사회를 바꿀 수 있을까?
마이클 애플 지음 | 강희룡·김선우·박원순·이형빈 옮김
356쪽 | 값 16,000원

 03 비판적 페다고지는
세상을 변화시킬 수 있는가?
Seewha Cho 지음 | 심성보·조시화 옮김 | 280쪽 | 값 14,000원

 04 마이클 애플의 민주학교
마이클 애플·제임스 빈 엮음 | 강희룡 옮김 | 276쪽 | 값 14,000원

 05 21세기 교육과 민주주의
넬 나딩스 지음 | 심성보 옮김 | 392쪽 | 값 18,000원

 06 세계교육개혁
민영화 우선인가 공적 투자 강화인가?
린다 달링-해먼드 외 지음 | 심성보 외 옮김 | 408쪽 | 값 21,000원

 07 콩도르세, 공교육에 관한 다섯 논문
니콜라 드 콩도르세 지음 | 이주환 옮김 | 300쪽 | 값 16,000원
2019 세종도서학술부문

 08 학교를 변론하다
얀 마스켈라인·마틴 시몬스 지음 | 윤선인 옮김
252쪽 | 값 15,000원

 09 존 듀이와 교육
짐 개리슨 외 지음 | 심성보 외 옮김 | 376쪽 | 값 19,000원

 10 진보주의 교육운동사
윌리엄 헤이스 지음 | 심성보 외 옮김 | 324쪽 | 값 18,000원

 11 사랑의 교육학
안토니아 다더 지음 | 심성보 외 옮김 | 412쪽 | 값 22,000원

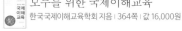

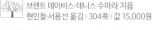

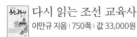
다시 읽는 조선 교육사
이만규 지음 | 750쪽 | 값 33,000원

대한민국 교육혁명
교육혁명공동행동 연구위원회 지음 | 224쪽 | 값 12,000원

경쟁을 넘어 발달 교육으로
현광일 지음 | 288쪽 | 값 14,000원

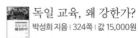
독일 교육, 왜 강한가?
박성희 지음 | 324쪽 | 값 15,000원

핀란드 교육의 기적
한넬레 니에미 외 엮음 | 장수명 외 옮김 | 456쪽 | 값 23,000원

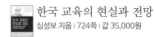
한국 교육의 현실과 전망
심성보 지음 | 724쪽 | 값 35,000원

● **경쟁과 차별을 넘어 평등과 협력으로 미래를 열어가는 교육 대전환!** 혁신교육 현장 필독서

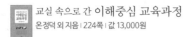
교실 속으로 간 이해중심 교육과정
온정덕 외 지음 | 224쪽 | 값 13,000원

포스트 코로나 시대의 교육
성열관 외 지음 | 224쪽 | 값 15,000원

내일 수업 어떻게 하지?
아이함께 지음 | 300쪽 | 값 15,000원

**학교의 미래,
전문적 학습공동체로 열다**
새로운학교네트워크·오윤주 외 지음 | 276쪽 | 값 16,000원

**마을교육공동체
생태적 의미와 실천**
김용련 지음 | 256쪽 | 값 15,000원

학교폭력, 멈춰!
문재현 외 지음 | 348쪽 | 값 15,000원

학교를 살리는 회복적 생활교육
김민자·이순영·정선영 지음 | 256쪽 | 값 15,000원

삶의 시간을 잇는 문화예술교육
고영직 지음 | 292쪽 | 값 16,000원

**미래교육을 디자인하는
학교교육과정**
박승열 지음 | 348쪽 | 값 18,000원

교실 속으로 간 이해중심 통합교육과정
온정덕 외 지음 | 224쪽 | 값 15,000원

**초등 백워드 교육과정
설계와 실천 이야기**
김병일 외 지음 | 352쪽 | 값 19,000원

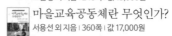
**학습격차 해소를 위한 새로운 도전
보편적 학습설계 수업**
조윤정 외 지음 | 240쪽 | 값 15,000원

마을교육공동체란 무엇인가?
서용선 외 지음 | 360쪽 | 값 17,000원

강화도의 기억을 걷다
최보길 지음 | 276쪽 | 값 14,000원

체육 교사, 수업을 말하다
전용진 지음 | 304쪽 | 값 15,000원

평화의 교육과정 섬김의 리더십
이준원·이형빈 지음 | 292쪽 | 값 16,000원

마을교육과정을 그리다
백윤애 외 지음 | 336쪽 | 값 16,000원

**혁신교육지구와 마을교육공동체는
어떻게 만들어지는가?**
김태정 지음 | 376쪽 | 값 18,000원

**코로나 시대,
마을교육공동체운동과 생태적 교육학**
심성보 지음 | 280쪽 | 값 17,000원

혐오, 교실에 들어오다
이혜정 외 지음 | 232쪽 | 값 15,000원

수업, 슬로리딩과 함께
박경숙 외 지음 | 268쪽 | 값 15,000원

물질과의 새로운 만남
베로니카 파치니-케처바우 외 지음 | 240쪽 | 값 15,000원

그림책으로 만나는 인권교육
강진미 외 지음 | 272쪽 | 값 18,000원

 수업 고수들
수업·교육과정·평가를 말하다
박현숙 외 지음 | 368쪽 | 값 17,000원

 아이들의 배움은 어떻게 깊어지는가
이시이 쥰지 지음 | 방지현·이창희 옮김
200쪽 | 값 11,000원

 미래, 공생교육
김환희 지음 | 244쪽 | 값 15,000원

 들뢰즈와 가타리를 통해 유아교육 읽기
리세롯 마리엣 올슨 지음 | 이연선 외 옮김
328쪽 | 값 17,000원

 혁신고등학교, 무엇이 다른가?
김현자 외 지음 | 344쪽 | 값 18,000원

 시민이 만드는 교육 대전환
심성보·김태정 지음 | 248쪽 | 값 15,000원

 평화교육
과거, 현재 그리고 미래를 그리다
모니샤 바자즈 외 지음 | 권순정 외 옮김 | 268쪽 | 값 18,000원

 대전환 시대 변혁의 교육학
진보교육연구소 교육과정연구모임 지음
400쪽 | 값 23,000원

 서울대 10개 만들기
김종영 지음 | 348쪽 | 값 18,000원

 교육의 미래와 학교혁신
마크 터커 지음 | 전국교원양성대학교 총장협의회 옮김
336쪽 | 값 18,000원

 백워드로 설계하고 피드백으로 완성하는
성장중심평가
이형빈·김성수 지음 | 356쪽 | 값 19,000원

 남도 임진의병의 기억을 걷다
김남철 지음 | 288쪽 | 값 18,000원

 프레이리에게 변혁의 길을 묻다
심성보 지음 | 672쪽 | 값 33,000원

 다시, 혁신학교!
성기신 외 지음 | 300쪽 | 값 18,000원

 선생님, 통일이 뭐예요?
정경호 지음 | 252쪽 | 값 13,000원

 함께 배움
학생 주도 배움 중심 수업 이렇게 한다
니시카와 준 지음 | 백경석 옮김 | 280쪽 | 값 15,000원

 다정한 교실에서 20,000시간
강정희 지음 | 296쪽 | 값 16,000원

 즐거운 세계사 수업
김은석 지음 | 328쪽 | 값 13,000원

 밥상혁명
강양구·강이현 지음 | 298쪽 | 값 13,800원

 학교를 개선하는 교장
지속가능한 학교 혁신을 위한 실천 전략
마이클 풀란 지음 | 서동연·정효준 옮김 | 216쪽 | 값 13,000원

 선생님, 민주시민교육이 뭐예요?
염경미 지음 | 244쪽 | 값 15,000원

 교육혁신의 시대
배움의 공간을 상상하다
함영기 외 지음 | 264쪽 | 값 17,000원

 도덕 수업, 책으로 묻고 윤리로 답하다
울산도덕교사모임 지음 | 320쪽 | 값 15,000원

 교육과 민주주의
필라르 오카디즈 외 지음 | 유성상 옮김
420쪽 | 값 25,000원

 교육회복과 적극적 시민교육
강순원 지음 | 228쪽 | 값 15,000원

 비판적 미디어 리터러시 가이드
더글러스 켈너·제프 셰어 지음 | 여은호·원숙경 옮김
252쪽 | 값 18,000원

 지속가능한
마을, 교육, 공동체를 위하여
강영택 지음 | 328쪽 | 값 18,000원

 우리 교육, 거장에게 묻다
표혜빈 외 지음 | 272쪽 | 값 17,000원

 교사에게 강요된 침묵
설진성 지음 | 296쪽 | 값 18,000원

참된 삶과 교육에 관한
생각 줍기